古代歷史文化 研究輯刊

九 編

王 明 蓀 主編

第 14 冊

蒙古民族史略

王 明 蓀 著

國家圖書館出版品預行編目資料

蒙古民族史略／王明蓀 著 — 初版 — 新北市：花木蘭文化出
版社，2013〔民 102〕
序 4+ 目 2+220 面；19×26 公分
（古代歷史文化研究輯刊 九編；第 14 冊）
ISBN：978-986-322-068-8（精裝）
1. 蒙古族 2. 民族史
639.3 101022557

ISBN-978-986-322-068-8

古代歷史文化研究輯刊
九 編 第十四冊 ISBN：978-986-322-068-8

蒙古民族史略

作 者	王明蓀	
主 編	王明蓀	
總 編 輯	杜潔祥	
出 版	花木蘭文化出版社	
發 行 所	花木蘭文化出版社	
發 行 人	高小娟	
聯 絡 地 址	235 新北市中和區中安街七二號十三樓	
	電話：02-2923-1455／傳真：02-2923-1452	
網 址	http://www.huamulan.tw 信箱 sut81518@gmail.com	
印 刷	普羅文化出版廣告事業	
初 版	2013 年 3 月	
定 價	九編 27 冊（精裝）新台幣 45,000 元	

蒙古民族史略

王明蓀　著

作者簡介

王明蓀，祖籍湖北當陽，於 1947 年在安徽蚌埠出生，成長於台灣。1970 年畢業於中國文化大學史學系，1975 年獲政治大學法學碩士，1983 年獲教育部國家文學博士。曾任教於淡江、中興、佛光大學，現任中國文化大學史學系所教授。教學及研究範圍主要在於宋遼金元史、史學與思想史、社會文化史、北方民族史等。出版專書有《元代的士人與政治》、《含英咀華：遼金元時代北族的漢學》、《中國民族與北疆史論・漢晉篇》、《王安石》、《宋遼金元史》、《遼金元史論文稿》、《宋史論文稿》、《遼金元史學與思想論稿》等十餘種，學術論文八十餘篇；並有關於台灣社區營造、文化資源等文史研究數種。

提　要

　　本書為蒙古族的歷史，由成吉思汗的先世源流起始，到蒙古帝國的建立，元朝的興衰，至於明、清時期蒙古族的發展及與中國的關係，止於近現代時期的 1949 年。全書為六章，第一章，蒙古民族及其先世的歷史，敘述成吉思汗血緣的民族源流及民族活動。第二章，蒙古帝國之建立及其早期社會，敘述成吉思汗統一蒙古草原與建立帝國的過程，以及蒙古族的社會、經濟等。第三章，蒙古勢力的繼續擴展，敘述蒙古帝國的西方、南方擴張，造成橫跨歐亞的世界性帝國，以及建立中國的元朝。第四章，帝國的盛衰，敘述元代時的中國以及四大汗國建立的國際關係。第五章，十四世紀至十七世紀的蒙古，敘述蒙古北返草原後與中國明代的關係，以及蒙古族的政治變動。第六章，近三百年來的蒙古，敘述清代時期的蒙古以及內、外蒙古的形成，至於民國初年外蒙古的獨立運動，中共與內蒙古的變動關係等。

重刊新版序

　　這本書的寫作於民國七十八年完成，次年出版後迄今已二十二個年頭。當年寫作時頗有挑戰性，也有相當的壓力，要寫一本蒙古民族整個的歷史，勢非易事。由於那時還算年輕，膽大又頗具有企圖心，二年的耕耘總算完成。當年看著稿時，以爲寫出第一本學術性的蒙古史，爲台灣的歷史學界有所增色，對學術文化應有些貢獻，如今重刊新版，再讀來仍覺得有其一定的意義與價值。雖然近二十年來必有些新的研究可供參考，但要全部重新吸收補述，則又是一頗爲繁重的工程，不如待後來者在新材料、新研究的成果上看是否能有所作爲。

　　作爲台灣第一本也是唯一的學術著作蒙古民族史，距今已二十餘年，早在多年前發行的初版已絕版而未能流通，殊爲可惜，但又未見有新作出版，略覺有憾。過去幾年來，常爲海峽兩岸學者提及，希望能見再版的可能，由於忙著教學、研究而延遲至今。本書根據原稿重新排版外，筆者也再重新校訂，更動甚少。形式性的修訂外，幾乎仍以原貌重刊，故而徵引的古籍也就不特別講究版本而去更動，在附圖方面，有些當初未明載引用所據之處，如今卻難以查明的，只有請諒解了。

　　回想當年寫作本書時，深受札奇斯欽師的鼓勵，他以爲所作《蒙古之今昔》不在於論證史料，較缺於學術性，又以爲蒙古族古代歷史部份所述較少，因而勉勵筆者寫就此書。今札奇師已作古，重刊新版，或可聊慰老師心意。

王明蓀　2012 年秋
于中國文化大學

原　序

　　由成吉思可汗時期迄今，蒙古民族已有八百年歷史，若以元史由可汗的十世祖孛端又兒開始記載起，則又可上推三百餘年無疑；蒙古民族的活動大體可知。而孛端又兒以前宜有十二世，則又可上溯三、四百年，這期間蒙古民族的活動所知雖然相當有限，但也有些許簡略的記載。就時間而言，蒙古民族整個的歷史，以成吉思可汗血緣為中心來看，將近有一千五百年左右。就空間而言，東起興安嶺，西至天山北路，南起長城，北達貝加爾湖，大體有三百四、五十餘萬方公里之面積。在如此廣闊之高原地區，自遠古以來就是游牧或兼漁獵民族的生聚之地，蒙古民族也隨著這個逐水草而居的傳統生活在無垠的草原之中。

　　蒙古民族雖不比匈奴民族極早即活躍於歷史的舞臺上，但就整個游牧民族的歷史來看，他們在中國北疆的活動都在國史上佔有極重要的部份，在史的發展中有其一定的地位，也就是在民族、文化的發展上成為不可分的一環。就此而言，中國任何一個民族的歷史原都不應被忽視，更何況如蒙古民族在建立國史中的一個朝代以及跨越洲際的聲勢之後，迄今日仍有一「蒙古國」的存在，至少這八百餘年來的歷史是蒙古民族重要的里程，也是國史中宋、金、明、清幾代以至目前皆息息相關的部份。

　　近世以來新興於北方草原的蒙古，擴張極為迅速，尤其對南及對西的兩個方面，隨著驚人的戰績而締建其帝國。在南方統治著整個中國，西方達歐俄草原與黑海之濱，加上直抵敘利亞及伊拉克之境，東方到日本海，其版圖之廣為中國史上所僅見。這個在整個人類史上都極罕見的帝國並沒有維持多久，隨著封建戰爭而造成分裂獨立的局面，蒙古大汗所在的元朝廷，在動亂

衰亡之際，並沒有得到其他汗國的全力援助，以致於退出中國本土而返回舊地的漠北。但蒙古民族活動的地域仍然極廣，政權所控制之地，大體上就是喪失了長城以南的部份，然而此後不再有如十三世紀統一的大帝國出現。原來獨立的幾個汗國有其各自內部的發展，處於漠北的蒙古也不再能凝聚成強而統一的汗庭，而由游牧封建的貴族所控制，形成大小之勢力。到十七世紀以後，代表正統的可汗歸附了滿清，隨著俄國勢力的東漸，終至造成近代蒙古另一大變局。如今內蒙為中共之自治區，外蒙則處於中、蘇共南、北兩大勢力之間；蒙古民族的未來還有待國人之關切。

　　國人寫作蒙古歷史的專書甚少，而有關的研究乃向屬冷門，表示在這方面的努力還需要加強，但前賢師友們也有不少耕耘之成果，筆者不揣淺陋，追隨他們作了一番整理及研討，在文復會及蒙藏會大力推行中華歷史與文化的目標下，草成此「史略」一書，雖未必能給專家學者們有何研究之結果，然而透過本書概括性的述論，希望能給一般大眾對蒙古民族的歷史有全盤性地了解。本書的大要在於蒙古歷史的發展，故而敘述史事時並不全加註釋，只在文中說明根據的資料，至於研討所論或其他資料則詳於附註，以為考察。此外，關於蒙古的語文、宗教、社會、文化等，並非筆者的重點，另有其他專著可供參考，故在本書中僅部份述及之。

王明蓀

中華民國七十八年九月

目

次

第一章　蒙古民族及其先世的歷史

第一節　民族源流

一、蒼狼與白鹿

　　根據《元史》的記載，蒙古民族的歷史從成吉思可汗（元太祖）的十世祖孛端叉兒開始。然則根據另外兩本重要的史書來看，蒙古民族先世的歷史要比《元史》多出許多資料，其一是《蒙古祕史》（即《元朝祕史》。以下簡稱《祕史》），其二是《史集》（拉施特 Rashid al-Din 所著，《多桑蒙古史》引用頗多，一、二、三卷已有中譯本）。這兩方面的記載，都說蒙古民族有系統的源流是始於「蒼狼」（Börtechino'a 孛兒帖·赤那）與「白鹿」（Gho'a maral 豁埃·馬蘭勒）。《多桑史》引用《史集》列出了「蒼狼」以下的世系，除了和《祕史》所載略有出入外，也未言及「白鹿」，但在所有蒙文的文獻和傳說中，大都是以「蒼狼」與「白鹿」爲祖先的。

　　《祕史》一開始就說成吉思可汗的先世，是奉長生天（Möngke Tenggeri，爲蒙古原始信仰薩滿教中的最高天神）之命而生的孛兒帖·赤那（蒼狼），和他的妻子豁埃·馬蘭勒（白鹿）渡過海而來，住在斡難河源的不峏罕山下。〔註1〕這關係到民族起源、時間、地理等問題的簡單記載，引起了許多爭議。

　　《史集》說大約在西元前九世紀中，蒙古人爲別族所破，僅餘男女二人避難於額兒格涅坤（Erguéné-Coun，即險峻之山），他們的後裔爲帖古思

〔註1〕 參見札奇斯欽，《蒙古祕史新譯並註釋》（臺北，聯經，民國 68 年），卷一，頁 3。

（Tégouz）與乞顏（Kiyan）。後來種族繁衍，於是融鐵礦山而開路出來。為紀念這個傳說，以後成吉思可汗及歷代帝王每在除夕時，就召鐵工捶鐵以示謝恩。出山的部族在八世紀中時，移居到斡難河一帶，而那時蒙古人的領袖即是孛兒帖‧赤那。〔註2〕

　　《秘史》約完成於十三世紀中期，《多桑史》係引自《史集》，《史集》約完成於十三世紀末期，前者原是蒙文史書，後者是波斯文史書，兩者都必定用了那時珍貴的史料而成。現在再看十七世紀中期的蒙文史書《蒙古源流》，書中敘述了蒙古的先世是出於印度，並遠源自瑪哈薩瑪迪蘭咱，再後由尼雅持贊博汗以下傳七世為西藏之王，第七世為色哩持贊博汗，其子智固木贊博汗為臣下隆阿木所篡殺，智固木的三子皆出亡。長子置持，次子博囉咱，分別往寧博與包二地，第三子布爾特齊諾逃往恭布地方而去。這個人就是《秘史》中的孛兒帖‧赤那。接著《源流》又說他娶了當地的郭斡瑪喇勒，然後渡過騰吉思海，東行至拜噶勒江所屬的布爾干噶勒圖那山下。這就是《秘史》所說與豁埃‧馬闌勒渡海往峏罕山了，拜噶勒江即貝加爾湖。〔註3〕

　　《蒙古源流》的說法不但以蒙古出於西藏，並且上溯至西藏遠古與印度的承傳關係，這個說法顯然是受佛教影響所致，其可靠性令人懷疑。〔註4〕

　　在《多桑史》卷一的附錄二中，收錄有《史集》所載的中亞民族，據近人的研究，《史集》說突厥、蒙古等東方草原民族的遠祖都是亞當的後代，亞當後裔諾亞（Nuh）以其子雅弗（Yafeth）往東方，此人即突厥族所說的阿不阿勒札（Abou-Aldja，或 Abulcheh）汗，他也是蒙古人的遠祖，於是《舊約》創世紀中的人物就加到東方草原民族的先世上了。〔註5〕《史集》是承受了伊斯蘭教中希伯萊的成分，又加上了突厥傳說，由此以下不少的史書也都相沿下來，而且有如滾雪球般，愈演愈大，往上層逐次地增加，這樣的世系同樣地不易為人接受。

〔註2〕參見馮承鈞（譯），《多桑蒙古史》（臺北，商務，民國56年），上冊，第一卷，頁35。《史集》見余大鈞、周建奇譯本，第一卷第一分冊（北京，商務，1983年）。

〔註3〕參見沈曾植，《蒙古源流箋證》（臺北，文海，民國54年），卷三，頁1上、下。

〔註4〕參見陳寅恪，《陳寅恪先生全集》（臺北，九思，民國66年），上冊，〈彰所知論與蒙古源流〉，頁325至335。

〔註5〕參見韓儒林，《穹廬集》（上海，人民，1982年），下冊，〈突厥蒙古之祖先傳說〉，頁274至299。

　　另一本蒙文史書《黃金史》（Erten-ü Khad-un ündüs Ülegsen Törü Yosun Jokiyali Tobchilan Khuriyaghsan Altan Tobchi，記載古代「蒙古」可汗們的源流，並建立國家綱要的黃金史綱。簡稱爲 Altan Tobchi，即黃金史綱），此書約完成於十七世紀後期至十八世紀前期，頗受國際學術界的重視。書中如同《源流》記錄了印度、西藏諸王的世系，以蒙古的遠祖即是自此所出。孛兒帖・赤那是答來・速賓・阿勒壇・三答里禿汗（Dalai-Subin Altan Sandalitu Khan）的三個兒子之一，他與兄長孛羅出（Borochu，即《源流》中的博囉咱），失巴兀赤（Shibaguchi，即《源流》中的置持）不合，於是北越騰吉思海（Tinggis Dalai），來到札愓（Jad，即外族之意）地方，娶了豁埃・馬闌勒而定居在不峏罕山下，此即蒙古民族之源。〔註6〕說明了蒙古是外來的民族。

　　《黃金史》與《源流》相同地以「蒼狼」爲蒙古始祖而出自西藏，並聯結與印度之關係，這都是因佛教的緣故。但《黃金史》說是往北越騰吉思海，到達外族之地，再娶當地女子的。《源流》是寫在恭布（博）娶當地女子爲妻，再渡海往東至拜噶勒江一帶。不論如何，印度、西藏這個淵源多未爲人所接受，問題是在孛兒帖・赤那如同其他史書一樣，都認爲是蒙古先世的關鍵所在，渡過大海（湖）到達不峏罕山，但是時間、路線、地理等依舊沒有給我們較清楚的答案。

　　比較諸史書的說法來看，《秘史》的記載還算是相當謹慎的，只從「蒼狼」、「白鹿」渡大海而來記起。諸多史書說蒙古民族的起源，儘管所根據的資料或有不同，記載間亦或有同異，都不離「蒼狼」爲核心，不論視之爲獸、爲人，或者爲「圖騰」（部族的標幟），狼的傳說還眞能符合中國草原民族的共通說法。

　　《史記》記張騫所說烏孫王莫昆幼時曾受狼哺乳。〔註7〕《魏書》高車傳中說匈奴單于之女與狼產子，而後漸滋繁成國，爲高車民族的始祖。〔註8〕《周書》突厥傳中說狼與人相合而生了十男，以後漸衍生成國，狼成爲突厥的母系始祖。〔註9〕狼不止可成傳說中的民族始祖，而且可以爲保護神之類，

<hr />

〔註6〕參見札奇斯欽，《蒙古黃金史譯註》（臺北，聯經，民國68年），第一部，第三集，頁16、17。
〔註7〕參見《史記》（臺北，藝文，廿五史本，以下所引正史皆此藝文本），卷一二三，〈大宛傳〉，頁9下。
〔註8〕參見《魏書》，卷一〇三，頁21上。
〔註9〕參見《周書》，卷五十，頁1下、2上。

在《新唐書》回鶻傳中記薛延陀之事，以人身狼首的出現及警告，預示了民族的興亡。〔註10〕狼做為旗幟，則代表著權威與政治勢力的象徵。《通典》中說突厥民族的徽幟即是金色狼頭，而侍衛們稱之為「附離」，就是狼這個字，表示是狼族，不忘其為狼所生。〔註11〕在《舊唐書》劉武周傳中說突厥立他為定楊可汗，並給以狼頭纛。〔註12〕在《隋書》長孫晟傳中說，隋朝欲行分化政策，就將狼頭纛賜給突厥族中某個有實力的人物，表示承認他的可汗地位。〔註13〕劉武周傳與長孫晟傳分別說明了兩個相對的方面，一個是草原政權對漢地的手段，一個則是中原朝廷對漠北的政策，但狼頭纛的意義卻是一樣的。

由上面簡單的例子看來，以狼為民族所源的先世，在中國記載草原民族的歷史上，是很容易找到的，因而也延及一個民族或政權的興亡與權威。蒙古沒有文字以前，先世以傳說為主，所接觸與生聚之地都在中國的草原民族之間，接受這些草原民族共有的傳說應是可以理解的。至於孛兒帖‧赤那以後的世系也是將傳說記下，其間的可靠性當然是有問題的，應該是愈古老的問題也愈多，但一個民族的傳說並不是毫無意義、或者完全不可靠的。例如我們曾說商代以前的歷史是傳說時代，《史記》所寫的有靠傳說的記錄，這也是一種根據，再待進一步的證實。而今天夏代的歷史漸次被注意，慢慢要部份地重建起來。可以被證實的傳說就是可靠的。

蒙文所寫東方最早的《秘史》，波斯文所寫西方最早的《史集》，它們的史源可能相同，否則也極有關連，故而從孛兒帖‧赤那以後的記載，多有相近之處。其餘的史書也都不離這兩者的史料太遠，除非別有目的的著作之外。當然其餘的史書中也有可補充《秘史》與《史集》之處，補充的多在較近的歷史部份，一方面是資料問題，一方面是因作史者的學、才、識等問題。

《秘史》記蒙古民族之源是承受中國草原的傳統。《史集》作者拉施特為蒙古伊兒汗國之史家，由於回教的信仰，自易把受希伯萊影響與回教的觀念加上。《黃金史》與《蒙古源流》則是喇嘛教的關係，當然會有西藏、印度與佛教的色彩了。

〔註10〕 參見《新唐書》，卷二一七下，頁11下。

〔註11〕 參見《通典》（臺北，新興，十通本，民國52年），卷一九七，〈邊防一三〉，頁1068。

〔註12〕 參見《舊唐書》，卷五五，頁9下。

〔註13〕 參見《隋書》，卷五一，頁5上。

《多桑史》中說融鐵礦山與宮廷捶鐵之事，這與史書上記載突厥曾爲茹茹（柔然）鐵工之說有關。〔註14〕或許蒙古也承受了這個典故。關於「白鹿」的說法，唐代段成式曾記載這個突厥的傳說，故事說突厥先世的射摩與海神女之間的關係，以金角白鹿意味著海神女的關連。〔註15〕如此，蒙古先世的「白鹿」似又有可能承受草原的故事了。

不但這些方面蒙古民族承受著中國草原的舊說，還有所謂「民族感生」的說法。

《秘史》與《元史》及《史集》中記載從「蒼狼」以下第十二代祖先朵奔‧篾兒干（《元史》作脫奔咩哩犍）死後，他的妻子阿蘭‧豁阿（《元史》作阿蘭果火）感受「天光」又生了三個兒子的事。〔註16〕《多桑史》引《史集》所記也有受天光生子之事，並以所生三子的後裔爲「尼倫」（Niroun），意思是來源清潔，其餘的子孫後人就稱之爲「都兒魯斤」（Durlukin），意思是普通一般人。〔註17〕

這種民族感生說在中國草原的歷史仍然可以找到。如《後漢書》〈東夷傳〉記錄夫餘民族的大氣感生說。〔註18〕《多桑史》第一卷附錄五中抄錄了十三世紀中後期的波斯史書《世界侵略（征服）者傳》（Tarikh Djihankuschai），記載畏吾兒的先世就有天光感生，以及大氣感生的傳說，以天光照於二樹間的小丘，就產生五個嬰孩，這五孩與大氣接觸即能行動而出，後來這兩株樹就成爲孩子們的生父母了。這個畏吾兒的傳說同樣地出現在元代時的記載中，著名的兩位學者，虞集與黃溍寫畏吾兒人的先世時，都是記載同一個傳說，不過略有變化，以天光照樹，樹則有孕而生子。〔註19〕契丹民族也有這類傳說，遼代開國的耶律阿保機就是因日光受孕而生的。〔註20〕

民族感生之說在中國草原民族與狼一樣，是相當普遍的說法，突厥、畏

〔註14〕 參見同註9。
〔註15〕 參見《酉陽雜俎》（臺北，新興，筆記小說大觀三篇）卷四，〈境異篇〉，頁1下、2上。
〔註16〕 《秘史》，見卷一，頁17至19。《元史》見卷一，〈太祖本紀〉，頁1上。《史集》見第一卷、第二分冊，頁12。
〔註17〕 參見第一卷，頁36。《史集》以「尼倫」爲純潔之腰腹，見前註，頁14。
〔註18〕 參見《後漢書》，卷八五，頁3下。
〔註19〕 虞集見《道園學古錄》（臺北，商務，四部叢刊），卷二四，〈高昌王世勳之碑〉，頁217下。黃溍見《金華黃先生文集》（四部叢刊），卷二四，〈遼陽等處行中書省左丞亦輦眞公神道碑〉，頁240上。
〔註20〕 參見《遼史》，卷一，〈太祖本紀上〉，頁1上。

吾兒有，而東北部的夫餘、鮮卑、契丹，乃至於高麗、百濟、滿洲，甚至日本全有這種說法。〔註21〕蒙古也都承襲下來，而《秘史》與《元史》、《史集》等都記在成吉思可汗的十世祖孛端叉兒所生之時，這也是個值得注意的關鍵之處，一方面由此以下的世系較爲可靠，一方面由這裏分出蒙古本部（尼倫）與他部（都兒魯斤）的差別。正史書寫的態度應是較爲嚴謹，故而《元史》敘述蒙古的先世也就由此開始。

現在再看看「蒼狼」的顏色。草原民族的古老信仰是薩滿，天是最受尊崇之神，茫茫草原，天色蒼蒼，於是蒼色似乎也與天一樣有了等級。唐代突厥文的「苾伽可汗」碑，其「闊克突厥」（Kök Türk）就是突厥人的自稱。〔註22〕「闊克」就是蒼色，好像說天所立的突厥一般。同樣地，蒙文的《蒙古源流》中就有以「庫克蒙古勒」自稱的記載。〔註23〕這樣看來在草原民族心目中的蒼色就與天是相合的顏色，蒼狼就應是天所生的狼，或者是神獸，因此《秘史》一開始就說「是奉上天之命而生的孛兒帖·赤那」了。如果說蒼色是蒙古人自己的觀念，毋寧說是中國草原民族共通的信仰了。

二、民族的遷移與活動

前面說到有關蒙古民族的起源與移動留下不少問題，例如在孛兒帖·赤那以前的民族淵源，這在目前恐怕是很難解決的。渡過騰吉思（Tinggis，就是大海的意思），是指什麼海？到達不峏罕山的時間也有問題。

除去《黃金史》與《蒙古源流》所說與印度、西藏有淵源的記載大多不爲人所接受外，《秘史》在「蒼狼」之前也是保留了空白。《史集》所據的波斯史料提出了額兒格涅坤山，但無法確定是在那裏。《史集》又直說八世紀中時，蒙古人移動到不峏罕山，而其領袖即孛兒帖·赤那。《秘史》沒有說明在什麼時間移動，但也說是由孛兒帖·赤那時往不峏罕山，而且明白指出渡過大海而來。

孛兒帖·赤那的年代以《秘史》所記世系推測當在七世紀中左右，以《史集》所記則在八世紀中，不論這兩個年代孰爲正確；但若以蒙古民族那時已移動至不峏罕山是大有問題的。另外，有的史書說孛兒帖·赤那之後傳八世

〔註21〕參見同註4及註5。
〔註22〕參見韓儒林，〈突厥文苾伽可汗碑譯釋〉，《禹貢半月刊》，第六卷，第六期。
〔註23〕參見卷三，頁11下。

至朵奔巴延（朵奔・篾兒干）時，蒙古人移居於斡難、克魯倫、土拉三河源頭之地的不峏罕山。〔註24〕這個時間又往後延了約兩個世紀，也就是九世紀中或十世紀中左右。

　　關於蒙古民族移住到不峏罕山一帶的時間，近人已提出問題並加以研究，他們的結論是在十一世紀的後期，或十二世紀的初期，蒙古民族成吉思可汗的這一族才到達三河源頭的地帶。〔註25〕對於這個遷移問題，以及移住前的活動等，現在參照史書的記載，一並做個說明。

　　孛兒帖・赤那的時代相當於唐代的中期，兩《唐書》中或有記載。《舊唐書》中記載有蒙兀室韋，也就是《新唐書》中的蒙瓦部，地理位置記載的重要線索有室望（室建）河，即今石勒喀河或額爾古納河，它們合流以下就是黑龍江，另外有俱輪泊，就是今呼倫池。〔註26〕若以兩《唐書》的蒙兀室韋和蒙瓦部就是蒙古民族在八世紀中的地點。〔註27〕兩《唐書》所記在〈室韋傳〉中，是因當地室韋爲強大部落，蒙古臣服於其勢力之下，乃至令人懷疑蒙古是室韋（韃靼）人的一支。總之，據兩唐書所載蒙古部的西、南、北三面都是室韋族人，而東面則與黑水靺鞨爲鄰。夾在強大部族之間的蒙古人似乎不太有申展移動的可能，這個情形一直沿續到十世紀中期，即五代時期。

　　五代時曾被俘至契丹國的胡嶠，他把在當地的見聞記錄下來寫成〈陷虜記〉，其中說到契丹東北有襪劫子，它的三面都是室韋人。〔註28〕這個地理位置與兩《唐書》所載的蒙瓦部等相合，近人的研究也認爲襪劫子就是指的蒙古部。〔註29〕胡嶠在契丹的國都所知道的都非常有限，可知當時的蒙古幾乎與契丹人也沒有多少往來。再從當時漠北的大局來看，十世紀中期以前的五

〔註24〕參見洪鈞，《元史譯文證補》（臺北，商務，叢書集成初編），卷一上，〈太祖本紀上〉，頁5。

〔註25〕參見田村實造，〈蒙古族的開國傳說與移住問題〉，收在《蒙古研究》（臺北，中國邊疆歷史語文學會，民國57年）頁321至329。另可參見姚家積，〈蒙古人是何時到達三河之源的〉，收在《元史論叢》（北京，中華書局，1982年）頁12至29。

〔註26〕參見《舊唐書》，卷一九九下，〈室韋傳〉，頁16下，《新唐書》，卷二一九，〈室韋傳〉，頁11上、下。

〔註27〕蒙兀室韋和蒙瓦部之考證，參見王國維，《觀堂集林》（臺北，河洛，民國64年），卷一五，〈萌古考〉，頁1至13。

〔註28〕參見《新五代史》，卷七三，〈四夷附錄二〉，引胡嶠〈陷虜記〉，頁8上。

〔註29〕參見同註27。另參見張久和，《原蒙古人的歷史——室韋韃靼研究》（北京，高等教育，1998年），以爲蒙古即室韋人中的一部，而室韋出於東胡鮮卑。

十年左右，正是契丹人擴張之時，遼太祖耶律阿保機興起於東北，在當地的戰爭與接觸多是各族的室韋人、奚、和女眞人等，蒙古應該還如同唐代一樣，是夾在大族中間的小部族。而遼太祖在十世紀的三十年代曾西征達鄂爾渾河的上游，若當時蒙古已移動至三河源頭之地，契丹人似乎不可能沒有接觸的記錄，也不可能沒有多一點的認識。〔註30〕而大漠南北與呼倫貝爾草原都在契丹勢力控制之下，這是當時北亞的局面。

《秘史》記載孛兒帖‧赤納以下至第十三世的孛端叉兒，他在分家以後就遷移往斡難河而去，《元史》敘述蒙古先世也是以他開始，這應該是值得注意之處。孛端叉兒的年代大約在十世紀中後期。〔註31〕

接近十一世紀中期時，有位遼國官員趙志忠投往北宋，他把以前在契丹的見聞記在《陰山雜錄》中，書中說到蒙古是在契丹正北游牧，而且與契丹有貿易往來，與遼的國都上京（臨潢府，今內蒙巴林左旗）相距四千餘里。〔註32〕這裏所記的蒙古顯然較前面所見到十世紀中期以前的情況大不相同，趙志忠在遼國所知道的情形應該是十一世紀初期，乃至於是十世紀末期的事。以《陰山雜錄》所記來看，當時蒙古人已經西移，大約到達了斡難河與克魯倫河中游一帶，恐怕還是沒有到達不峏罕山那裏。

趙志忠所記十一世紀初期的蒙古，大約就是莫挐倫的時代，她是蒙古民族史上的女英雄，史書中多記載著她與札剌兒（Jalair 押剌伊而）部的衝突與奮鬥，札剌兒人的居地正是在斡難、克魯倫河中游一帶。〔註33〕如此，趙志

〔註30〕 遼太祖在東北的征討，可參見《遼史》卷一，〈太祖本紀上〉。西征見卷二，頁4下、5上。

〔註31〕 《多桑史》卷一，以孛端叉兒爲成吉思可汗八世祖，時間約在十世紀初，見頁36。但附錄三中，據《史集》及《顯貴世系》（十五世紀中期以前波斯文史書）所列成吉思汗世系，推定孛端叉兒爲九世祖，見頁174至176。如此孛端叉兒當在十世紀中期，而《秘史》及《元史》皆以孛端叉兒爲可汗十世祖，並檢查各代世系確實無誤，如此孛端叉兒當在十世紀的中後期。

〔註32〕 參見葉隆禮，《契丹國志》（臺北，廣文，民國57年），卷二二，〈四至鄰國地理遠近〉，頁187。王國維認爲此條資料是採自《陰山雜錄》所記，見註27，頁3上。

〔註33〕 參見《多桑史》，第一卷，頁37，札剌兒人控有克魯倫（怯綠連）河流域，附錄二，頁168，斡難河一帶共有十部的札剌兒人。《元史》根本即以孛端叉兒時就往西移，到莫挐倫時自能與札剌兒人接近。在《元史譯文證補》中，則說莫挐倫時就出現於「諾賽兒吉及黑山之地」，見卷一上，頁7。黑山即元初張德輝在《嶺北紀行》中所指，位於克魯倫河之北的窟速吾，參見姚從吾《張德輝嶺北紀行足本校注》，收在臺大，《文史哲學報》第十一期（臺北，臺大文學院，

忠所記的蒙古地理位置是大致不錯的。

蒙古人若要往下游到不峏罕山，就必須要打通這往三河源頭的途徑，也就是先要通過札剌兒人的牧地，這段再往西的移動，要到十一世紀後期，蒙古史上另一位英雄——海都時期才算有了曙光。

現在再回頭來看《秘史》與《史集》的記載，兩書都把蒙古族到不峏罕山的時間記在孛兒帖·赤那時期，就上面所作的說明來看是不可能的。或許兩書的開始是一段總綱領，分別說明了三件大事，其一是蒙古祖先的傳說，可靠的是從孛兒帖·赤·那開始，其二是蒙古族遷移中曾渡過大海（湖），其三是蒙古興盛的發跡地點是三河源頭的不峏罕山。

關於渡過的大海有兩種可能，一是最早的蒙古族由貝加爾湖西北而來。〔註34〕一是指借著孛端叉兒之名的蒙古族西移，渡過的呼倫池。

蒙古民族的西移應該是這樣的：在唐代中期左右，蒙古族活動於額爾古納河上游，處於強大的室韋集團與東方靺鞨之中，直到十世紀中期約二百多年都是如此。當十世紀後期孛端叉兒時代開始往西，移向斡難河與克魯倫河的上游。十一世紀初的蒙古族，已出現在克魯倫河的中游，到十一世紀的後期，蒙古族始能克服了往三河源頭的通路。

關於蒙古族在孛端叉兒以前的生活情形，較早期的記載不多，現在根據史書上的推測與《秘史》的記載略作敘述。

以兩《唐書》室韋傳看室韋人的生活情形，這至少是八世紀中期以前的狀況。他們有一般游牧民族的生活，例如有畜牧生產，獸畜皮利用為衣、席，有木犁、人力的原始農業，其餘騎馬、弓矢、圍獵等，與其他我們所了解的游牧民族沒有什麼不同。不過那時室韋各部有他們自己的族長，大約共有十七部，並沒有結合成一個大的部族聯盟。婚姻上是採「服役婚」，但夫死了，婦不再嫁人。

蒙古民族既長期生活在室韋人之中，極易有著類似的生活，何況同屬同種游牧民族，不論在生態環境上、文化傳統上，都是相差無幾的，在一般情況下有接近的生活應該是合理的。至於說原始農業，主要還在於自然地理上。部族聯盟要看特殊的政治條件。婚姻上的「服役婚」，原本就是游牧傳統婚姻中之一，烏桓、室韋、蒙古、女真人都有。〔註35〕所謂「服役婚」，簡言之是

民國 51 年）。
〔註34〕參見同註16。
〔註35〕參見拙作：《早期蒙古游牧社會的結構》（臺北，嘉新水泥文化基金會，民國

男子須在一定時間內住於岳家工作，通常在三年之內，期滿可攜帶妻子離開。有的是在婚後回到岳家工作。這是種以勞力爲娶妻代價，也有試驗新郎之意，看他的能力與性情能否負擔一個家庭。

如果把唐末五代時的襪劫子作爲蒙古族，〈陷虜記〉中記載他們是披頭散髮，披布爲衣，騎射技術精良；不用馬鞍，使用大弓箭等。若遇人就殺了生吃其肉；所以那時的契丹等國都很怕他們，據說五名契丹人都不敢去惹一個襪劫子的。這個記錄凸顯出一個勇猛、野蠻的民族性來，除了生吃人肉外，大體上都可以接受。那個時代在東北諸多民族生活的環境裏，仍有生吃人肉的民族在其中，幾乎是不可思議，把它當作一個民族特性的描述，應該是偶有之傳聞而非普遍之現象。

由於資料的限制，實難以勾勒出蒙古族在十世紀前的狀況，上面所說只是種比對式的參考，大致還是游牧民族的一般狀況。現在根據《秘史》爲主，看看蒙古先世活動的零散狀況。

孛兒帖・赤那（Börte-Chinóa）之後是巴塔・赤罕（Bata-Chaghan），再傳爲塔馬察（Tamcha），再傳爲豁里察兒・篾兒干（Khorichar-Mergen Mergen，在古代是指善射者、神箭手之意，近代指賢者、專家之意），第五代是阿兀站・孛羅溫勒（A'ujim-boroghul，指寬大之意），第六代是撒里・合察兀（Sali-ghacha'u），《史集》中沒有這一代，第七代是也客・你敦（Yeke-nidün，Yeke 是大之意，nidün 是指眼睛），第八代是撏鎖赤（Sem-sochi, Sem 是沈默寡言之意），第九代是合兒出（Kharchu），第十代是孛兒只吉歹・篾兒干（Borjigidai-Mergen），他的妻子是忙豁勒眞・豁阿（Mongholjin-ghóa，ghóa 是美人之意）。

第十代的夫妻二人似乎都只以其外號爲名，一個是孛兒只斤族的神箭手，一個是蒙古族的美人。成吉思可汗所屬的孛兒只氏族在這裏已經被使用，而《秘史》正式指出孛兒只斤氏族的成立要到第十三代，也就是孛兒只吉歹的曾孫孛端叉兒時期。至於忙豁勒眞之名，並不是這時才使用蒙古爲部族名，只單純地是個蒙古族內的大美人，所以就這麼稱呼她，而不用或忘去了她的本名。

孛兒只吉歹的下一代是羅豁勒眞・伯顏（Torkholjin-Bayan，Bayan 是財富、

65 年）頁 53。關於室韋人的社會、文化等，參見張久和前揭書，頁 80～99 有較詳的說明。

－10－

富翁之意），他的妻子也是有美人之號的孛羅黑臣（Boroghchin，雌雛鳥），因為他是財主，所以《秘史》中多帶一筆，說他擁有僕從（Jalaghutu、札剌兀禿，札剌兀為青年人之意，也有人解釋為家奴，似乎有意強調為奴隸制度之存在），另外還有銀灰色及鐵青色的兩匹駿馬，馬匹在游牧民族中必不致太缺乏，但能擁有好馬，可知不是普通人家。財主的兩個兒子是都蛙‧鎖豁兒（Dúa-Sokhor，Dúa 是中央之意，Sokhor 是盲人之意），他是個獨眼龍，但視力卻驚人，能看到常人不及之遠。另一個兒子是朵奔篾兒干（Dobon-Mergen，《史集》中稱為 Dobon-Bayan，脫奔‧伯顏，《元史》稱為脫奔咩哩犍，他就是《元史》中第一個說到的家族的主人）。

朵奔的妻子就是有名的阿蘭‧豁阿（Alan-Ghóa，Alan 是紅色之意，可稱為紅美人。《元史》中稱阿蘭‧果火）。《秘史》中描寫朵奔求親的經過，雖然簡短但卻可看出草原婚姻的例子。阿蘭的父親是豁里‧禿馬惕（Khori-Tümed）部的首長名叫豁里剌兒臺‧篾兒干（Khorilartai-Mergen，豁里剌兒氏族的神箭手），母親是巴兒忽（Barkhu，巴爾虎）族長的女兒，因為是美女，所以就叫巴兒忽眞‧豁阿。巴兒忽人與禿馬惕人都是貝加爾湖周邊的民族，由於狩獵的關係，阿蘭的父親與別族不合，於是率族遷移而來。朵奔前去求親就娶得了阿蘭美人。蒙古社會是行族外婚，同一血緣的氏族不得通婚，所以草原中有其他氏族來到，就是最好的求親機會，否則須跋涉老遠去求親，或者用最簡單而且相當盛行的搶婚方式。後來孛端又兒以及成吉思可汗的父親也速該都有搶婚的記錄。至於蒙古族的群婚與外婚分野，還不能確知是始於何時。

都蛙‧鎖豁兒死後，他的四個兒子離開了朵奔而去，他們成為了朵兒班氏族（Dörben，就是數目字四的意思，可視為四子部落）。有的認為他們就是斡亦剌惕（Oirad）的四部祖先（Oirad 即明代的瓦剌，清代的衛拉特或厄魯特蒙古）。這是氏族分化的例子，氏族的蒙古語為「斡孛克」（Obogh），由一個氏族可以分出若干支族或副氏族，稱為「牙速」（Yasun，就是骨頭之意），就是有血統關係的意思，但支族可以自立成一新氏族，這樣血緣關係就逐漸分開了。

朵奔生前有兩個兒子，一叫不古訥台（Bükünütei），一叫別勒古訥台（Belgünütei）。後來阿蘭死了丈夫但又生了三個兒子，他們是不忽‧合塔吉（Bughu-Khatagi，《元史》作博塞‧葛荅黑）、不合秃‧撒勒只（Bukhatu-salji，《元史》作博合睹‧撒里直）、孛端又兒‧蒙合黑（Botonchar-Mongkhagh，是

傻子孛端叉兒之意，《元史》作孛端叉兒，並說他：「狀貌奇異，沈默寡言，家人謂之癡」）。

朵奔曾經用鹿腿換來一個伯牙兀惕氏族的小孩，名叫馬阿里黑，他成為朵奔的家僕。朵奔前二子就懷疑阿蘭母親後生的三子是出自這個家僕。結果阿蘭用「折箭訓子」的方法作為教訓，又用「天光生子」的神蹟作為解說。「折箭訓子」就是以折斷一支箭的容易，來比喻兄弟孤立易受摧折的危險，而合捆的五支箭則不易折斷，正說明了團結就是力量。這種譬喻在吐谷渾民族也有，可能是草原民族傳統的說教方式。〔註36〕「天光生子」就是前面談到的民族感生說，於此不再贅述。這五個兄弟後來分別成為別勒古訥惕氏、不古訥惕氏、合塔斤氏、撒勒只兀惕、孛兒只斤氏等五個氏族。從這裏開始，蒙古的許多氏族都紛紛成立，越往後越多，這是部族繁衍的自然過程。

阿蘭所生孛端叉兒等三兄弟，因為是神的後人，也就是天所生之子，（Tenggeri-yin Kéüd，騰格里因・可兀惕），而古代匈奴稱他們的領袖——單于為「撑犁孤塗」，在語音上就是天之子的意思，可見蒙古語與草原中從匈奴傳下來的語言有相關之處。〔註37〕

在孛端叉兒兄弟們所帶的蒙古族，開始了擴張行為，馬群、食糧、屬民、僕婢全都有了。在征服的過程中，孛端叉兒曾俘獲一名懷孕的婦人，她是阿當罕（Adangkhan）氏的兀良合眞（Uriyang Khajin），所生的兒子算是「札惕」（外族）人之子，故而命名為札只剌歹（Jajiradai），他的後代所成的氏族是札荅蘭（Jataran）氏，後來與鐵木眞爭雄的札木合就是這一氏族當時的領袖。

第二節　十一至十二世紀中期的歷史

一、海都的民族統一運動

孛端叉兒的嫡子叫把林・失亦剌禿・合必赤（Barim-shiyiratu-khabichi，《元史》作八林・昔黑剌禿・合必赤）。合必赤之子為篾年・土敦（Menen-tudun，《元史》作咩撚・篤敦），他有七個兒子，這七子的後人都分別成立己的氏族，使蒙古族在日益擴張之中。

〔註36〕參見姚從吾，〈從阿蘭娘娘折箭訓子到訶額侖太后的訓戒成吉思汗〉，收在大陸雜誌史學叢書，第二輯、第三冊，《遼金元史研究論集》，頁143至146。
〔註37〕參見註1，頁19。

　　篾年・土敦的妻子就是蒙古史上有名的莫拏倫（那莫侖），〔註38〕那時期的蒙古人已往西到克魯倫河中游一帶，這裏靠近札剌兒（押剌伊而）各族的牧地，雙方就引起了衝突，這也是蒙古族第一次與他族的戰爭，結果是相當慘痛的。

　　游牧於斡難河與克魯倫河中、下游一帶的札剌兒人，曾與雄距漠北的契丹人（遼）發生戰爭，雖然札剌兒人頗具實力，但終不敵遼軍。〔註39〕慘敗的札剌兒人流徙到蒙古人的牧地，因而引起磨擦，當時篾年・土敦已死，就由莫拏倫帶頭驅走「入侵」的部份札剌兒人。札剌兒人反擊，結果莫拏倫與她的六個子、婦等全家戰死。

　　莫拏倫的第七子納臣・把阿禿兒（Nachin-Baatur，即《元史》中的納眞。他有把阿禿兒之號，就是英雄、勇士之意）沒有遭害，他當時爲巴爾虎人的贅婿而不在家中，〔註40〕及知道家門不幸後趕回，只見餘下病弱老婦十人，還有被藏在材薪之中的侄兒海都（Khaidu）。海都是篾年・土敦長子合赤・曲魯克（Khachi-külüg，曲魯克是英豪之意）之子，他成爲這家族唯一的後人。納臣不愧有把阿禿兒之號，憑其膽識與智慧，奪回部份馬匹，將殘餘的族人全部帶回巴爾虎地方而去。

　　納臣負起家族復興的責任，但或因他是贅婿的關係，這個責任的執行者就要以海都爲號召了。納臣全力的輔助，率領巴爾虎附近的各族擁立長大的海都爲領袖，使海都成爲蒙古史上第一個有汗（Khan）號的人，也是蒙古首次出現的部族聯盟。至於札剌兒人被契丹所慘敗後，似乎始終沒有恢復，結果被海都所領導的聯盟所征服，成爲蒙古族的屬民。

　　海都所擴張的勢力，爲蒙古民族統一運動奠定了基礎。史書上記載他以

〔註38〕《秘史》中說那莫侖爲篾年・土敦之媳，合赤・曲魯克之妻，海都即爲其所生，則海都爲篾年・土敦之孫，見頁36、37。《元史》，卷一，〈太祖本紀〉，說莫拏倫爲咩撚・篤敦之妻，生有七子，海都爲其長孫，見頁2上。《多桑史》說瑪哈圖丹（即篾年・土敦）之妻爲莫拏倫，生有七子，但註引《史集》說有九子，見頁37。而《多桑史》第一卷，附錄三的成吉思汗世系中，又以海都爲篾年・土敦之子，見頁175。今以《元史》爲準。

〔註39〕《秘史》、《元史》皆不載札剌兒與遼之戰爭。《多桑史》僅說爲中國皇帝之兵所敗，損失甚重，見第一卷，頁37。另見《元史譯文證補》，卷一上，頁7、8。

〔註40〕《多桑史》以納眞娶巴兒忽惕之女，故留居其地，這應是「服役婚」的形態，見頁37。《元史》則以納臣爲八剌（即巴爾虎人）之贅婿，因而留居妻家，見卷一，頁2下。

巴爾虎地區爲中心，包括貝加爾湖東南、克魯倫河上、中游地區的各族，都在其聯盟勢力之內。在斡難河一帶的是納臣，這成爲另一個基地。〔註41〕叔侄分駐兩地，互爲呼應，往三河源頭的前進地區已被蒙古族所控制了。

《遼史》中曾經記載大約在這個時期的有關資料，即遼道宗大康十年（1084）二月與三月，蒙古曾派遣使者來聘，因蒙古有兩處基地，故一稱萌古，一稱遠萌古。〔註42〕這是遼國對海都的部族聯盟的關係，大約蒙古此時已取代札剌兒人之地位，成爲北方較遠的新勢力，但仍臣屬於遼國之下。因此海都以下看到不少蒙古領袖接受了遼國的官封，而且氏族也不斷地在擴張之中。

海都雖然奠定了蒙古民族統一的基礎，不過他的部族聯盟似乎沒有嚴謹的組織，聯盟的領袖對各成員的部族並無絕對的權威，各部族或氏族可以自由加入或退出這個聯盟。即使如海都擁有「汗」號也是如此，他沒有絕對的權力來控制各加盟的成員，這類聯盟在草原歷史中是經常可見的，除非是聯盟領袖特意強化它，否則它只是自由結合的鬆散團體，這種情形在蒙古民族直到成吉思可汗以前都是如此。把聯盟加以強化，「汗」的地位與權勢也隨之強化，就逐漸可以形成邦（族）聯式的帝國了。〔註43〕

海都有三子，伯升豁兒・多黑申（Baishong Khor-doghshin，《元史》作拜姓忽兒，指海東青這種北方的名鷹。多黑申是狂暴、嚴厲之意。就是狂暴之鷹）。他的兒子是屯必乃・薛禪（Tumbinai-sechen，《元史》作敦必乃。薛禪是指聰明、智者之意，有的譯爲徹辰、車臣、斯欽等，是貴族的稱號）。

海都第二子是察剌孩・領忽（Charghai-lingkhu，察剌孩是枝葉茂盛之意。領忽似乎是遼國的官號「令穩」，指小部族首長）。他的兒子是想昆・必勒格（Sengküm-bilge，想昆或桑昆似乎是遼國官號「詳穩」，指各官府的監治長官，地位較高。必勒格是智慧之意）。這一支所傳的後人，就是有名的泰亦赤兀族（Tayichi"ud，《元史》作泰赤兀）。察剌孩娶嫂爲妻，另外又傳了一支後代。娶嫂是草原社會中的一個傳統，就是「蒸報婚」或「逆緣婚」，在匈奴、烏桓、契丹、突厥等民族都有。〔註44〕

海都第三子是抄眞・斡兒帖該，這一氏所傳的後人相當多，他們都由副

〔註41〕參見《元史譯文證補》，卷一上，頁8。
〔註42〕參見《遼史》，卷二四，〈道宗本紀四〉，頁6上。
〔註43〕參見拙作前揭書，頁40至43。
〔註44〕參見拙作前揭書，頁51、52。

氏族逐漸形成了各自的氏族，包括斡羅納兒、晃豁壇、阿魯剌、雪你惕、合卜禿兒合思、格泥格思等氏族。

二、三河源頭的基業

自海都以後，蒙古民族已往西再度發展，當時正值遼末金興之時，蒙古似乎也參與了這時動亂的戰爭。蒙古部份氏族南下至陰山一帶，遼末時期曾助天祚帝抗金，他們的戰爭並不順利，無法與新興的女真人相抗，只有表示和平共存的通好。〔註45〕

金代第二個皇帝太宗完顏吳乞買時期，蒙古民族的領袖是屯必乃的兒子合不勒可汗（《元史》作葛不律寒，寒就是汗）。海都有汗號，屯必乃亦有汗號，而合不勒號為可汗，應是蒙古史中第一個有這種稱號之人，這表示蒙古部族聯盟的擴大，以及勢力進一步的增加。《秘史》中說他統治了全部的蒙古，這是指蒙古本部——尼倫，「神」的後人這些氏族。這個記載可能表示蒙古民族已經有了國家（Ulus，兀魯斯）的概念。

合不勒時代雖然與金國盟好，但蒙古曾經助遼抗金，而且是金國北邊的隱憂。金國當初由籠絡而後轉變以誘殺為手段，終於導致雙方的衝突。金熙宗即位初（1135）曾召見過合不勒，而後金人誘殺合不勒失敗，只有公開出擊。天會十五年（1137），金熙宗以萬戶胡沙虎北攻蒙古，因糧盡而撤退，蒙古乘機追擊，大敗金兵，這次戰爭顯示了蒙古人有相當的戰力。在此之前，有的記錄中說蒙古已與金兵有過戰爭，但是為金兵所敗，金國派遣重臣完顏希尹與太師宗磐率兵出擊，可知對在北邊的蒙古相當重視。〔註46〕

合不勒領導蒙古人對抗金兵，但蒙古卻又與塔塔兒人（Tatar）結仇。原因是合不勒的妻弟因病而求醫於塔塔兒的「薩滿」（Shaman，珊蠻、沙曼。是北方草原民族的一種泛靈信仰，也被稱為薩滿教，他們的祭師、巫醫就是薩滿），結果病未治好而死。合不勒的幾個兒子們遷怒於塔塔兒的薩滿，將之殺死，雙方結仇而起了戰爭。與蒙古有仇的塔塔兒人是主因塔塔兒，他們是附屬於金國，而且成為金國的邊防軍（乣軍），住地在呼倫池、貝爾湖一帶。那裏還有其他的塔塔人，與蒙古和平相處，有的還與蒙古人有婚姻關係。

〔註45〕參見同註27，頁3下至5下。
〔註46〕以上參見《元史譯文證補》，卷一上，頁14。另見徐炳昶〈校金完顏希尹神道碑書後〉，《史學集刊》，第一期，頁3至18。

　　合不勒有七個兒子，但他死後遺命立堂兄弟，想昆的兒子俺巴孩爲可汗。合不勒屬於乞顏（Kiyan，奇渥溫、卻特都與此有關）部，俺巴孩屬泰赤烏部，照當時的情形與往後的歷史來看，蒙古本部似乎是習慣上以這兩大部輪流出任可汗的。

　　在接連呼倫、貝爾兩湖的烏爾順河一帶有些塔塔兒族，俺巴孩爲嫁女（有的說是娶妻）的緣故，親自前往，途中爲主因塔塔兒人所捉，將他送往金國，金國把俺巴孩釘死於木驢背上，這是金國專用來處治不服的民族領袖的刑罰。俺巴孩曾經遺命要爲他報仇，並且提名忽圖剌（Khutula，或忽必來 Khubilai）與合荅安太子（Khadan-taishi；合丹太師）爲繼位人選。

　　忽圖剌是乞顏部，爲合不勒之子，合荅安是泰赤烏部，爲俺巴孩之子，結果忽圖剌被推選爲可汗。他與合荅安共同領導蒙古人展開積極的復仇事業。蒙古與主因塔塔兒雙方有十三次戰爭，但都沒有決定性的勝負。

　　蒙古對金國邊境的攻擊較有收穫，金國竟至以名將兀朮爲主帥出兵，他率領在中原訓練的神臂弓弩軍八萬人出征，但連年戰爭而無功，如此金國只有與蒙古正式議和了。

　　金熙宗皇統七年（1147），金割讓西平河（克魯倫河）以北二十七團寨給蒙古，並且每年給許多牛羊米豆絹棉等。〔註47〕這無異是正式承認蒙古在克魯倫河以北的主權，以致於金國在北方金源邊堡的國防線也被迫退至興安嶺。蒙古在三河源頭的基業，到此漸形穩固。三河就是指斡難河、克魯倫河、土拉河。

　　《元史》中說合不勒以後繼位的是八哩丹（把阿壇 Bartam），而後是也速該（Yesügei），這二人都有勇士的稱號（把阿禿兒）。《元史》的說法是在成吉思可汗世系的承傳，而蒙古的可汗在合不勒之後應是忽圖剌，他是經過蒙古的傳統「忽剌兒台」（Khuraltai，或譯庫利爾台，原意是聚會、會議，因爲參加的是氏族長們以及重要貴族們，故而可稱之爲宗親大會）所正式產生的。在忽圖剌之後爲可汗的又是屬於乞顏部的也速該，他是忽圖剌的侄兒，成吉思可汗的父親。

　　也速該的妻子是訶額侖・兀眞（Köelün-üjin，《元史》作月侖太后，訶額侖是雲的意思，兀眞即夫人的轉音），她是被搶奪而來的，《秘史》裏記載了草原中這類常見的婚姻：訶額侖是斡勒忽訥惕族人（Olkhunuud，爲弘吉剌惕

Onggirad 族的一支），她原是篾兒乞惕（Merki'd）族的也客・赤列都
（Yeke-chiladu）所迎娶來的，途中經過斡難河而被也速該所看上。也速該糾
合了他的哥哥捏坤太子（Negün-Taishi）和弟弟苔里台・斡惕赤斤
（Dáaritai-odchigin，斡惕赤斤是對末子的通稱，在蒙古社會中末子是父親遺
產的繼承人，故而有此特定的通稱），兄弟三人共同把訶額侖搶奪過來。這種
「掠奪婚」在草原中非常盛行，由於氏族外婚的限制，在廣大的草原中，娶
得外族女子並非易事，故而由別的社群中搶奪為婚。此外，與社會生活的經
濟因素也有關連。有些社會學家以為在古代或較原始的社會中，「掠奪婚」是
普遍存在的，從近代一些婚俗中可以看到這種婚姻的遺留（詳下章）。

　　也速該在忽圖剌領導下對塔塔兒人作戰，他俘獲了兩個酋長：谿里・不
花（Khori-bukha）與帖木眞・兀格（Temüjinuge），那時訶額侖正產下一子，
於是為紀念武功，就命名為鐵木眞（帖木眞）。據說鐵木眞生時，手中握有血
塊如髀石（Shi'a，失阿，是一種玩具，用牛、羊及黃羊蹄與腿骨相接處的髀
骨作成）一般。

　　在十二世紀之時，女眞的金國已取代契丹人成為北亞洲的強權，遼與北
宋都相繼滅亡於金國之手。但金國實際所控有之地，北方約達陰山，東北有
遼國舊時之地，以會寧府（吉林阿城縣一帶）為上京，是其初期的首都。東
北與北方都設有邊堡為國防線，沿邊以塔塔兒部與汪古部為外圍防衛。自從
克魯倫河一線落入蒙古手中，金人只有退至興安嶺為其國防前線。外蒙古草
原與貝加爾湖周邊，都是金人勢力所不能及之地，那裏散布著許多部族，他
們都擁有自己的地盤和獨自的生活，也沒有一個較強的勢力來統一各部。當
時各部分布的情形大約如下：

　　在貝加爾湖周邊的東方與南大部份為蒙古人，赤塔河流域有伯岳吾族，
色楞格河畔有泰赤烏族，斡難河下游有押剌伊兒人，大致有十部。戈壁以南、
長城以北有汪古人。在三河源頭一帶有孛兒只斤族——這就是成吉思可汗所
屬的蒙古氏族，在呼倫、貝爾區到察哈爾南部是塔塔兒人所分布之地，接近
塔塔兒人的是弘吉剌族，在土拉河與鄂爾渾河二流域的是克烈人，約有五部，
色楞格河的上游有蔑兒乞人，大約有四部。貝加爾湖東部有巴爾虎人，湖西
有兀兒速、帖良兀等族。匝盆河與科布多地區為突厥乃蠻之土，再往西是畏
吾兒人，西南方是西遼。中亞一帶有許多突厥部族，在鄂爾多斯高原與阿拉
善沙漠地方為西夏所有，葉尼塞河上游有斡亦剌惕族，以及吉兒吉思人。（參

見圖一）

關於蒙古民族本身的發展，《元史》中雖然沒有氏族表可循，但有許多其他資料或專門或部份地記載了下來，〔註48〕綜合這些資料及初步研究，約可列出四十四個氏族，包括了前面說到的「尼倫」、「都魯斤」兩大部份，它們是合塔斤（Khatkhin）、撒勒只兀惕（Saljiut）、泰赤烏惕（Taichi'ud）、赤那思（Chinos）、兀魯兀惕（Uru'ud）、忙忽惕（Mankhud）、巴阿鄰（Báarin）篾年巴阿鄰（Mene-Bárin）、孛兒只斤（Borjigin）、那牙勤（Nayaghin）、巴魯刺思（Barulas）、額兒點圖·巴魯刺思（Erdemtü-Burulas）、脫朵延·巴魯刺思（Tödögen Barulas）、也客·巴魯刺思（Yeke-Barulas）、兀出干·巴魯刺思（üchügen-Barulas）、札答闌（Jajiradai）、阿答兒斤（Adarughchi）、不荅安惕（Budad）、都豁刺歹（Dokhoratai）、別速惕（Besüd）、斡羅納兒（Oronar）、晃豁壇（Khong Khotan）、阿魯刺（Arula）、雪你惕（Sünid）、格泥格思（Geniges）、合卜禿兒合思（Kha Buturkhas）、主兒勤（Jürki）、召烈台（Jéüreyid）、朵兒邊（Dörben）、別勒古納惕（Belegünüd）、不古納惕（Bugünüd）、失主勿惕（Sejüüd）、速客納惕（Sükened）、土別干（Tübegen）、兀良合（Uriyangkha）、翁吉刺（Onggira）、許兀愼（Shusin）、速勒都孫（Süldüs-ün）、伯岳吾惕（Bayaud）、塔兒忽台（Tarkhud）、禿馬惕（Tümed）、豁里刺兒（Khorilar）、札兒赤兀惕（Jarchiud）、篾兒乞惕（Merchid）、斡勒忽納兀惕（Olkhunúud）、克烈亦惕（Kereyid）、敞失兀惕（Changshiud）、豁羅刺思（Ghorolas）、札刺亦兒（Jalair）、汪古惕（Onghud）、不里牙惕（Buriyad）、斡亦刺惕（Oyirad）、亦乞拉思（Eikhras）、哀而狄干（Eilchikin）。〔註49〕

〔註48〕有關的資料約有下列各種：（1）《蒙古秘史》。（2）柯劭忞，《新元史》、氏族表，及其《譯史補》、氏族表。（3）錢大昕、《補元史氏族表》。（4）陶宗儀、《輟耕錄》，蒙古七十二種色目三十一種。（5）魏源，《元史新編》、氏族表（6）趙珙、《蒙韃備錄》，立國條。（7）黃震、《古今記要逸編》。（8）屠寄、《蒙兀兒史記》、氏族表。（9）《多桑蒙古史》、蒙古諸部。（10）馮承鈞、《成吉思汗傳》、蒙古諸氏族。（11）格魯賽（R. Grousset）《蒙古史略》（馮承鈞譯）。（12）王光魯、《元史備忘錄》，氏族二篇（13）韓儒林、〈蒙古氏族札記二則〉（《穹廬集》）。

〔註49〕參見同註35，頁19至24。另見唐屹、〈蒙古部族考初稿〉，《邊政研究所年報》，第六期（臺北，政大，民國64年），頁57至105。簡俊耀、《十一至十三世紀蒙古氏族制度之研究》（臺北、政大，民國63年）。

第二章　蒙古帝國之建立及其早期社會

第一節　成吉思可汗

一、鐵木眞早年之奮鬥

也速該爲九歲的鐵木眞求親，父子二人往訶額侖娘家弘吉剌（Onggirad）的斡勒忽訥氏（Olkhunu'ud）而去，途中遇到弘吉剌族的德‧薛禪（Tei-Sechen），結果就訂了親事，按照草原的習俗「服役婚」，鐵木眞就留在岳家，他的未婚妻是孛兒帖（Börte，孛兒台）。

也速該在歸途遇塔塔兒人，塔塔兒人在酒食中滲毒，也速該回家後即毒發而死，死前遺命家臣晃豁壇氏（Khong-Khotan）的蒙力克（《元史》作明里‧也赤哥），照顧寡妻幼子，並把鐵木眞召回。

也速該死後，蒙古本部發生嚴重的分裂。原來蒙古可汗的選立，照例是由乞顏與泰赤烏兩大部輪流擔任，前面已說過合不勒屬乞顏，俺巴孩屬泰赤烏，忽圖剌屬乞顏，接下來應屬泰赤烏部人出任可汗，但忽圖剌之子也速該又以乞顏部出任可汗，似乎打破了這個「規矩」，引起泰赤烏人不滿，其族長塔兒忽台‧乞鄰勒禿黑（Targhutai-Kiriltugh，即胖子乞鄰勒禿黑。《元史》作塔兒不台），他是合荅安之子，尤其有仇視的態度。

原來蒙古可汗的選舉是種「世選」制度，透過「忽剌兒台」（Khuraltai）的形式來產生。一般說來候選人應具備有幾個條件：一是出身爲強大氏族，二是本人必爲強勇有勢力者，多半爲氏（部）族長之類，三是前任可汗之推薦。

也速該死後，家道中衰，孤兒寡婦自無法有所作爲，泰赤烏部乘機排擠鐵木眞家人。原來草原民族有一種祭祖典禮叫「亦捏魯」（inerü），就是漢人所稱的「燒飯」，在烏桓、契丹、女眞蒙古等民族都有。〔註1〕有一年春天，鐵木眞的母親訶額侖，就是在「燒飯」祭典中受到泰赤烏部的冷落。不但如此，泰赤烏部起營他去，撇下原本共同生活的鐵木眞氏族。而許多原在也速該領導下的氏族，也紛紛隨之而去。像這種現實的狀況應該是草原中的常態，當一個族長死後，族中無人能繼之領導，不但族人生活、安全都堪憂慮，附屬的氏族也會去依靠較強的部落。正如也速該的親信部屬脫朵顏・吉兒帖（Tödögen-Girte，《元史》作脫端・火兒眞）所說：「深池已乾矣！堅石已碎矣！留復何爲？」〔註2〕

訶額侖雖然強留下一些族人，但他們後來也逐漸離開，鐵木眞家人處在孤立的困境之中。訶額侖是蒙古民族史上偉大的母親，她含辛茹苦地教養了一家人。在孩子成長的過程中，鐵木眞家庭曾發生不幸的兄弟之爭。

訶額侖生有鐵木眞、合撒兒、合赤溫、帖木格四子，以及帖木侖一女。也速該旁妻所生的有別克帖兒、別勒古台兄弟二人。異母兄弟兩邊不和，結果鐵木眞兄弟射殺了別克帖兒。這種悲劇令訶額侖痛心疾首，她用阿蘭・豁阿折箭訓子的故事，將鐵木眞兄弟訓斥一頓。〔註3〕

接著第二批凶險又降臨這個困苦的家庭。泰赤烏部似乎不願看到鐵木眞兄弟的茁長。在一個滿天衰草，狂風時起的暮春天裏，塔兒忽台親自領隊突襲鐵木眞家人。泰赤烏人指名擒拿鐵木眞，最後是如願以償。

夏季四月十六日紅日圓滿的節日，是蒙古人歡宴的日子，鐵木眞乘泰赤烏人歡飲之時逃脫。在緊密緝拿之中，鐵木眞得到速勒都孫氏（Süldüsün）的鎖兒罕・失剌（Sorkhan-Shira）的協助，終於得以逃脫，找到了家人團聚。

鐵木眞在追尋被劫走的馬匹途中，結識了他第一個戰友——孛斡兒出（Boorchu，《元史》作博爾朮），他們二人成爲「伴當」（nökör 那可兒、奴忽兒）。從這以後，鐵木眞不斷結交豪傑之士，這些「伴當」都成爲他日後堅強的戰鬥核心。

〔註1〕 參見王國維，《觀堂集林》（臺北，河洛），卷一六，〈蒙古札記〉，燒飯條，頁811至813。

〔註2〕 參見《元史》，卷一，〈太祖本紀〉，頁3下，以及《蒙古秘史》，卷二，頁74。

〔註3〕 鐵木眞少年兄弟之爭，與訶額侖訓子的經過，參見《秘史》卷二，頁80至84。

　　鐵木眞迎娶了孛兒帖，接著就想去拜訪父親的盟兄弟王汗。照蒙古習俗，新娘初到婿家，對於老幼近親都要贈送見面禮，稱之為「失惕坤勒」（Shidgül，指穿戴的衣物）。孛兒帖帶來一件名貴的黑貂皮衣，鐵木眞兄弟認為是送給父執輩的好禮品。於是就往土拉河拜見王汗而去。

　　王汗本名脫斡鄰勒（Tooril，《元史》作脫里，是凶猛的鷹鷲之意），他是克烈部（Kereyid）的領袖。克烈人的商業活動頗為頻繁，多與中亞一帶交易，生活較為富裕。王汗的祖父為馬兒忽思・盃祿（bouyourou，不亦魯，即首長、統兵官之意），曾被塔塔兒人所俘，獻給金國處死，這與俺巴孩的遭遇相同。父親為忽兒察忽思・盃祿。王汗在父親死後的爭權之中，殺戮很重，叔父古兒汗（古兒汗為稱號，名字不詳）投奔西方強國乃蠻（Naiman）；聯兵攻敗王汗，王汗率殘兵投奔也速該。而後王汗得也速該援助復國，古兒汗被迫往西夏。在外國的記載中，非常推崇王汗，因克烈部人多信奉景教，故而王汗有「長老約翰」的美稱。他曾受金國封為王，本身已是克烈部的汗，因此時人都稱他為王汗而不稱他本名。

　　由於也速該對王汗的協助，二人就相結為「安荅」（Anda，安達，盟誓的兄弟）。鐵木眞以世交關係，就對待王汗如父親一般，同時他也希望得到兵強財富的王汗的援助。王汗得到貴重的禮物與尊敬，也為了回報也速該當年的恩情，就答允替鐵木眞收聚四散的族人。

　　仍然是暮春衰草狂風的季節，似乎即將好轉的家庭，又遭逢另一次的災難。這次是篾兒乞族所發動，他們是為了報訶額侖被搶奪之恨而來。篾兒乞人集結了三個部族——兀都亦惕、兀洼思、合阿惕，進行黎明突襲，在慌亂之中，孛兒帖與鐵木眞的庶母赤勒格二人被俘虜而去。

　　訶額侖原是篾兒乞人赤列都所迎娶的妻子，赤列都已死，照草原民族的習慣，弟弟可繼認哥哥的權利，於是孛兒帖就這樣發配給赤列都的弟弟赤勒格兒（Chilger），算是報了訶額侖被奪之恨。

　　鐵木眞躲在不峏罕山避難，他以為是受到山的庇祐，所以宣誓爾後子孫要代代祭祀不峏罕山。鐵木眞求援於王汗，王汗認為應邀札木合相助，那時札木合為札荅闌氏的領袖，兵力強盛。札木合童年時曾與鐵木眞居住相近，並且也結盟為兄弟。

　　王汗以札木合為戰爭的總策劃，這是鐵木眞成年後，第一次率族人參與的戰爭。札木合分析敵人的狀況如下：兀都亦惕部的領袖脫脫在肯特山西北，

靠近今中俄邊境一帶，叫不兀剌曠野。兀洼思部的答亦兒‧兀孫，駐地在鄂爾渾河與色楞格河之間。合阿惕部的合阿台‧荅兒麻剌，駐在色楞格河之北，叫哈剌只曠野。札木合要求王汗東走，由居地的土拉河往不崎罕山方面，先行與鐵木眞會師。札木合自己則逆幹難河西上，雙方在肯特山下的河源結集，也就是在鐵木眞的居地附近。札木合與王汗各自東、西來會，第一個攻擊目標是兀都亦惕，那裏是平原，爲有利的戰場。也就是以主力攻擊敵人的左翼，而且用迂迴作戰，並不由王汗所居的土拉河往北，作正面攻擊。

鐵木眞集合了部隊出發會合王汗，王汗與弟弟札合‧敢不（Jakha-Ghambu）各率軍萬人來到。然後三人往會札木合，札木合已早到三天，他們的集結是隱密的，篾兒乞人絲毫沒有察覺，也不可能知道是三部聯軍的突襲。札木合運用夜間突襲，等篾兒乞人發現時，蒙古聯軍如同從「天窗上降下一般」，〔註4〕根本無法應戰。慘敗的篾兒乞人，率領殘眾倉惶撤退，順著色楞格河往巴爾虎地方而去。（參見圖二）

二、蒙古草原之統一

鐵木眞得王汗與札木合之助，大敗篾兒乞人，奪回妻、母之外，也俘獲不少人畜與財物。聯軍直追過色楞格河，俘虜了合阿惕部族長合阿台。

鐵木眞與札木合少年時原本爲伙伴，同時還結盟爲兄弟。大敗篾兒乞人之後，他們共同游牧居住一年餘才分手。鐵木眞頗能施展其外交手腕，以及長遠的眼光，他原本有很好的家世，又能運用關係結合王汗與札木合，勢力逐漸擴展。例如與鐵木眞居住相近的照烈部（昭兀列台），在圍獵時經常碰面，鐵木眞則盡量招待之，並在圍獵時把野獸驅向他們，使他們獵獲豐富，這種極力拉攏的方法，很獲得他們的歸心。或許鐵木眞也在爭取追隨札木合的各部族，這引起札木合的猜忌而終告分手。

鐵木眞離開札木合走後，許多氏族也陸續跟來，這其中包括有「尼倫」、「都魯斤」兩部份，以及其他部族，總共可代表廿二個氏族的部分人馬，根據《秘史》之記載它們是札剌亦兒氏、塔兒忽惕氏、敵失兀惕氏、巴牙兀惕氏、巴魯剌思氏、忙忽惕氏、阿魯剌惕氏、兀良罕氏、別速惕氏、速勒都思氏、晃豁壇氏、速客堅氏、捏兀歹氏、幹勒訥兀惕氏、豁羅剌思氏、朵兒班氏、亦乞列思氏、那牙勤氏、幹羅納兒氏、巴阿鄰氏、篾年巴阿鄰氏、泰赤

烏惕氏等。

　　鐵木眞首次獨立勢力的集結始於此次與札木合的分手，確實人數不詳。其中有些重要的人物，是後來開國的十二功臣人物，如前面說到的博爾朮（四傑之一）、者勒篾、忽必來、速不台（四獒之三），以及合撒兒、別勒古台等兩個弟弟。此外，又有一重要人物，即巴阿鄰氏的族長兼「薩滿」，有「別乞」（巫師兼族長）之號的豁兒赤（Khorchi）。薩滿教是北亞民族中普遍的信仰，在民間傳統中有極優越的地位，時至今日在北亞仍可看到其信仰的遺留。在蒙古社會中，薩滿是屬於貴族階層，稱其巫師為「孛額」（boé），意思是師父、師公，最高等的「孛額」是能與上天往來而知天意的帖卜・騰格里（Teb Tenggeri，告天人、通天人之意）。蒙古社會中有男、女薩滿，平日所執行的就是一般驅邪、治病、除祓、占卜吉凶等等，他們有很高的地位及影響力。〔註5〕豁兒赤利用其身分地位為鐵木眞做了極有力的政治宣傳，意謂鐵木眞為蒙古天命之主，如此又有許多部族前來投効，這其中有鐵木眞的叔父答力台・斡惕赤斤，近親主兒勤氏的薛徹「別乞」、泰出等二人；而主兒勤氏是以善戰出名的。忽圖剌可汗的末子按彈（阿勒壇），鐵木眞二伯父捏坤太子之子火察兒「別乞」等都各率一部落前來，與札木合同屬札荅闌氏的一部落也來投奔。這可見鐵木眞曾祖合不勒可汗的後人大都集結起來了，於是由阿勒坦、火察兒、薛徹等人倡導，共同推立鐵木眞為蒙古本部的可汗，時為金世宗大定廿九年，南宋孝宗淳熙十六年（1189）。

　　蒙古民族自也速該死後，勢力較大的應是泰赤烏人與札荅闌的札木合，但似乎沒有部族聯盟的可汗出現，由於資料缺乏不敢斷言。鐵木眞興起後，漸漸與札木合成為兩大集團的中心，他們二人之爭就是蒙古民族領導權之爭，其戰爭即為蒙古族之內戰。照《元史》的記載，二人戰爭的導火線是起於爭牧馬之仇，所爆發的「十三翼（部）之戰」是鐵木眞大破札木合，〔註6〕《秘史》記載此次戰役之起因與《元史》同，但戰爭的結果卻係鐵木眞大敗。〔註7〕札木合的十三個「合闌」（Kharin，即部之意，指獨立的部族），有八個屬於蒙古本部，除去札木合本身的札荅闌氏外，主要的就是與鐵木眞敵對最力的泰赤烏人，其餘有兀魯兀惕、那牙勤、巴魯剌思、合塔斤、撒勒只兀、

〔註5〕關於蒙古社會中的薩滿信仰及其功能等，可參見拙著，《早期蒙古游牧社會之結構》，頁 113 至 122。
〔註6〕參見《元史》，卷一，〈太祖本紀〉，頁 3 下，4 上。
〔註7〕參見《秘史》，第一二八、一二九節。

巴阿鄰等族，另外有朵兒班、亦乞列思、豁羅剌思、弘吉剌、塔塔兒等族，共約三萬人馬，鐵木眞也組成十三個「古列額惕」（Käriyed，庫里延，意思是圈子，指圍成圈子的部族），全都是合不勒可汗的後人所組成。〔註8〕雙方戰於答蘭版朱思（呼倫池西方）之野。鐵木眞部眾新附不久，倉促應戰而敗，退至斡難河一帶。此爲鐵木眞與札木合相爭初次大戰。

「十三翼之戰」鐵木眞是接戰不利即迅速退走，故而仍保有其實力。札本合因殘殺赤那思氏，影響其聲望，〔註9〕結果有許多部族離開他而投奔鐵木眞，如尤赤台的兀魯兀惕族、畏答兒的忙忽惕族，此二人後來皆爲鐵木眞之開國功臣，又有晃豁壇氏蒙力克的來歸。

鐵木眞與札木合再次大戰之前，鐵木眞對內加強其權威，對外採取結聯王汗之策。主兒勤氏爲合不勒可汗長房系，與出於三房系的播里孛闊（孛闊爲力士之意，播里屬鐵木眞叔父輩）相結，似造成對出自二房系的鐵木眞的隱憂，雙方亦曾結怨，而薛徹領導的主兒勤氏，在鐵木眞與王汗聯兵攻塔塔兒人時，即公開抗命，終導至鐵木眞出兵攻殺薛徹與泰出，改編主兒勤部眾，並捕殺播里孛闊，此後鐵木眞遂進一步鞏固其領導地位。

鐵木眞與王汗加強關係是乘攻塔塔兒之戰時。主因塔塔兒人原附於金國，其族長篾兀眞·笑里徒叛變，金章宗以完顏襄帥兵討伐，塔塔兒人北走，鐵木眞以此爲復世仇之良機，乃聯合王汗進襲，殺篾兀眞，並俘獲輜重牲畜甚多。金國因之授鐵木眞爲「札兀惕·忽里」（官名，解釋不一，近於招討使之官，或指有權威之部族長），而王汗之名即於此時受封爲王號之故。王汗之克烈部卻於此時發生變亂，原來爲其所驅之弟也力可哈剌，得到乃蠻可汗亦難赤之助，乘機返國，並大敗沒有防備而歸的王汗，王汗逃往西夏、畏吾兒、中亞一帶，又往西遼（黑契丹）求援，因不得要領而返，中道絕糧，窮困已極。鐵木眞得知消息，乃親往克魯倫河上游接應，相會於土拉河上，將收撫的王汗部眾交還，且盡力接濟之，雙方遂在肯特山共同游牧過多。

往後數年，是鐵木眞與王汗聯合時期，西元1198年，出擊篾兒乞人獲勝，接著指向阿爾泰山之乃蠻。乃蠻亦難赤可汗死後，其二子台不花、不魯欲相爭而分裂，不魯欲稱汗於科布多一帶，是爲北乃蠻，台不花號太陽汗，以烏

〔註8〕關於鐵木眞所組成之十三翼，可參見韓儒林，〈成吉思汗十三翼考〉（《穹廬集》），頁1至7。
〔註9〕參見《聖武親征錄》，王國維註本（臺北，正中，蒙古史料四種），頁12下。

里雅蘇台爲中心，此即南乃蠻。當亦難赤可汗時期，曾參與王汗國內之叛亂，而後北乃蠻復援助篾兒乞人，故鐵木眞與王汗聯軍攻之，於 1199 年大破北乃蠻，不魯欲汗逃往謙謙州（唐努烏梁海一帶）。

　　次年，泰赤烏與篾兒乞聯軍來攻，爲鐵木眞與王汗聯軍大敗於斡難河，餘眾走巴爾虎，或奔乃蠻而去。不久，蒙古數部組成聯軍來攻，有合塔斤、撒勒只兀惕、泰赤烏、朵兒班、弘吉剌等族以及塔塔兒人，鐵木眞與王汗敗之於捕魚兒海子（貝爾湖）。

　　鐵木眞與王汗勢力日益擴張，其反對勢力再度組成大結合，包括有弘吉剌、亦乞列思、哈塔斤、撒勒只兀惕、朵兒班、塔塔兒、豁羅剌思等族，各族會師於犍河（刊河、根河），共推札木合爲局兒汗（古兒汗，即天下之汗），並密誓奇襲鐵木眞。鐵木眞得密告而迎戰，雙方大戰於海剌兒帖尼火羅罕（海剌爾河與墨爾根河之間），鐵木眞戰勝，札木合走脫，弘吉剌人歸降，此爲二人第二次之大會戰。

　　次年，鐵木眞攻塔塔兒四部（察罕、按赤、都塔兀惕、阿魯孩），大獲全勝，然其叔父答力台、按彈、堂兄弟火察兒等三人，違令掠財，乃至投奔王汗，造成鐵木眞與王汗間日後之齟齬。

　　同年，反鐵木眞集團再度結合，以札木合爲後援。鐵木眞與王汗聯軍，雙方戰於闊亦壇河（奎屯河）之野，這次是蒙古族領導權的最後大戰，勝利的一方是鐵木眞，結果是泰赤烏族被撤底消滅，北乃蠻往阿爾泰山撤退，篾兒乞人往色楞格河而走，斡亦剌惕向吉爾吉斯奔去，札木合則降了王汗，但無復往日之號召力，後來王汗失敗，他又投奔南乃蠻，南乃蠻亡後，一度走往北乃蠻，流亡途中爲部下擒送給鐵木眞，自求光榮賜死（蒙古貴族之傳統，即不流血而死）。

　　自闊亦壇戰後，鐵木眞已確實掌握了蒙古族之領導權，而蒙古大草原中，強大的勢力除克烈部之王汗外，即西方之乃蠻，再往西即中亞諸國。鐵木眞與王汗之分裂與敵對，雖然有些許彼此間的不快，如同征乃蠻時，王汗夜裏私自撤兵，後來又接受札木合之降等。根本原因還在於草原中兩大聯盟集團間的勢力衝突，而反鐵木眞之殘餘分子皆在王汗部中，他們扇動王汗之子桑昆——未來的繼承人，將要面對鐵木眞強大的壓力。如此，這義父子間的衝突終不可免。

　　鐵木眞原意以長子朮赤娶王汗之女抄兒，並嫁女阿眞於桑昆之子禿撒

合，欲親上加親，但未被接受。桑昆陰謀定計，佯允鐵木真參加「布渾察兒」（許婚酒），以便捕殺之。鐵木真得老臣蒙力克勸阻而返，桑昆於是發動突襲，鐵木真又得密告而遁走，但為桑昆所追及，鐵木真被迫迎戰，敗退而去，時為 1203 年。

鐵木真一面整頓軍隊，一面發動外交攻勢，控訴王汗父子集團，其中包括了札木合、答力台、按彈、火察兒等人，目的在分化其勢力，結果頗為有效，王汗父子形成孤立，餘人皆往乃蠻而去。鐵木真在班朱尼河舉行「飲渾水」之宣誓，然後迂迴到王汗駐地之背後，準備發動奇襲。他又以弟弟合撒兒往王汗營中詐降，誘使前來接應之使者為嚮導，結果在哈蘭真沙漠找到王汗之營地，激戰三天後，克烈部全被殲滅，王汗嘆道：「我為吾兒所誤，今日之禍，悔將何及。」〔註 10〕後入乃蠻，為守將誤殺。桑昆往西夏，又流亡西域，後為龜茲國王所殺。

鐵木真、札木合、王汗並立草原中之三雄，到此時只有鐵木真掌握了草原中的霸權，他不僅完成了蒙古民族的統一，而且奠定了北亞游牧帝國的強大基礎。蒙古民族從「蒼狼」與「白鹿」渡大海以來，從未如此地在一人領導之下有這樣的盛況。

第二節　蒙古帝國的建立

一、汗廷規模

1204 年蒙古大軍逆克魯倫河出征南乃蠻。當南乃蠻之太陽汗得知王汗集團敗亡，知蒙古將往西來，決定先行動員；連絡在陰山附近的汪古人為右翼，欲行夾擊之策。汪古部長阿剌兀思不欲與突厥族之乃蠻共擊同族之鐵木真（實際上汪古應屬於突厥族系），乃決定歸附鐵木真，並告知太陽汗之企圖。蒙古軍以哲別、忽必來為先鋒，至杭愛山與南乃蠻對壘。

太陽汗欲誘蒙古軍深入，打算退過阿爾泰山再行反撲。鐵木真則以瘦馬弱兵欺敵，又虛燒營火，使敵軍誤以人馬逐漸集結，欲誘使南乃蠻立刻出兵。太陽汗之子屈出律及帳下大將皆反對誘敵深入之計，終於激使太陽汗揮兵向前，越杭愛山、渡鄂爾渾河，撲向蒙古大軍。

〔註 10〕見《元史》，卷一，頁 12 上。

太陽汗除本身南乃蠻軍以外，尚有其他反鐵木眞之殘餘勢力，但交戰後全面崩潰，太陽汗戰死，屈出律與篾兒乞部、札木合等投奔北乃蠻，其餘朵兒班、塔塔兒、哈塔斤、撒勒只兀（散只兀）等部皆降。

次年，鐵木眞乘勝越阿爾泰山，急攻北乃蠻，不魯欲汗未料到蒙古軍突襲而至，戰敗被殺。〔註11〕屈出律投奔往西遼。

1206 年，蒙古各部在斡難河召集「呼利爾台」（大會），立起九旄白旗，鐵木眞受推爲成吉思可汗。鐵木眞此次的即位有兩個意義，一是「成吉思」之尊號，以往的蒙古可汗們都沒有尊號，此時鐵木眞擁有了尊號。二是此次即位爲全蒙古之大可汗，在 1189 年時，鐵木眞曾被推爲可汗，當時爲蒙古本部之可汗，此時則爲所有民族，乃至北亞民族之可汗。本年即爲《元史》上所記的太祖元年。此外，關於「成吉思」之意，眾說紛云，莫衷一是，大體上以「海內可汗」或以鳥鳴「成吉思」之天意爲通行的說法。〔註12〕

成吉思可汗接著大封功臣，並進一步擴張其帝國之組織，《元史》上說：「元太祖起自朔土，統有其眾，部落野處，非有城廓之制；國俗淳厚，非有庶事之繁，惟以萬戶統軍旅，以斷事官治政刑，任用者，不過一、二親貴重臣耳。」〔註13〕這個說法大體不失當時的情況，但仍可以補充不少的資料，來看這游牧帝國在政治組織上的發展。

早在 1189 年時，鐵木眞已創建了帝國的雛形組織，當時的分官任職如下：

眾官之長：以博爾朮、者勒篾兩人出任。

箭筒士：即帶箭之冗身侍衛，稱爲「火兒赤」（Khorchi）以斡哥來、合赤溫・脫忽剌溫、哲台、多豁勒忽等四人出任。

飲膳官：稱爲「博爾赤」（böorchi），以汪古兒、雪赤克禿、合荅安・荅勒都兒罕三人出任。

牧羊官：稱爲「火你赤」（Khonichi），以迭該出任。

車輛官：稱爲「抹赤」（mochi），以古出沽兒出任。

〔註11〕《秘史》鐵木眞攻滅北乃蠻於 1205 年，見第一九八節，《元史》則記於次年爲成吉思可汗後，始出兵攻滅之，見卷一，頁 14 上。《多桑史》與《元史》同，見頁 62。

〔註12〕參見田炯錦，〈成吉思汗尊號釋義〉，《邊疆論文集》，第一冊（臺北，國防研究院，民國 53 年 1 月），頁 204、205，另見《秘史》，卷八，第二〇二節，註 3，頁 289 至 293。

〔註13〕見《元史》，卷八五，〈百官志一〉，序文，頁 1 上。

內侍官：稱爲「速古兒赤」（Sughulchi），掌可汗家內、家丁人口及生活
等，以朵歹出任。

佩刀士：即帶刀之近身侍衛，稱爲「云都赤」（uilduchi），以忽必來、
赤勒古台、合兒孩、脫忽剌溫、合撒兒等四人出任。

軍馬官：掌軍馬及可汗之從馬，稱爲「阿黑塔赤」（aghtachin），以別里
古台、合剌勒歹‧脫忽溫二人出任。

牧馬官：稱爲「兀剌赤」（ula'achin），以忽圖、抹里赤、木勒合勒忽三
人出任。

隨從與前哨：稱隨從爲「斡多剌」（Odara），前哨爲「豁斡實黑」
（Khochagh），以阿兒該‧合撒兒、塔孩、速客該、察兀
兒罕等四人出任。

前鋒官：以速不台出任。

上面這些簡單的分官任職，就是蒙古民族最早的汗廷組織，完全是適應
游牧民族生活與戰鬥所需而組成，這個組織隨著後來帝國的擴張而擴大，以
至後來形成蒙古極獨特的「怯薛」（Keseg）。〔註14〕各單位中除侍衛等軍職
外，像飲膳官即類似漢式的宣徽院、光祿寺之之類，內侍官到後來元代成爲
侍正府，掌內廷近侍之事，包括內廷所需之衣物服飾等，〔註15〕軍馬官則
成爲後來元代太僕寺與尙乘寺所掌管「阿塔思」馬匹受給。〔註16〕由這些
例子看來，早期的汗廷中央不止與「怯薛」有密切關係，也在後來元朝廷的
中央組織中看到其傳統的遺留，以及與漢式制度有相合之處，若換一角度來
看，不論是「怯薛」也好，或元朝廷的中央也好，都是爲帝王（可汗）及皇
室服務的機構，有類似「內朝」之處，正合乎鐵木眞初期建立的汗廷就是以
他本人爲核心的組織，不過「怯薛」較爲特出，性質有所不同，此點容後再
論。

1206 年蒙古帝國的組織仍是純游牧性質的形態，現在分爲幾個方面來
看：

〔註14〕鐵木眞初期汗廷之組織，即形成後來「怯薛」中的各部門，可參見《元史》，
卷九九，〈兵志二，宿衛，四怯薛條〉，頁 2 上、下。本文所譯各組織單位之
漢文，即以《元史》所載爲主，間有出入，可參見《秘史》，第一二四節，以
及札奇斯欽師之註解。

〔註15〕參見《元史》，卷八八，〈百官志四〉，頁 7 下，8 上。

〔註16〕參見《元史》，卷九○，〈百官志六〉，頁 13 上、下。

（一）政治方面

最高斷事官：此即《元史》上說「以斷事官治政刑」，由月侖太后的養子失吉‧忽禿忽出任。蒙古語稱斷事官為「札魯忽赤」（Jarghuchi，突厥語為 yarghuchi），這在突厥、畏兀兒民族中是普遍的制度，蒙古民族也沿用之，可以看作是北亞民族的一個傳統。在《秘史》中記載最早出任此官的為鐵木真之弟別里古台，他所掌的主要職責在於司法與警備工作，而後到矢吉‧忽禿忽時職權擴大，兼有民政、財政、司法、立法等大權，並可領兵作戰，參與商議國政，集諸多大權的地位，類似漢制的宰相，故而漢文資料中稱其為「胡丞相」。〔註17〕尤其與可汗商議國政時，要造成「青冊」Kökö debter，為後來「脫卜赤顏」Tobchi（史綱）之肇始，其中除去有戶口記錄外，還包括許多蒙古習慣法、案例、檔案資料等，也與後來「成吉思汗法典」有密切關係，而蒙古民族用自己的文字記載全民族的大事，也應是始於此時。〔註18〕斷事官的權力大增自是因應帝國組織的發展與實際的需要，在成吉思可汗時代的斷事官已有中央的與地方的（或軍中的）分別，如矢吉‧忽禿忽即為中央的大斷事官（也客‧札魯忽赤），就是最高斷事官，亦即《元史》所說治政刑的斷事官，到後來元朝時，漸成為漢制的中書令、尚書令、左、右丞相等職。地方上則有各宗王位下的斷事官，或者軍中的、某地的，如鐵木真攻金時，郭寶玉來降，即被任為斷事官。〔註19〕

元老顧問：以蒙力克充任，因為是也速該託孤家臣之故，可汗以其位在上席，但不參與實際政治。

諫官：由兀孫、闊闊搠思、迭該等四人出任。他們除對可汗有進諫權外，還有多重身分，可行使御史之職的監察權，為可汗之顧問，平日還是模範的「那顏」（Noyan，長官之意），「大名頭的別乞」（即有高地位的首長），他們又具有宗王國師的身分，除兀孫留在可汗身邊外，忽難派在尤赤帳下為萬戶，

〔註17〕彭大雅、徐霆之《黑韃事略》中，記胡丞相事，王國維即以忽禿忽為胡丞相（臺北，正中，蒙古史料四種本），頁 490 至 493。另參見姚從吾，〈黑韃事略中所說窩闊台時代胡丞相事跡考〉，《東北史論叢》，下冊（臺北，正中，民國 57 年）頁 339 至 363。

〔註18〕參見《祕史》，第二○三節，註3，頁 207。另元史怯薛條中有「書寫聖旨白札里赤」疑當為此，見頁 2 下。

〔註19〕參見札奇斯欽師，〈說元史中的『札魯忽赤』並兼論元初的尚書省〉，《邊政研究所年報》，第一期（臺北，政大，民國 59 年），頁 145 至 257，又收在《蒙古史論叢》，上冊（臺北，學海，民國 69 年）。

兼「王傅」之職，闊闊搠思則任察合台之「王傅」，迭該任窩闊台之「王傅」，並在這些宗王汗國內擔任國相，可代攝宗王國內政事，因此這些諫官們重要的身分應是輔助宗王治國的。

秘書長：蒙古語爲「必闍赤」之長（bichigchi，指司書者），在《秘史》中雖無明確記載，但由其字源、職掌及出任的人物來看，成吉思可汗的中央已有此職，它與蒙古文字有密切關係，《元史》中說「爲天子主文史者曰必闍赤」，〔註20〕這是指掌管文史之職，而蒙古文字源於塔塔統阿的畏兀兒字所造成，他在汗廷是掌內府玉璽金帛，並教太子、諸王語文。另外有哈剌‧亦哈赤‧北魯，同樣爲畏兀兒人，曾爲其國斷事官，爲西遼皇太子師，成吉思可汗也命其爲諸皇子師。此二人或即爲當時的「必闍赤」，其他出任此職者皆爲親信重臣，綜合來看，他們不止是主文史或爲皇子師，還可以統軍出征、外使、調查戶口、行六部事等。由於帝國之擴張，汗廷中之「必闍赤」當日益增多，其中即產生「必闍赤」之長，如功臣鎮海，在漢文與西方史料中都有言及，其位稱爲中書相公、或稱丞相，而又爲「必闍赤」，兼記皇帝之起居注等，〔註21〕可知「必闍赤」之長當爲宰相之職，但比之於上述斷事官之長則可視其爲副宰相，不過這都是在成吉思可汗後期才演變而成，在初期宜視爲主文史的秘書長。到元朝以後則又有其他的演變，除去仍保有中央與宗王的「必闍赤」或其首長外，另外在各級衙署中也都有此職，但地位不高，成爲一般行政人員。

此外，又有所謂「達魯花赤」（darghachi，首長之意，因派任往地方，故可爲地方之鎮守長官），這是在西征以後才成立的官職，〔註22〕在此一並敍述。「達魯花赤」的性質初期是征服地區派駐的鎮守長官，或者爲使節、欽差、撫治地方的宣差，其職權範圍不等，或者一城、一府，或者一大片地區。而後成爲制度，但亦有演變，如分封領地內可自行派任，有管軍、管民之分，有兼差性質的，有分級爲「大達魯花赤」、「都達魯花赤」、一般「達魯花赤」的，其餘還有過「副達魯花赤」的設立，這個官職自窩闊台可汗之後都是世襲相承的。〔註23〕「達魯花赤」之派任是在成吉思可汗的晚期，而後遂成爲

〔註20〕 見《元史》，卷九九，〈怯薛條〉，頁2下。
〔註21〕 參見前揭《黑韃事略》，頁480，以及《多桑蒙古史》，頁245、246，另見札奇斯欽師，〈說元史中的『必闍赤』並兼論元初的中書省〉，《邊政研究所年報》，第二期（民國60），頁96至99。
〔註22〕 參見《秘史》，第二六三節，頁409，《元史》，卷一，太祖十八年，頁21上。
〔註23〕 關於「達魯花赤」之研究，可參看札奇斯欽，〈說舊元史中的達魯花赤〉，《文

定制，這是帝國擴張以後因應治理上的需要而設，都是設在新征服的地區，亦即蒙古本土並不實施此制，仍用其民族傳統的部族組織。

（二）軍事方面

十進制的軍事體系是中、西史料都記載的蒙古軍制，這也是北亞民族的傳統，自匈奴以下率多如此，〔註24〕即十戶（排子頭）、百戶、千戶，萬戶等級而成，在 1206 年時，可汗大封功臣，同時編組其軍事體系如下：

萬戶初封有四，右手（西方）萬戶爲博爾朮，左手（東方）萬戶爲木華黎，中軍萬戶（怯薛）爲納牙阿，西北（林木中百姓）萬戶爲豁兒赤。

千戶初封共九十五，每千戶人數並非一定爲整千之數，有三、四千至五千者。編整之原則以投效部族保持其原狀來編制，敵對者即拆散改編，也有其他零散人口合編而成者。千戶長有三分之一爲 1189 年時之「伴當」或出身於「怯薛」，以及出身於宗族之中。

可汗諸弟及諸子們都有千戶的部眾，月侖太后與幼弟帖木格共領萬戶之部眾。

「怯薛」組織是蒙古民族最具特色的，故在蒙古史上常引人注重。〔註25〕「怯薛」的形成若由社會的角度來看，它一則與「伴當」有關，由戰友到家將的轉變，一則又與蒙古社會結構的解體與分化有關，氏族聯盟的強化，漸形成以可汗爲核心的私屬集團。〔註26〕前面提到 1189 年時鐵木眞的設官分職，爲其簡陋的中央，但私屬的性質非常清楚，《秘史》中並未明言這是「怯薛」組織，但其職掌等等以及繼續的擴充，很清楚地就是《元史》中所記的「怯薛」。到 1204 年，出征乃蠻之前，又有第二次的編整，以八十人爲宿衛，七十人爲散班護衛，又選擇千戶、百戶的首長子弟，以及家世清白的富人子弟中，才能身體矯健者爲「怯薛」之成員，其人數以千人爲目標。散班的首長爲斡歌列「扯兒必」（Cherbi，指揮官），其餘尚有五名「扯兒必」，爲朵歹、

史哲學報》，第十三期（民國 53 年 12 月），頁 294 至 307。
〔註24〕參見拙作，《早期蒙古游牧社會的結構》，頁 100 至 102。
〔註25〕《秘史》與《元史》中皆記載「怯薛」之組成，《多桑蒙古史》引用西方史料似無言及此一重要制度。專文研究者有箭內亙，《元朝怯薛及斡耳朵考》（臺北，商務，民國 52 年），蕭啓慶，〈元代的宿衛制度〉，《邊政研究所年報》，第四期（臺北，政大，民國 62 年），頁 43 至 95。又收於《元代史新探》（臺北，新文豐，民國 72 年）。
〔註26〕參見拙作前揭書，頁 95、96。

多豁勒忽、脫侖、不察闌、雪赤客禿等。另外三日一更的宿衛,也自此時成為定制。

1206 年,「怯薛」做了第三次的擴張,宿衛增至千人,散班為八千人,另有箭筒士千人,共有萬人,分成四班輪值,由四名「怯薛長」帶領,初任的四人是不合、阿勒赤歹、朵歹、朵豁勒忽,大部份是前次編組時的老班底,而後就由四傑─博爾忽、博爾朮、木華黎、赤老溫來世領之,後博爾忽早卒,由別速部代之,但非功臣出身,故由可汗之名親領,另外赤老溫之後絕傳,故而以右丞相來代替出任,四個怯薛的總長官則常命大臣出任,但不常設。至於其成員─「怯薛歹」(Kesegten) 的選拔仍如前制,非一般人可參與,幾乎可以說是蒙古貴族家庭出身者始能參與,故而成為蒙古世代親貴的集團(其後也有漢人親貴子弟的加入),這一性質不止反映出可汗身邊的侍衛皆由親貴們組成,而親貴子弟們在此也有質子軍(禿魯華 turkhagh)的意味,同時「怯薛」尚有其他的作用,它兼有儲才、訓練、考核等作用,可以隨時外派出任各種官職或任務。取子弟為質是蒙古社會中的習慣,是由於一種關連的集體責任概念而來,可汗因權力範圍之擴大與社會之演變,這種因空間擴大易弱化將臣的向心力,取質毋寧是其時的一種有效的手段,但若子弟們經由此途而能騰達,也未嘗不是一種仕途與出身,何況其本身是享有特權、地位高的單位。〔註27〕

「怯薛歹」之地位,在成吉思可汗口中是「梯已的護衛」、「福神」、「大中軍」,〔註28〕其地位比在外的千戶為高,其家人「伴當」比在外的百戶、十戶為高,〔註29〕各班之首長未得可汗之許可,不得任意處分其護衛們。〔註30〕《元史》上說「怯薛歹」比其他各衛諸軍尤為親信,每年所賞賜鈔幣,動輒億萬,「國家大費,每弊於此焉」可知優渥之厚,此即漢制之天子禁軍。〔註31〕禁軍性質固有,但尚有其他前述的性質,不過《元史》中又記說:

> 其它預怯薛之職而居禁近者,分冠服、弓矢、飲食、文史……,悉世守之,雖以才能受任使,服官政,貴盛之極,然一日歸至內庭,

〔註27〕 參見同前,頁 98、99。
〔註28〕 參見《秘史》,二二一節、二二六節。
〔註29〕 參見《秘史》,二二八節。
〔註30〕 參見《秘史》,二二七節。
〔註31〕 見《元史》,卷九九,頁 3 上。

則其執事如故，至於子孫無改，非甚親信，不得預也！〔註32〕

這段記載非常重要，說明了朝廷（外朝）官員往往還兼「怯薛」（內朝）的職務，尤其到元朝建立後更是如此（詳容後論），但這記載似只注意到「怯薛」內主司各職的單位，其實屬於宿衛的「怯薛歹」也常外任要職的。

二、氏族與社會階層

一個民族的歷史不止於政治史之演變，以及隨之而來的軍事上的過程，其勢力範圍的伸縮固可以一窺其歷史之發展，但民族的生活狀況同樣地可以看出其歷史的發展與演變，敘述社會各方面的情形，則易了解其民族動態與靜態的生活狀況。

蒙古民族的社會與北亞其他民族大都相似，同屬游牧民族必有其傳統之生活，這應是受生態環境所左右的，如果由《史記》所載匈奴人的生活情形來看，歷千餘年至十二世紀前後，蒙古人的生活也大致相差不遠。逐水草而居的游牧民族，其社會結構的主體始終是氏族。

前章中已言及蒙古的氏族，以及分出的支族或副氏族，但蒙古民族他們有共同的遠祖－額布根（Ebugen）所生，而後繁衍成諸多氏族，氏族間的血緣關係繫於共同的祖先，婚姻關係亦繫之於此，即同族不婚的外婚制。關於蒙古的氏族可有下列幾點值得注意之處：〔註33〕（一）充分的父系社會，大約自《元史》記成吉思可汗十世祖孛端叉兒時，即可看出，而後許多氏族皆以父系祖先命名，這與農業社會頗為相似。（二）氏族分支而出則無血緣，分出的氏族自立成另一氏族後，往往其後人彼此即不互認有血緣關係。（三）非原始圖騰社會，由氏族之成立中未見到普遍的圖騰文化，若以「蒼狼」、「白鹿」為圖騰，至少是八世紀中期左右，此後並不再見。（四）氏族命名多無特殊意義，如朵兒班氏（四子部落）、捏古台氏（有捏古歹水繞其游牧地），巴牙烏特氏分為札狄‧巴牙烏特（住在札狄河邊之故），格倫‧巴牙烏特（住在沙漠地區之故）。

氏族同屬共祖－額布根的稱為「兀魯忽」（Uruh），他族者稱為「札惕」（Jad），〔註34〕兩者之間是否敵對與血緣並無關係。通常氏族是共同游牧，很

〔註32〕同前，頁2上、下。

〔註33〕以下參見拙作前揭書，頁24、25。

〔註34〕參見張興唐、烏占坤譯，《蒙古社會制度史》（臺北，中華文化出版事業委員會，民國46年1月），頁34，另見《秘史》，第四十節，註1。劉榮焌譯本，

少過著完全孤立的生活，它們可以在「兀魯忽」中游牧，也可以加入「札惕」中生活，彼此間的地位是平等的、自由的，可以隨時去來並無限制，但氏族中也有屬不同階層的人們，這可從相對於領主（那顏，Noyan）而發生的關係來看。

一種屬於門戶家僕「兀那干孛古兒」（Unaghan Boghol，家臣、隸臣），〔註35〕這原是指服侍並隸屬於一個氏族的「孛古兒」（家僕），後來漸演變成屬於領主個人和其本家的私屬。例如早在脫奔‧咩哩犍時期，曾遇著馬阿里黑‧伯牙兀歹氏的人，這個人用他的兒子換取鹿肉，於是此子就成為世代的家僕，〔註36〕像這種屬於隸民階層的人，在游牧生活中除服僕役外，與其領主世代游牧，有一定的自由與獨立性，亦可以慢慢發展，他們有些也分散四處游牧，並未始終追隨領主。開國功臣四傑之一的者勒篾，他也是由家僕出身的著名例子，〔註37〕《元史》中說與札木合爭馬的搠只別，他有單獨之屯營在薩里河；為領主的鐵木真氏族牧馬，這就是其家臣的工作，〔註38〕曾經救過少年時鐵木真的鎖兒罕‧失剌，他是速勒都孫（Süldüs）氏卻在泰赤烏部族中屯營，一則說明其時的泰赤烏部為部族聯盟之形態，一則可知鎖兒罕為其家臣，而主要的工作即製造「馬潼」（Kumis）。〔註39〕前章言及在海都汗時期曾攻破札剌兒氏，並將其族人收為奴僕，這個氏族大約在也速該死時分出游牧，到鐵木真與札木合分手時，再由其脫忽剌溫三兄弟領導下，重回鐵木真氏族並擁戴之，同時歸來的尚有塔兒忽惕氏，這個原屬森林部族的氏族是隨鐵木真的祖母以侍者（Injg，尹只）的身分而來，〔註40〕這些氏族與敵失兀惕、伯牙兀惕都是屬於家臣身分，再看 1206 年時，成吉思可汗分封時曾說明了其間的關係。〔註41〕合不勒可汗之孫也客扯連（yeke cheren），《秘史》中明白記著他曾是把歹、乞失黎黑兩位荅兒罕（darkhan）的領主（Noyan，那顏）。〔註42〕上述此類資料甚多，這些「孛古兒」氏族不是狹義的家僕，已漸超出

《蒙古社會制度史》（中國社會科學出版社，1980 年），頁 95。

〔註35〕參見張興唐譯前揭書，頁 39。

〔註36〕參見《秘史》，第一四至一六節。

〔註37〕參見《秘史》，第九七節、二一一節。

〔註38〕參見《元史》，卷一，頁 3 下。

〔註39〕參見《秘史》八十二節至八十五節。

〔註40〕參見前揭張興唐譯書，頁 41。

〔註41〕參見《秘史》，第二一三節。

〔註42〕參見《秘史》，第五十一節。

原來的情形，故而成吉思可汗大封功臣時，這些氏族都是帝國的將臣、貴族，可謂名符其實的家臣了。

　　另一種稱之爲「斡脫勒孛古兒」（Ötöle Bogol，奴僕），指普通使喚的家僕，與「札剌兀禿」（jalaghutu）相似，〔註43〕這種家僕一般部族皆有，可稱爲部（氏）族家僕，他們都屬於社會中的下層人們，與前述「兀那干孛古兒」不同，但其來源相同地多係戰爭掠奪的結果，如孛端又兒時與兄弟們將統格黎克河附近之百姓，全數掠奪回來做僕人，稱之稱「哈蘭」（Kharan，臣僕）「禿惕合剌」（túdghar，僕婢）這些就是部族奴僕，其中有阿當罕氏的婦人，原已懷孕，歸了孛端又兒後生子，取名札只剌歹（外族之人），此後成爲札只剌氏（札答蘭氏），後來的札木合即屬此氏。〔註44〕一般的「斡脫勒孛古兒」資料明確的不多，他們的身份似應可以改變，而成爲「兀那干孛古兒」，如在王汗陣營中的也客・扯連，他家中有爲他牧馬的僕人巴歹與乞失里黑（《元史》作啓昔里），因爲密告桑昆之謀而有功，後來成吉思汗遂封乞失里黑爲「荅剌汗」千戶，成爲「兀剌干孛古兒」。〔註45〕至於札只剌歹的後人則根本以爲出自於孛端又兒，而其餘統格黎克河的百姓並無交代，他們是否世代爲部族奴僕？或者像札剌兒氏的後人，逐漸成爲「兀那干孛古兒」？一時尚不易解答。

　　蒙古社會以氏族爲主，就整個氏族之角色功能來看，可由下面幾點觀察之：〔註46〕

　　（1）繼嗣。其法則以均分爲原則－分份子（Khubi），家庭中的末子被視爲家產之守護人，稱爲「斡惕赤斤」（Odchigin，爐之主），爐火代表家庭之延續，末子即守火架之人，故應得其父的基本財產，往往尊末子爲「額眞」（Ejin）。成吉思汗死後，幼子拖雷受封之地即爲蒙古本土之祖產，這種末子守產之法則依然是北亞游牧民族通行的傳統。

　　（2）外婚。即被認爲屬同一血緣之氏族，彼此不得通婚，在廣大的草原中，要與不同血緣者通婚並非易事，故而常出現掠奪式的搶婚。婚姻問題後文將述及，此暫略。

〔註43〕「札剌兀禿」見《秘史》，第三節，札奇師的註解，以爲係根據總譯「家奴」而來，宜解爲「後生」之意。另參見護雅夫〈Nökör 考序說〉，《東方學報》，第五期，頁56至68。
〔註44〕參見《秘史》，第二十八節至四十節。
〔註45〕參見《秘史》，第六九節，及其註30；另見張興唐譯前揭書，頁44。
〔註46〕以下所敍，參見拙作前揭書，頁37至40。

（3）血族復仇。以文化人類學之看法，此出於「集合的責任」（Collective responsibility），經常是代代相傳，蒙古民族較有名的例子是俺巴孩被害時，交代所有合不勒的子孫要對塔塔兒行復仇。復仇之對象是敵人所屬團體的任何人，而非必定加害於兇手本人，因個人之被害無異於團體之主權為別團體所侵犯，故應罰者為兇手所屬之團體，另一方面因團體之受害不殊於個人，故團體應為個人復仇。

（4）共祭祖先。氏族為同一祖先之祭祀團體，氏族祭祀為氏族制度的一個重要現象，每一氏族成員皆有參加祭祀之權力與義務，若在祭祀中被排除，即表示不視之為同氏族成員，例如合必赤逐其異母弟沼兀列歹之事，以及也速該死後，月侖夫人在祭祀中受到的待慢等，都說明了其時共祭祖先之意義。

關於氏族長之角色功能大體上要受到草原中游牧封建制的約束。氏族長名為號令一氏族之長，在相當程度內如同一掠奪集團的領袖，故而領導武裝掠奪應是其重要的角色功能，其次即接著要執行利益分配。平日要領導圍獵與維持牧場。上述這些也是氏族長之職責所在，應為游牧民族普遍的情形，至於氏族長之權勢如何？這就更顯出受到游牧封建的支配，簡言之，氏族長不論其有無「汗」號，通帶只表現在領主與隸民、家臣間的權利義務上，並沒有絕對的主從關係，從前面談到，「孛古兒」時應可看出，他們甚至可以離開其領主自行游牧，而有的家臣是有其獨立的屯營，其中不乏屬於自己的隸民，好像又有一層其次的封建關係存在。同樣地十二世紀以前的部族聯盟領袖，也並沒有絕對的權勢，氏族可以自由的加入或離開，游牧封建的權利義務只有習慣法或者另行約誓，否則對離異者只有武力征討來解決，在史料中常可以看到那時的聯盟是鬆懈而粗糙的，氏族長或聯盟領袖無異於草原中的貴族，而與其臣民們「合作」生活，到成吉思可汗才改變了這種形態，迅速強化了領袖的權勢，帝國的形式就此產生。

氏族中另有一種稱為「那可兒」（nökör，伴當）身分之人，其與領主間的關係應是演變而成的，較早的資料是鐵木真與博爾朮結識的經過，他們彼此互稱對方為「那可兒」，[註47] 這是真正的伙伴、戰友，並不臣屬於領主，他可以自由地找尋其服務的對象，並與領主共同生活，往往就被視之為「家將」，其主要的任務就是為其領主作戰。關於「那可兒」在資料中零星出現的地方

〔註47〕參見《秘史》，第九十、九十一節。

不少，可知在草原民族中這階層想是相當普遍地存在，至於封建的從屬關係初期並不明顯，大約要到成吉思可汗逐漸強化其領導權後，才轉變成有實質主從關係的臣屬。

三、游牧婚姻與經濟

在早期蒙古民族的婚姻原則約有下列幾項：其一為外婚制，上文已有言及。其二為不受漢式的倫理觀念之限制，此源於匈奴時期即存在於游牧民族之中，所謂「父死，妻其後母；兄弟死，皆取其妻妻之」，〔註48〕此與下文所說蒸報婚相同，這裏所指是倫理關係中的輩份區別，如成吉思可汗曾欲使朮赤娶桑昆之妹，而將女兒嫁給桑昆之子。〔註49〕王汗之弟札合敢不，有二個女兒，可汗娶其長女，而次女前嫁與可汗的四子拖雷，〔註50〕凡此皆可知其間輩份可不論矣！其三為仇家禁婚，不指掠奪仇家女子為妻者，指正常之通婚則仇家為所禁，如札剌兒人與莫拏倫之仇，札剌兒氏後雖有富貴為將相如木華黎者，孛兒只斤氏亦世不與之通婚。〔註51〕

至於婚姻之形態，大體盛行下列數種：（1）掠奪婚：由於受外婚限制，而廣大草原中婚姻不易，故掠奪盛行，朵奔・篾兒干娶得阿蘭果火；孛端叉兒娶得兀良哈真婦人，也速該娶得月倫等，皆為典型之例。〔註52〕（2）蒸報婚：此為游牧社會極常見之婚姻，其視之為團體間之契約，而非單純個人之事，為求保持父系氏族之延續，仍是不同血緣而合法之婚姻。此外，又涉及財產繼承與轉移問題，以及家庭成員照顧遺族之責任等。《秘史》中有察剌孩領忽收嫂為妻的記載，〔註53〕可汗之女阿剌合公主在汪古部之數次婚姻，〔註54〕以及西方史料中特別敘述此種婚姻在蒙古民族中之情形〔註55〕等。（3）交換婚：指雙方以個人或兩個氏族的互換婚姻。此可免除雙方婚姻上之困難，又以世婚之傳統

〔註48〕見《史記》，卷一一〇，〈匈奴列傳〉，頁1下。

〔註49〕參見《秘史》，第一六五節。

〔註50〕參見《秘史》，第一八六節。

〔註51〕參見屠寄，《蒙兀兒史記》（臺北，世界），卷一五三，頁25。

〔註52〕參見《秘史》，第五至九節，第三五至四〇節，第五四至五六節。

〔註53〕參見《秘史》，第四七節。

〔註54〕參見《蒙兀兒史記》，卷一五一。

〔註55〕參見《多桑蒙古史》，第一卷，第一章，頁32，另參見馮承鈞譯，《馬可波羅行記》，第六八章（臺北，商務），頁239。

自有其社會地位之關係，如上述可汗與桑昆通婚之情形，又如弘吉剌氏與孛兒只斤之世婚關係可知。〔註56〕（4）服役婚：指男子婚前或婚後服役與妻家一段時間，通常爲婚前實行，帶有補償以及試驗男子之意。〔註57〕此亦爲游牧民族間通行之傳統方式，如烏桓、室韋等民族皆有。〔註58〕《秘史》中記載鐵木眞娶孛兒帖之前，曾被留在特·薛禪家中，〔註59〕當即爲此種婚俗之寫照。（5）冥婚：據西方史料說此俗出於蒙古，並爲可汗初期法典中所載，指雙方子女未婚而死，則行冥婚以結親，用以促進民族之團結。〔註60〕

　　蒙古之社會有多妻制，中西史料裏都有記載，〔註61〕除去社會學上的解釋，加男性生理上之滿足、經濟力之增加、社會地位之提高〔註62〕外，亦有爲子孫繁衍之故。而實際上家庭中所賴婦女之處甚多，多妻確有分擔工作之效。蒙古之多妻卻無妻妾之分，妻子地位相當高，在經濟上、政治上都享有一定之地位，其多妻制之特徵爲別位制（disparate），正妻元配總被尊爲長上，稱之爲 abali gergen，故生子之地位亦隨母而尊。〔註63〕

　　其次關於蒙古游牧經濟生活與經濟觀念，析論如下：

　　北亞草原的游牧民族，生活賴於畜牧和狩獵二者爲主，自然環境的影響，爲謀求生理基層的滿足，也唯有求諸其生態的環境了。在蒙古草原的地理上，其自然環境是孕育了大異於農業地區的文化和社會，自古以來，這廣大的沙漠和草原，就是游牧民族的生聚之地，我們看宋人的記載，可以了解其大概。

> 其地出居庸關，則漸高漸闊，出沙井（天山縣八十里）則四望平曠，荒蕪際天，間有遠山，初若崇峻，近前則坡阜而已，大率皆沙石。其氣候寒冽，無四時八節，四月、八月常雪，風色微變，近而居庸關北，如官山、金蓮川等處，雖六月亦雪。其產野草，四月始青，六月始茂，至八月又枯草之外咸無焉。其居穹廬……遷就水草無

〔註56〕參見《元史》，卷一一八，〈特薛禪傳〉，頁1上、下。
〔註57〕參見林惠祥，《文化人類學》（臺北，商務），頁196、197。
〔註58〕參見《後漢書》，卷九〇，〈烏桓傳〉，頁1下。《新唐書》，卷二一九，〈室韋傳〉，頁1下。
〔註59〕參見《秘史》，第六一至六六節。
〔註60〕參見《馬可波羅行記》，頁248、254及其註9。
〔註61〕參見《多桑蒙古史》，頁32，《黑韃事略》，頁512，《馬可波羅行記》，頁238。
〔註62〕參見龍冠海，《社會學》（臺北，三民），頁268。
〔註63〕以上參見拙作前揭書，頁57、58。

常。〔註64〕

再看《長春眞人西遊記》所寫：

> 北度野狐嶺，登高南望，俯視太行諸山，晴嵐可愛，北顧但寒烟衰
> 草，中原之風自此隔絕矣。〔註65〕

長春眞人邱處機，謁見成吉思可汗，旅途所見風光，記載甚多，尤其描繪出蒙古草原的自然景狀，和游牧民的生活、該地的人們受自然界所支配，在科技不發達的時代，是不可能實行定居的農業生活，唯有充份利用其生態環境，來實行漁獵和游牧，以維持生活及延續生命。或者有人以爲農業社會一定是由畜牧社會進化而來的，這似也不必做定論，主要人們的生活、社會的狀況和演進，應以其生態環境爲主，並不能以主觀的看法來概括之。〔註66〕地理上給予人們的自然界，可以使之利用於生活上，端賴適於如何生產爲較易使其生活能獲得滿足，則採取何種生產手段與生活方式，在北亞、東北亞、西北亞地區，有所謂漁獵方式、游牧方式、也曾有農業方式的形態，大體上言，蒙古草原主要的是狩獵（包括漁獵）與游牧。

常人以爲農業生活方式比游牧生活方式，一定是「較進步」的、「較好」的，正如同我們認爲「現代」的，是由「過渡」的社會演進而來，而且是較「進步」的，「較好」的，一樣都是有著濃厚的「價值判斷」的觀念，這種看法，常暗示一種單一的、最後的事態，確認之爲是命定的，單一直線式的進化法則，富有一種目的論的含意，而以爲是社會發展一個自然的階段。若說由游牧社會「演進」到農業社會，再「演進」至現代化的工商業社會，以爲游牧和農業社會是屬於「過渡」的社會，是較差的社會，這種看法，誠如拉波楞波（J. Lapolombora）所說：

> 過渡一詞，指政治或經濟社會發展的「社會的達爾文底型模」，這個

〔註64〕 見王國維箋註本《黑韃事略》，頁470至472。

〔註65〕 《長春眞人西遊記》爲長春眞人邱處機弟子李志常所寫，所本同前蒙古史料四種，頁258。王國維並註記有張德輝記行所言：「……由嶺（野狐嶺）而上則東北行，始見氈幕氈車，逐水草畜牧，非復中原風土」。

〔註66〕 以匈奴的沃州農業來看，並不能確定說游牧民族不諳農事，可參看文崇一教授〈漢代匈奴人的社會組織與文化形態〉一文，《邊疆文化論集》，第二冊，（臺北，中華文化出版事業委員會，民國43年），頁154至156所述。札奇師也說：「上古時代的這一個北方民族（指匈奴）是居住在陝西、山西、河北中、北部可以農耕的地區的，因此，他們在當時曾否也以農耕爲其生產手段之一，又是一個值得研究的問題。」說見《北亞游牧民族與中原農業民族間的和平戰爭與貿易之關係》（臺北，正中，民國62年），頁6。

　　詞語暗示社會變遷是不可避免的，並且這種變遷是朝著可認同的時
　期前進的，同時，演化的後期，又必然地較之前期複雜，而且優越。
　　〔註67〕

　　可見「過渡」一詞應避免使用。這是極為高明的批評，我們若能避免價
值判斷，和主觀意識，當不會難於去了解游牧社會的諸多狀況。

　　游牧社會的文明智慧，也未必一定低於農業社會的，我們看看他們對於
動態生物的控制，要狩獵、畜牧、繁衍，還要配合自然環境來活動遷徙，這
中間的技術和知識，未必比播種、耕耘簡單，他們把日常生活的衣、食、住、
行全依賴於牧畜，欲克服其間的困難，而適當又充分的利用，也不會是簡單
的智慧所能輕易辦到的。

（一）基本的經濟生活

1、林木中百姓

　　要把早期蒙古游牧社會中人們的生活，詳細地劃分出林木中的百姓和草
原游牧民，並無太大的意義，同時也沒有許多嚴密的界限，他們都是游牧民
族，也只是因其所在地的方便所經營的主要生活方式。當時林木中百姓，主
要地是指貝加爾湖周邊的森林部族，共有六部，它們是禿馬惕、兀兒速惕、
合卜合納思、帖良兀惕、客失的速、槐因亦兒堅。〔註68〕

　　《多桑蒙古史》說：在拜哈勒湖廣大森林中，有兀兒速惕（Orassoutes）、
帖良古惕（Telengouts）、客思的迷（Keschtimis）三部，居於乞兒吉思，謙謙
州兩部附近之森林中。在拜哈勒湖東，有忽里（Couris）、豁阿剌失（Coalaches）、
不里牙惕（Bouriates）、禿馬惕（Toumates）四部，各為巴兒忽惕（Bargoutes），
居於薛靈哥（Séllinga）河外，地名叫巴兒忽真隘（Bargoutchin-Tougroum）。
尚有居於附近的不勒合真（Boulgatchines）、黑兒木真（Kermoutchines）、及兀
良哈（Ourianguites）。〔註69〕

　　《秘史》中記載成吉思可汗命長子拙赤（Jochi）去征林木中百姓的事，

〔註67〕見 J. Lapolombara, The Comparative Roles of Group in Political System, in Social
　　　Science Research Council, Item 15, 1961, p.p.18-21。
〔註68〕見張興唐、前揭書，頁 15，註 4。
〔註69〕見第一卷第一章，頁 29 至 31，以及第一章附錄二，頁 168 至 171。其中所指
　　　之巴爾呼真隘，疑是《秘史》，第八節所言之「闊勒・巴兒忽真」，是地名也
　　　是族名，即今日呼倫貝爾巴虎人之祖先。

〔註70〕得知斡亦剌惕、禿巴思、乞兒吉思等部，亦屬於林木中百姓，在今葉尼塞（Yenisei）河上游一帶，唐時爲點戞斯、元時爲謙州、明朝爲瓦剌、清時的衛拉特，現在的烏梁海地區。

這些森林部族均以狩獵爲主，漁獵也是重要的經濟生活，通常不離開生聚之地的森林，以白樺和其他樹皮築屋，獵取野生物，並飼養西伯利亞鹿和小鹿，以其乳和肉爲食，對於馬的使用則不若草原中游牧民普遍，我們參看一則資料，多桑引自拉施特《史集》中，記載林中兀良哈人的生活：

> 史家剌失德曰：林木中之兀良哈，蓋以其人居廣大森林之內故，以爲名，……不居帳幕，衣獸皮，食野牛羊肉。緣其人無牲畜，而輕視游牧民族也……兀良哈人遷徙時，用野牛載其衣物，從不出其所居森林之外。其居屋以樹枝編結之，用樺皮爲頂。剌樺樹取汁以飲；冬日常獵於雪中，以名曰察納之版繫於足下，持杖撐雪而行……甚爲迅捷，常易獲其所欲捕之野牛或其他動物。〔註71〕

林木中百姓，除射獵野生物外，出名的是獵取黑貂和栗鼠；即貂鼠和灰鼠，有的部族即以此爲其族名，如前面所列居於巴爾忽眞隘附近的不勒合眞，即爲捕貂者之意，黑兒木眞，即爲捕粟鼠者之意，可見這類的動物對於他們的重要，〔註72〕經濟上來說，恐怕還有貿易上更重大的意義。林木中百姓的生活如同獵人，住在簡單的木屋裏，生活所需賴狩獵，也喝樹汁，能捕獲其地的貴重特產－貂和灰鼠，並不喜歡城居和游牧的生活，但值得注意的還有一項，即是會普遍地使用雪橇（察納），這一點也可以說明人能利用智慧來生活於環境之中。他們也曾使用過大型的運輸工具－蓬車－我們參看《秘史》中所記：

> 有一天，都蛙·鎖豁兒和他的弟弟朵奔·篾兒干一同上不峏罕山；……
>
> 在那些挪動前來的百姓中，一輛黑蓬子車……〔註73〕

同時，我們也可以就《秘史》中知道，林木中百姓也會因經濟原因，而轉變成草原游牧民的：

> 豁里剌兒台·篾兒干，因爲在豁里·禿馬惕部地區的貂鼠、灰鼠，

〔註70〕見《秘史》，第二三九節。

〔註71〕見《多桑蒙古史》，頁 166 至 167，附錄一。

〔註72〕見張興唐前揭書，頁 3。

〔註73〕《秘史》，第五、六節及其註 2，這些百姓在第八節中說是屬於闊勒，巴爾忽眞地面的林木中百姓。

和其他獸類，被自伙互相禁約不得打捕，煩惱了，即（自立）成爲
豁里剌兒氏族，（他）聽說不峏罕這裏，野物甚多，可以隨意打捕，
地方又好；就起營來投奔不峏罕山的主人們哂赤‧伯顏兀良孩部的
牧地。〔註74〕

　　林木中的百姓在經濟貿易上，還有著什麼樣的地位呢？在往來於西域的
商路上，他們居於轉手的位置，是無可置疑的，在色楞格河畔和林木中百姓
接壤的篾兒乞族，所食用的麵粉，即是經由林木中百姓的手中得到的，〔註75〕
這種情形如同草原游牧民一樣，自有經濟貿易上的地位與作用。

2、草原游牧民

　　這裏佔著蒙古早期社會成員的大多數，其游牧的範圍甚廣，總是逐水草
而居，經濟的基礎是畜牧，而以狩獵爲補充，以及用掠奪或者交易。畜牧和
狩獵決定了生活方式，而他們游牧和屯營的方式，就是由於生態環境給予其
歷練得來的專門技術和知識，例如說：牧羊和牧放牛、馬的草皮恐怕就會有
所不同，牛馬食草，吃得較淺；羊食草則深；牧放過牛馬的草皮尚可以再牧
羊，反之，則無法再飼牛馬了。蒙古的游牧社會，與遠古以來在北亞草原的
其他諸游牧民族，大體是相同的，然而經過一段長時間，早期的蒙古游牧社
會，在經濟結構上仍有顯著的演變。

　　游牧民的安營下寨之地叫做「嫩禿黑」（Nontug），亦即《元史》上的「農
土」，即營盤、定居地、分地等意思，〔註76〕他們在這裏經營畜牧和外出狩獵，
生活一切全賴於畜類，生活的風俗習慣不在此討論。畜牧重視羊和馬，一般
較貧窮的人們是沒有馬的，依照宋人趙珙的記載，通常人家的馬與羊，比例
是一比六、七，即是擁有一匹馬的，必有六、七隻羊，〔註77〕馬對於他們而
言，是非常的重要，在各種史科中，都可以看到游牧民族都極重視馬，主要
的功用在於：第一、經濟利益上：馬乳可供飲用，即所謂馬潼（忽迷思），可
用作交通工具，皮革可資利用製作日常生活所需，狩獵或圍獵時，用之捕獸
等。第二、軍事上：不論出外掠奪、戰爭，或保護自己生命以避敵人，都不
可無馬，游牧民族在軍事上的用馬，是最富機動性的利器。第三，政治作用
上；可以用之於交易、納貢、賞賜等方面。第四、社會作用：就其本身的社

〔註74〕錄自第九節原文。
〔註75〕見張興唐前揭書，頁4。
〔註76〕見《秘史》，第一節註5。
〔註77〕《蒙韃備錄》，〈糧食條〉，頁447。

會內，是提高社會地位的表徵。

　　較早期的蒙古社會，由於資料缺乏，不能有詳細的研究，十二世紀以後，就開始有較多一點的資料，在此前，約十一至十二世紀時，蒙古草原的游牧形態有二：一種是氏族或部族全體集合在一起游牧，共營團體的游牧生活。一種是與此相反，各家族或個別的單獨游牧，少數幾家或小氏族形成很小的屯營。前者即為「庫里延」（Küriyen）的屯營，後者即為「愛里」（Ayil）方式的屯營，據拉施特所言庫里延的意義，是指在野外排成輪形的許多蓬車，而庫里延即為輪的意思，在早先的游牧部族，野營時集為輪形，部族長老居於其中，就叫做「庫里延」，並且說至今在戰時，仍有此種傳統之布陣方法，〔註78〕在《多桑蒙古史》中，亦以為蒙古游牧社會，其部落之組織同軍隊似的結營於一起，並例舉出十三世紀左右，諸多旅行家之行紀都作此等說法。〔註79〕其實，在蒙古社會裏，游牧的氏族或部族，軍民根本不分，屯營地裏的人們，是牧民也是游牧軍。

　　這兩種游牧的方式，在十二世紀時，隨時皆可發現，也有的是單獨生活的人，《秘史》中有二則記載：

> 朵奔篾兒干將三歲的牡鹿馱著走的時候，途中遇見了一個窮乏的人，拉著他的兒子走……。〔註80〕

> 孛端叉兒（眼見哥哥們）不把自己當作就人（看待）……沿著斡難河，奔馳去了，來到巴勒諄·阿剌勒河邊，在那裏搭一個草棚當房子，住下，生活了。〔註81〕

　　「庫里延」和「愛里」這二種生活方式的游牧，也不宜做嚴格的區分，因為在早期的蒙古社會中，未必能很清楚地發現在某一個定時期中，諸氏族或部族必定是採取那一種方式來游牧。但在大體上而言，一般應是採取「庫里延」式的集團游牧，這種方式是適於一般游牧民生活的，而且在資料中我們也較常見，因為他們需要多數人的共同生活，且較易於多數人的生活；在平日彼此的照應上，以及牲畜、蓄養的保護，牧場、圍獵、戰爭等都需要團體的行動與合作，同時在其社會結構的基礎氏族制度中，也是採取氏族集體

〔註78〕見張興唐前揭書，頁5，及其引拉施特語。
〔註79〕見《多桑蒙古史》，頁34。
〔註80〕見《秘史》，第一四、一五節，此人是屬於伯牙兀歹氏之人。
〔註81〕同前書第二四節。在以下的幾節中，還很清楚地記載著孛端察兒獨身游牧的情形。

生活的特質，一般平民階級更是集體的生活在一起。「愛里」，的方式，恐怕只有屬於貴族或富人階級容易發生。而拉施特以為「庫里延」的游牧方式，到成吉思可汗統一蒙古的十三世紀時，就歸於消滅。〔註82〕這恐怕有待考查。

在十一、十二世紀時，蒙古草原最理想的生活方式，應是把「庫里延」分成幾部份小的「庫里延」，領主自己居住在「庫里延」之中，而把主要的財產－馬羣－牧放在「愛里」之中，形成兩種經濟結構的結合，主要的是貴族考慮到「庫里延」的集團生活，易使自己的財產遭受到偷竊的可能和不便，《秘史》中說成吉思可汗族裏的馬羣，是牧放在撒阿里的地方；由拙赤苔兒馬剌來負責這個「愛里」，〔註83〕當時的「愛里」，其出現的形態頗不一致，有的是因為受到本族人的排斥，而另行結營他去，少數的人自己形成「愛里」的方式來生活，最為一般人所知道的，是成吉思可汗本支的人，在他母親訶額侖夫人的時候，被同族的泰亦赤兀惕人所遺棄，不讓他們參加「庫里延」的共同生活，訶額侖夫人帶著幼小的兒子們過著獨立的「愛里」生活。〔註84〕

前面已提過草原游牧最受重視的是馬，牛與駱駝在交通上的貢獻則不如馬，而且數量不多，多半用之於載貨或供食用，以及對於其皮毛的利用。馬的價值，還可以參看兩則記載：

> 忽必來（按：係合不勒子忽圖剌）……遇蒙古朵兒邊部落之戰士，為所襲擊，從者皆逃，忽必來馬陷於淖泥沒馬頸，乃登鞍躍彼岸，朵兒邊人至對岸，見其無馬，乃曰：「一蒙古人失馬者有何能為？」遂釋不追。〔註85〕

> 韃人生長鞍馬間，人自習戰，自春徂冬，且且逐獵，乃其生涯，故無步卒，悉是騎軍。〔註86〕

馬不只與游牧民生活上有切身關係，也因馬的多寡強弱與其氏族本身強弱有關，在蒙古社會中，馬受到特別的重視，我以為這是游牧民族在草原中生活，都不得不如此的。從遠古的匈奴時代以降，生聚在北亞的游牧民族，

〔註82〕見張興唐前揭書，頁6至7。

〔註83〕見《秘史》，第一二八節。及《元史》卷一，〈太祖紀一〉。

〔註84〕見《秘史》，第七○節至七五節，這段歷史在《新元史》〈太祖本紀上〉，以及《元史》〈太祖紀一〉，3至4頁。《多桑蒙古史》第一卷第二章等書，皆有記載，但不若《秘史》之詳盡。

〔註85〕見《多桑蒙古史》，第一卷第二章，頁39。

〔註86〕《蒙韃備錄》，〈軍政〉節。頁445。

都同樣地重視他們的馬，我們若稱游牧民族的社會文化為「馬的社會」和「馬的文化」也是不為過的。

至於蒙古人如何去養馬，以及使用馬，這是相當高的技術與智慧，在《蒙韃備錄》裏有〈馬政〉節來專門述說，另外在《黑韃事略》中也有極詳的記載，《大元馬政記》也可供參考。〔註87〕

成吉思可汗本氏族的馬數在早年時期並不多，他的父親也速該勇士帶他去訂親時，只送了一匹他們的從馬為訂禮，〔註88〕而後他由泰亦赤兀惕人處逃難出來，與家人聚住時，也只有八匹銀灰色的騸馬，和一匹甘草黃馬，〔註89〕直到泰亦赤兀惕人來搶孛兒帖夫人時，他們家人常騎的馬，也不過九匹。〔註90〕

蓬車對於早期蒙古社會的經濟而言，是有相當大的功用，最早的使用無法確定，但我們知道在十一世紀以前就有蓬車的使用，《秘史》中最早見到是在朵奔・篾兒干的時候，〔註91〕蓬車多半用來載運貨物或婦女乘坐，對於旅行長途跋涉，是種很進步的交通工具，而在屯營及戰時，又常圍成輪形成為一種軍事的部署，這也是因為在大草原中最佳的自衛方式，蓬車能輕易的移動，使用牛馬來拖拽，不但節省人力畜力，而且易於避免在敵人襲擊爭奪中的損失，同時也能發揮機動的性質。然而在朵奔・篾兒干時代所見的使用黑色蓬車子的人，卻是屬於林木中百姓的豁里禿馬惕人，在林木中狩獵的百姓原是使用不到蓬車的，可能係學自草原游牧民而來，可知蓬車的使用早在游牧民中甚為普遍，若是要在草原中移動，使用蓬車裝貨載人，也是最經濟的方式，這種方式沿用至今，仍甚為普遍。大抵是也要有使用這種工具能力的氏族才能有蓬車，蓬車的重要性最明顯的例子，是成吉思可汗曾對王汗比喻說：他們似蓬車的兩轅，毀壞了一根，則牛不能拖著走；似蓬車的兩輪，毀壞了一輪，車就不能轉動。〔註92〕

〔註87〕姚從吾教授在〈十三世紀蒙古人的軍事組織遊獵生活倫常觀念與宗教信仰〉一文中，對於蒙古人的養馬方法，有專條的整理，可參看〈邊疆文化論集〉第二冊，頁234至236。在《東北史論叢》，下冊，所收該文，以〈成吉思汗窩闊台汗時代蒙古人的軍事組織與遊獵文化〉為題。

〔註88〕見《秘史》，第六六節。

〔註89〕見《秘史》，第九〇節。

〔註90〕見《秘史》，第九九節，及其註2。

〔註91〕見《秘史》，第五、六節，及其註2。另外在第四節記有一種高輪的車子，並參閱其註2。

〔註92〕見《秘史》，第一七七節。

3、手工藝及生產品

　　早期的蒙古人，手工藝方面的產品及其他生產物，多半是爲了日常生活所需，武器方面常見的有弓、矢、槍、甲冑、刀劍、木革盾牌等，這些產品在收降畏吾兒以前，金屬的製成品並不多，而後得自中亞地方的工匠漸多，在這方面的製作就較普遍與精細，尤其是攻城之具，到滅金後，更得到大批工匠，百工之事於是大備。〔註93〕在交通用具上，如馬鞍、馬具、蓬車等的製作，居住及日用品方面也甚多，穹廬、繩、毡氈、家具、飯食器具、衣飾、樂器等等，在各種資料中都不難發現，就中以穹廬的製作也不是簡單的工夫，「連簡單的蒙古包，也經過了四個進化的步驟」。〔註94〕在成吉思可汗建立自己的私人武力－怯薛－時，可以知道當時的各種生產品的分類與專業化，他們之中有木匠是極爲有名的。〔註95〕

（二）經濟觀念

1、財　產

　　游牧社會中對財產的觀念多半是相同的，對於財產的所有權和取得的方式，有四種步驟，即奪取、均分、賞賜、承繼。

　　奪取來的財產，資料中處處都看得到，在前面也提到這種盛行於草原中的傳統。孛端叉兒兄弟掠奪統格黎克小河附近的百姓，把馬羣、糧食、人民

〔註93〕見《黑韃事略》，頁502至504。

〔註94〕張興唐前揭書中頁10：「魯布羅克氏（十三世紀之旅行家）對於十三世紀的蒙古包，很技巧的描寫著『現在的蒙古包與兩世紀（十一世紀）前的蒙古包完全一樣』。……因此，可以察知，連簡單的蒙古包，也經過了四個進化的步驟：（一）是森林狩獵部族的小屋，（二）是以獸皮掩蔽的蒙古包，（三）是帶頸的毡製的蒙古包，（四）是今日無頸的毡製的蒙古包。」
《多桑蒙古史》第一卷第一章，頁32所記：「所居帳結枝爲垣，形圓，高與人齊。上有椽，其端以不環承之。外覆以氈，用馬尾繩緊束之。門亦用氈，戶向南。帳頂開天窗，以通氣吐炊煙，竈在其中。全家皆處此狹居之內。」
《馬可波羅遊記》，馮承鈞譯本頁238：「其房用竿結成，上覆以繩，其形圓，行時携帶與俱，交結其竿，使其房屋輕便，易於携帶。」
《黑韃事略》頁5下：「……然穹廬有二樣，燕京之制用柳木爲骨止，如南方罘，可以卷舒，面前開門，上如傘骨，頂開一竅謂之天窗，皆以氈爲衣，馬上可載。草地之制，以柳木織定硬圈，逕用氈捷定，不可卷舒，車上載行。」這些記載，都頗能適應當地環境與經濟原則，也最適於隨時移動搬遷的游牧生活，據札奇師所說：蒙古包的拆建最多不過半小時，又是何等的迅速。

〔註95〕《秘史》，第一二四節，可汗對古出沽兒說：「（你）帳蓬，車輛整治者！」即木匠之職守。

全都奪爲自己的財產，〔註 96〕凡是爭戰之後，必有財產掠奪的事，這也是游牧社會中獲取財產唯一最有效的方式，故甚爲普遍，他們也常以這種方式來對付農業民族的。

掠奪而來的財產一般採用均分的方式。在狗兒年，成吉思可汗與四種塔塔兒作戰之前，曾號令諸軍，戰勝時不得貪財，財產要均分；〔註 97〕這是一個明顯的例子。財產的均分在前文中也提到過，多半由氏族的領導者來執行。另外，在《蒙韃備錄》中，也有清楚的說明：「凡破城守有所得，則以分數均之，自上及下，雖多寡，每留一分爲成吉思皇帝獻，餘物則敷俵有差，宰相等在於朔漠，不臨戎者，亦有其數焉。」〔註 98〕均分的財產是建立在財產屬於全氏族的這一觀點上，而後漸形成全氏族的個人獲取財產的一種方式了。這在早期的蒙古社會中，不只是在氏族之內採用此種方式，也同樣地適用於氏族聯盟之間。當成吉思可汗與王汗聯盟與金的王京承相（完顏襄）共同夾攻塔塔兒人，勝利後，成吉思可汗與王汗把所得財物均分各自回去了。〔註 99〕一般氏族都視這種共同行動所得到的財產利益爲全體氏族所共有，理應均分，共同的行動可以不斷地掠奪財物分得財產，而使生活所需充足富裕，這也是後來十三世紀初，氏族的分化而形成大的氏族聯盟或部族的經濟動機。

其次可由受賞賜的方式來獲得財產，這類例子也極多，賞賜的內容包括極廣，不外畜類與人。成吉思可汗與王汗戰爭時，曾將王汗的部將合荅里勇士的一百人俘獲，並賜予自己陣亡的部將忽亦勒荅兒的妻子爲隸民，〔註 100〕這種形式的產生，是要在鐵木眞被推爲蒙古本部可汗以後才較常見到，這是因爲鐵木眞受到其臣將們的誓言擁立後，等於獲得氏族聯盟的最高領導權，始能行使處分財產的權力，在資料中記載賞賜的範圍甚至達到官位勳爵的時候，是在成吉思可汗消滅札木合以後的大封功臣。

賞賜可以使氏族或氏族聯盟的成員財產增加，亦即是整個集團的實力增強，這個情形往往是與上述的均分原則相配合，而且在執行上似乎也未有不公平或爭執的現象，這並不意味著可汗具有絕對無限的權力，而是可汗也要遵守他們社會中的傳統法則或慣例，若是違反了均分原則，或者氏族領袖恣

〔註 96〕見《秘史》，第三二節至三九節。
〔註 97〕見《秘史》，第一五三節。
〔註 98〕見《蒙韃備錄》頁 445 至 446。
〔註 99〕見《秘史》，第一三三節至一三四節。
〔註 100〕見《秘史》，第一八五節。

意賞賜被視爲全氏族的財產，相信必然會引起爭端和不滿。即使是可汗本身，在尤赤、察合台、窩闊台三人得了玉龍傑赤地方，將百姓分了，沒有留下可汗的份子，使得可汗大怒，三天不准三子入見。〔註101〕

最後一種方式是承繼，當阿蘭豁阿死後，別勒古訥台、不古訥台、不忽合塔吉、不合禿撒勒只四兄弟，把家中遺留的牲畜、食糧瓜分了，而未有將孛端叉兒的一份分給他，〔註102〕可見得承繼財產應是最基本的權力和方式，隨著後來氏族的擴大，承繼的範圍也因之擴大，一個氏族長死後，財產的承繼包括了這氏族長所有的財產，也包括了其隸臣、隸民們，例如成吉思可汗對脫斡鄰說出他先世，原早是屬於成吉思可汗祖先屯必乃薛禪的隸民，遺留給爾後世世代代的。〔註103〕承繼尚有幼子守產的習慣，在成吉思可汗死後，幼子拖雷就承繼了孛兒只斤的祖業。

由上可以知道早期蒙古社會中，財產取得的方式，同時也可以知道，在其社會中的財產觀念是被指爲包括了牛羊馬羣、物質、僕人、隸臣等，甚至還包括了非親生母親的妻子們，蒸報婚的習慣，原因之一也當視爲基於此種財產的觀念。爵位名號也應當包含在財產內，但這也不是絕對，它一則是世襲的，但更妥貼地言，應是世選的。

2、土　地

這是蒙古社會中較突出的經濟觀念，而游牧民族差不多都有相同的觀念；即是對於土地有雙重而一致的看法：一是視土地爲集團（氏族）所共有，二是對於土地僅止於使用權。

土地爲全氏族所共有，即沒有農業民族社會中土地爲私有不動產的觀念，這與第二種土地使用權的觀念是相配合的。游牧社會就是要逐水草而居，配合自然的生態環境來棲息移動，不可能會有固定永久生聚的土地，在資料中我們知道十三世紀初以前，蒙古人對於土地的野心可以說是沒有考慮，所有的戰爭、掠奪都係經濟的原因，至於說後來對土地觀念的改變，應是在滅金以後至忽必烈可汗的時代，始才漸成熟。〔註104〕

〔註101〕見《秘史》，第二六〇節。

〔註102〕見《秘史》，第二三節。

〔註103〕見《秘史》，第一八〇節。

〔註104〕可參考姚從吾教授〈忽必烈對於漢化態度的分析〉一文，見《東北史論叢》，頁 376 至 401。以及另文〈元世祖忽必烈汗他的家世、他的時代與他在位期間的重要設施〉，見《蒙古研究》（臺北，中國邊疆歷史語文學會，民國 57

前文一再提到蒙古游牧民族生聚之地的自然環境，為生活的需要，他們得狩獵、得畜牧、甚至於掠奪，以滿足生理上的基層供求，如果發生生活上的困擾，就得另覓他徙，豁里禿馬惕族人的遷徙，就是極佳的寫照，〔註105〕而孛端叉兒時代，在統格黎克小河遇見的一羣百姓，也是為生活而游牧的人民，〔註106〕及至後來成吉思可汗早年強大後的四處擴展，仍未見有私人土地的情形，也未見有如同農業社會分封土地式的封建，在財產的觀念中，也沒有對於視土地為財產之一，這都是很明顯的事實。

對土地僅止於使用權或優先取用權，這也是指對於土地上水草的使用而言，用之於畜牧及生活上，草皮是附屬於土地上的，而游牧民只是使用這浮離的草皮，並不使用土地，在他們的看法，並不覺得土地有何價值，只有附屬於其上的草皮才有價值，游牧民也並不在土地上圍起藩籬來佔有這塊土地，只要誰先到達有水草的地段，則自然擁有使用這塊草地的優先權，而後可以隨意遷徙至他處水草之地，廣大的草原上，可以說整個大地被視為所有游牧民族共同擁有的，都有使用的權力，由是在早期的蒙古社會結構中，就找不到類似農業民族基於土地封建的完全相同形式了。他們並不把土地視為實質的財產，人民也不可能長期固定於一塊土地上，沒有人民固定在土地上生產及生活，也就沒有這種固定型的農業式的社會結構，而是游牧的氏族來替代整個的結構態及社會的角色功能，沒有了固定土地的利益，就失去了土地的意義，土地對他們的意義，似乎就只在於利用其上的水草而已，因此，在這種情形之下的社會結構，若有封建的關係，也只是止於人民和財物。

而後，成吉思可汗在西域七年的征戰中，始漸對城市注意，對於土地的觀念開始有了新的認識，但此時可以說仍是以經濟目的為主的，對於城市的人民和財產有了治理的方法，後面還會討論到。及至太祖廿年，成吉思可汗在和林行宮分封諸子的情形來看，〔註107〕對於土地觀念似乎如同農業社會的分封，但實在並不意味著如此，《秘史》中則無此類的記載，《秘史》是蒙古本身文字的記載，保有其本身傳統的蒙古式觀念較可靠，其所記載的，在此時仍是探取均分的原則，並沒有多大的改變，仍用將人民、財物均分的方式。外國史料中所記載的，又多為所攻略之中、西亞城市，盡皆掠物奪民而毀城

　　　年），頁 111 至 121。
〔註105〕見《秘史》，第九節。
〔註106〕見《秘史》，第二八節。
〔註107〕《新元史》，卷三，〈太祖本紀下〉，頁十五。

屠人以去。然也有資料記載著成吉思可汗以地分封諸子親貴者，〔註108〕這也是承繼均分的舊法，著重於該地區的人民和財產，仍不可視之為農業社會的分封。再看《多桑史》的記載：在 1226 年，可汗兵入西夏，取甘肅等州，所掠中國之地，倉庫無斗粟尺帛之儲，羣臣以為得漢人亦無所用，不如盡殺之，而使草木暢茂，以為牧地，〔註109〕這都表示在十三世紀初，蒙古社會的貴族們，仍是保有他們傳統的游牧觀念，以及對經濟、土地的看法。

3、賦 歛

《黑韃事略》所載十三世紀的蒙古社會，有所謂「差發」的賦歛「其賦歛謂之差發，賴馬而乳，須羊而食，皆視民戶畜牧之多寡而征之，猶漢法之上供也。置蘸之法，則聽諸酋頭項，目定差使之久近。漢民除工匠外，不以男女，歲課城市丁絲二十五兩，牛羊絲五十兩。鄉農身絲百兩。米則不以耕稼廣狹，歲戶四石，適運銀鋼，合諸道歲二萬錠，旁蹊曲徑而科歛者，不可勝言。」〔註110〕文中又有徐霆的觀察說：「霆所過沙漠，其地自韃主……各有疆界，其民戶皆出牛馬車仗人夫羊肉馬妳為差發，蓋韃人分管草地，各出差發，貴賤無有一人得免者。又有一項，各出差發為各地分蘸，中之需上下亦一體，此乃草地差發也。至若漢地差發，每戶每丁以銀折絲綿之外，每使臣經從調遣軍馬糧食器械，及一切公上之用……韃主不時自草地差官出漢地定差發，霆在燕京，見胡丞相來（按：係矢吉・忽禿忽），斂貨更可畏……。」

〔註111〕

〔註108〕關於蒙古的封建，應以專文討論之，現僅檢幾則記載分封的資料：
《秘史》，第二〇三、二〇五、二〇六、二〇七幾節，記載可汗對失吉忽禿忽、孛斡兒出、木華黎、豁兒赤等的分封。
馮承鈞譯格魯塞之《蒙古史略》，第二卷、頁34、及頁36的註5之說明。
屠奇《蒙兀兒史記》，卷四，斡可歹本紀。
《新元史》，卷二七，〈宗世表〉「太祖分封子弟，填服荒遠」。
《二十二史箚記》，卷二九，「元太祖、太宗徑討諸國，得一地即封子弟一人鎮之」。
《蒙兀兒史記》，卷二二，〈成吉思可汗諸弟列傳〉，合撒兒「原受農土，在蒙兀東北面界外」。
《多桑蒙古史》，馮承鈞譯本，第二卷、第一章、頁189。
劉光義，《蒙古元的封建》。（臺北，廣文）。
〔註109〕《多桑蒙古史》，第一卷、第九章、頁150。
〔註110〕見《黑韃事略》，頁489。
〔註111〕同前註書。

　　由上述的記載可知，十三世紀近中期時候（窩闊台可汗），蒙古社會中的賦歛之法，由漢人直接所見的記載是如此的：第一種是對草原游牧民的賦歛，即民戶出畜牧之歛。第二種是爲驛站之需，即置蘸之法。第三種則是對漢地的賦歛之法。矢吉・忽禿忽他是成吉思可汗時代，第一個對農業地區城市有興趣的重要人物，也是可汗的「大斷事官」，理財定賦是他的職權之一，在太宗窩闊台可汗時代，他到燕京整理財政，這是確實的事。〔註112〕

　　早在成吉思可汗遠征回回（花剌子模）時，大約可以看出這時期的蒙古可汗；對於同屬游牧民的西域人另有一種構想，就是欲使同一文化類型的人民結合起來，由單純的經濟原因開始漸漸有了轉變，在可汗不斷的征伐收服中西亞的城市之中，對城市、土地的重要性逐漸有了新的看法，雖這只是萌芽，但卻是個重要的開端。此時有善治城市的西域人牙剌瓦赤與其子馬思忽惕的歸順，述說城市治理之要，於是馬思忽惕被派治理中、西亞大城，牙剌瓦赤治理中都（燕京），〔註113〕不但看出成吉思可汗遠大的眼光和新的嘗試，也看出他欲以西域法治理城市－包括了漢地－的決心，同時並造成了回回在蒙古帝國掌握財經大權之途。

　　從牙剌瓦赤開始用西域法治理城市，而後的許多賦稅之法也多半是受此影響。早在 1206 六年成吉思可汗分封功臣時，矢吉・忽禿忽就表示了對城市的興趣，並且他也是負有清查戶口、分份、斷訟的全國最高斷事－札魯忽赤（Jarghuchi）－，〔註114〕他曾爲了賦歛與另一重臣耶律楚材議論；《元史》上記載太宗六年平金以後：

　　　　議籍中原民，大臣忽禿忽等議以丁爲戶。楚材曰：「不可，丁逃，則
　　　　賦無所出，當以戶訂之。」爭之再三，率以戶定。〔註115〕

這是對漢民的賦稅原則之爭，雖然有矢吉・忽禿忽以丁爲單位的西域法治漢地，和耶律楚材以戶爲單位的漢法治漢地的不同，但我們可以知道在此時蒙古統治的漢地已實行了賦稅。《元史》中說：

　　　　太祖之世，歲有事西域，未暇經理中原，官吏多聚斂自私，貲至鉅
　　　　萬，而官無儲待。近臣別迭等言：漢人無補於國，可悉空其人，以

〔註112〕同前註書，頁 490。另可參考姚從吾教授〈黑韃事略中所說窩闊台汗時代胡丞相事跡考〉一文，見《東北史論叢》，下冊，頁 339 至 363。
〔註113〕見《秘史》，第二六三節。
〔註114〕見《秘史》，第二○三節。
〔註115〕見《元史》，卷一四六，〈耶律楚材傳〉，頁六。

爲牧地，楚材曰：陛下將南伐，軍需宜有所資，誠均定中原地稅、
商務、鹽酒、鐵冶、山澤之利，歲可得銀五十萬兩，帛八萬匹，粟
四十餘萬石，定以供給，何謂無補哉。帝曰：鄉試爲朕行之。乃奏
立燕京等十路徵收課稅使。〔註116〕

這段記載，可以看出當時華北漢地，在太祖、太宗之際的紊亂，也可以知道
耶律楚材欲漢地行漢法的理想，是在太宗時代才開始實現的，也因之引起蒙
古保守派人士如忽禿忽等的衝突。

《元史》食貨志上記載：「元初取民，未有定制，及世祖立法，一本於寬。」
〔註117〕這種說法也有些道理，可能是在十三世紀中期以前，蒙古帝國裏沒有
一套固定的立法來徵收賦斂，也可能是不清楚用什麼方法來立賦稅。

《元史》食貨志中所記述諸條，都定於太宗窩闊台可汗時代的簡單立法，
在太宗繼位的元年「命河北漢民以戶計出賦調，耶律楚材主之，西域人以丁
計出賦調，麻合沒的滑剌西造（牙剌瓦赤）主之，〔註118〕到了二年「定諸路
課驗實息十取一，雜稅三十取一」並且立燕京等十路徵收課稅使，〔註119〕這
也是耶律楚材的本議見諸於實施。

不論是漢法或西域法，在成吉思可汗以前，蒙古社會中似找不到有一定
的立法來徵賦調，正如「元初取民，未有定制」，可汗的征伐武功，出發點
全在於經濟利益上，這也是爲了要顧全民族大多數人的利益，一切草創，沒
有什麼制度，所掠之地不在於城市、土地，而在於財產之獲取，身爲隸臣、
隸民、家將的，所捕獵的野獸，所搶奪的財物，都是要呈給可汗，經由可汗
來分配的，這是傳統的義務權利關係，也未嘗不可視之爲固有的無定制的所
謂賦斂。再看成吉思可汗成爲蒙古的可汗時，設官分職，組織政治集團、軍
隊等，對於賦稅財經方面，卻沒有如此明細的規定和法則，可見得早期的蒙
古社會中，關於所謂的賦斂方面，必是沿用其傳統方式，並無什麼創新和更
改。有必要時，可以「敕蒙古民有馬百者輸牝馬一，牛百者輸悖牛一，羊百
者輸羚羊一」，〔註120〕我們自不必以農業社會的眼光去看那時期的異質社會
結構形態。在十三世紀以前的蒙古社會賦斂情形，沒有充分的資料可以詳細

〔註116〕同前註。

〔註117〕見《元史》，卷九三，〈食貨一〉，頁1下。

〔註118〕見《元史》，卷二，〈太宗一〉，頁1下。

〔註119〕同前註。

〔註120〕同前註。

知道，基於他們對於財產、土地的觀念，及其社會結構的基礎－氏族－的組織看來，游牧的人民，負有賦斂的關係義務，僅在領主與隸民的封建關係上就有著他們傳統的方式，來表明所謂的賦斂，他們經濟上的利益應是屬於全氏族性質的，有著自己一套的隸屬與分配方法，全氏族的人民財產名義上屬於氏族長或可汗所有，而這些人民財產和再次獲得的財產，在均分的原則下已經表明了與賦斂相同的意思存在，而不再有明確的規定來產生賦斂的立法。即如《秘史》中記載矢吉‧忽禿忽分斷全國百姓的戶口、財產、司法等，也未立有什麼定法，必是照著他們自己傳統的社會結構來實施。〔註121〕有一則記載可以看出早期蒙古社會中，他們賦斂的大概，而且從這裏也可以知道是個極簡單的法則，和一個略具規模的　建設：在太宗窩闊台可汗即位之初，有察乃和不剌合答兒的建議，太宗同意且下旨頒行的幾條規定：「讓百姓由羊羣中納二歲羊一隻做湯羊，從每一百隻羊中，拿羊一隻賑濟貧乏之人。」這是較具體一點的規則。「(諸王)兄弟們，眾多軍馬護衛著來聚會時，怎麼能每次都向百姓徵發飲料食物呢？（這是舊法）可由各處千戶們派出牝馬擠奶，並教擠馬奶的人放牧，常川交替，派管營盤的人，放牧馬駒。」另外尚設有管倉、管糧之吏，以及管理牧地之官，掘水井、設驛站等。〔註122〕至於華北漢地，則採用了耶律楚材的漢法，定天下賦稅，也部份的約束了分封土地上的科徵。〔註123〕

　　綜言之，在蒙古早期社會中，關於賦斂之法，有其蒙古游牧式的方法，是以其社會結構而有的傳統舊法。至於在成吉思可汗的晚年，及窩闊台可汗時代，開始有了較具體的方法，這仍是保有著舊法的成分和加增的新法混合成的賦斂之法，也是可汗的智囊們在努力地創建帝國的制度規則中的過程，而我始終懷疑，在蒙古社會的骨子裏，他們在當時不論用何法，經濟利益的獲取遠大於其政治治理的意義。

　　4、貿　易

　　游牧民族的貿易活動，自遠古始終在進行者，不止他們彼此之間會有貿易行為，甚至與農業社會，中、西亞洲、歐美、非洲等，也有頻繁的貿易。在此所指的貿易範圍甚廣泛，不論是入貢、贈賜、關市、戰爭等方式，都無

〔註121〕見《秘史》，第二〇三節。
〔註122〕見《秘史》，第二七九節、二八〇節。
〔註123〕見註52。

非有彼此經濟需要的動機在內（當然有政治動機在內），尤其是游牧民族的經濟動機更遠甚於政治動機的，正所謂「願以所有，易其所無」，就是基於這個觀點。而貿易的內容更是廣泛，要言之，皆為彼此所需求之物，有無相通。這種貿易經濟關係要以專文來研討的，在此不做討論；而關於游牧民族和農業民族長期間的貿易關係，以札奇師所著《北亞游牧民族與中原農業民族間的和平戰爭與貿易之關係》一書，所研究者最為詳盡，至於對其他較遠諸地的經濟關係，還得參看《中西交通史料彙編》，可以知道各地與中國的交通情形，貿易與之有密切的關係。

　　早期的蒙古社會，已經直接或間接的有著貿易的行為，其交易的關係也是在於生活必須品的供求上，大多採用以物易物的方式，而生活中的必需品也差不多，主要的是來源問題以及補充的問題。根據當時的地理上知道來往於西域的商路，都掌握在畏兀兒與回教徒手中，而這重要的商道應早始於漢代開通西域以後，就不斷的有著大量的貿易在進行，前已提及這條商道在十一、二世紀時，通過了林木中百姓的狩獵區，大批的麵粉貨物沿著此要道進入了蒙古，當時篾兒乞惕族在色楞格河畔與林木百姓往來，篾兒乞惕族人多食用麵粉，必是由遠地運來，再由林木百姓轉手給他們的。〔註124〕《秘史》中寫著「成吉思可汗去到巴勒諸納海子住下了。……有名叫阿三的回回，從汪古惕部……那裏來，趕著白駱駝與千隻羊，沿著額爾古涅河來，買換貂鼠和灰鼠。」〔註125〕這是西域商人來換取蒙古社會的名產貂鼠與灰鼠。《黑韃事略》中記載「其貿易以羊馬金銀縑帛，〔註126〕這是很廣泛的交易。

　　貨幣的使用要在忽必烈可汗時代才有定制，十三世紀中期以前，游牧社會與農業社會以及回教社會之間的貿易相當頻繁，金銀貴重物也是主要的交易物，而由蒙古社會輸出的物質，多半是皮毛、畜產品、狩獵物、及一些畜牧的副產品等，而輸入的物質較複雜，可參看《秘史》中的記載：

　　　在畏兀兒亦都護歸順時「成吉思可汗推恩回答說：『告訴他：（我）把女兒嫁給他，教他做我第五個兒子。讓亦都護將金銀、珍珠、金緞、渾金緞子、緞匹送來吧！』」〔註127〕

〔註124〕見張興唐前揭書，頁4。
〔註125〕見《秘史》，第一八二節。
〔註126〕見《黑韃事略》，頁493，並下頁有徐霆記載當時之貿易情形，可參見。
〔註127〕《秘史》，第二三八節。

在 1211 年，成吉思可汗伐金，包圍中都（北平），金人求和，可汗退兵時「金主……將有公主名位的女兒送來；把金、銀、緞匹、財物從中都運出來，儘量讓軍人拿取。……我們的士兵、把緞匹、財物儘量馱載，甚至用熟絹捆起來馱著走。」〔註128〕

當成吉思可汗大軍入唐兀（夏）時，唐兀的君長說：「我們唐兀人，願把蓆棘草中生長的許多駱駝，毛絨織成的各種緞匹，調養有素的鷹鶻，經常呈獻給可汗。」〔註129〕

窩闊台可汗征服回教的巴里塔惕時（今巴格達），上諭曾說：「任命帶弓的護衛綽兒馬罕爲探馬赤，留鎮該地。每年把黃金、黃色的渾金、織金、繡金、珠子、東珠、長頸高腳的西馬、著名的駱駝、馱馱子的合赤都騾子、與老撒速騾子等，每年當作（方物）進貢送來。」〔註130〕

《秘史》中的這幾個實例，說明蒙古社會中，所輸入的物質係來自各地，而都是戰爭的結果以達到經濟的目的，各地的產物不同，也就有不同的物質可以取得，同時這些財物的獲得，也不是可汗一人私有的，仍要分給將臣部下們，使皆有所獲，可汗由中都退兵時，也得要使隨征的將士們獲得財物利益，這也充分暴露出他們傳統的爭戰目的，和團體獲利的方式。

5、經濟與社會

在成吉思可汗前後的蒙古社會，經濟生活一般的概況及一些重要的觀念，其生計的基礎等，我們有了認識之後，可以發現在草原社會中，經濟上利益的獲得與氏族結構的分化是並進的，草原貴族們爲要求滿足這些經濟利益，就漸趨向於氏族的聯盟，以便有眾多的人民與牲畜財物，可以進行保護自己本身的利益，以及形成大型的圍獵和掠奪，來增加更多的財產。而平民也是做同樣的改進與努力，這兩者之間的差距是極微的。到了此時，就是原有的氏族結構已解體，所有的氏族財產和經濟利益都在蒙古可汗的名義之下，這種型式，我們也可以看做氏族的分化，實則是蒙古社會擴大在一個類似「邦聯」（兀魯思 ulus）的形態之下，而這邦聯之首長就是可汗。

愈是如此，則人民財產急速加增，這個集團也迅速的膨脹，因爲在可汗的名義之下，一切努力的無非是爲著全體聯盟集團整個的利益，他們這種結

〔註128〕同上，第二四八節。
〔註129〕同上，第二四九節。
〔註130〕同上，第二七四節。

合一則以血緣的集結，一則以經濟利益的集結，這都與土地未曾發生什麼深厚的關係，經濟結構和生產方式不同，土地的觀念就特殊，不能保有經常足以補充的積蓄，游牧氏族結合而成的聯盟，可以說是經濟結構使其社會結構漸生變化，也可以說在十三世紀中期以前的經濟結構仍是保有傳統的觀念較多，而社會結構卻開始步向另一種分化了。

第三章　蒙古勢力的繼續擴展

第一節　蒙古之西征

一、西向發展

　　成吉思可汗將帝國建立完成後，阿爾泰山之西，葉密立河流域已在蒙古勢力之下，西方強大的勢力與蒙古相界者為西遼，而在新疆東部及天山南北的畏吾兒（西州回鶻）則臣服於西遼，蒙古南方偏西為為西夏，在南方與遼東方面界臨著金國。若概略來看，蒙古民族欲繼續發展，則將為西與南兩大的方向，南方以金國為主，西方為西域諸國，北方邊疆民族發展之方向，可以說自古以來皆不離此進程。

　　蒙古民族的歷史在初期四個時代裡可視為一個大階段，包括成吉思可汗（元太祖）、窩闊台（元太宗）、貴由（元定宗）、蒙哥（憲宗），稱之為元初四朝，這是照《元史》的立場而言，在此前長遠的先世，通常視之為皇室的家譜。元初四朝是以成吉思可汗所建之蒙古帝國為發展之基礎，自然與後來忽必烈時始建立的「元」朝相接，但性質上前後卻有了不少轉變。初期四朝的發展就在其對西方與南方的兩大方面來看，所謂蒙古的三次西征，南滅金國入據中國的本土北方，都是在這段時期中完成。

　　畏吾兒東南與南方鄰接西夏與吐蕃，臣服於遼、金，而後西遼日強，遂臣服之，西遼派駐「少監」督視，頗引畏吾兒人之反感。當蒙古滅乃蠻，勢力西進至此時，其亦都護巴爾朮・阿而忒・的斤乃於 1209 年歸降成吉思可

汗，並殺西遼「少監」。1211 年，可汗至克魯倫河，阿爾尤親往覲見，並求收爲義子，可汗以也立安敦公主嫁之，此後蒙古與畏吾兒兩民族關係異常親密，在元代畏吾兒世爲皇親國戚，不論領軍作戰、行政理財等，都有相當之表現，著名的「高昌王」即指此家族。〔註1〕此種情形正如前章所述 1204 年之際，汪古部阿剌兀思歸附鐵木眞一般，「仍約世婚，敦交友之好，號按達（盟兄弟）忽答（親家）」。〔註2〕與蒙古族世代姻親之外戚，尚有早期之弘吉剌族，其地位要高於其他外戚，成吉思可汗之岳父特·薛禪即爲此族，《元史》上說：「弘吉剌氏生女，世以爲后，生男世尚公主」〔註3〕可知。特薛·禪屬於斡勒忽訥兀惕的弘吉剌族，另外一部的亦乞列思氏亦爲與皇族姻親的外戚，有名的孛禿即尚可汗之妹帖木侖，及長公主火臣別乞，孛禿在元代世封昌王。〔註4〕姻親關係固不免政治意味，也與民族融合有密切關連，尤其像外戚的世婚，能加強統治階層的內部凝聚力，以及「皇恩」之綿延永固，通婚也往往附帶有任務，像 1207 年，蒙古出兵往西北，斡亦剌惕的部長忽都合率先歸降，並影響其他部族的降服，可汗乃嫁公主扯扯亦堅給忽都合之子亦納勒赤，同時訓言公主，以她「鎮撫」斡亦剌惕百姓，要將其百姓組織起來，加以管束，〔註5〕如此婚姻有結好連親之作用，也有「管束」的任務，就是要使之成爲帝國之一部份。連婚之公主們，要維持這種關係並非易事，遭遇也有不同，如下嫁汪古部的阿剌海（阿里黑），其部族內有親蒙、反蒙二派之爭，結果丈夫與公公皆死，她本人攜子侄逃亡到雲中，後來是可汗平定雲中之地，「購求得之」。〔註6〕

　　蒙古西征之前，西向的擴展工作並未間斷，成吉思可汗的次年（1207）即進兵西北。西北林木中百姓相當複雜，以突厥系民族爲主，分佈於外蒙古西部，天山南、北路，阿爾泰山一帶。此次出兵以長子尤赤領導，駙馬不合爲前鋒，上文說到斡亦剌惕部長之歸附即在此時，由於其向導及勸降，一時

〔註1〕　參見虞集，《道園學古錄》（臺北，商務，四部叢刊），卷二十四，〈高昌王世勳之碑〉，頁 217 下，另見《元史》卷一二二，頁 1 上至 4 下。

〔註2〕　參見閻復〈附馬高唐忠獻王碑〉，《元文類》（臺北，商務，國學基本叢書），卷二十三，頁 294 至 297，另見《元史》，卷一一八，〈阿剌兀思剔吉忽里傳〉，可約略知汪古族與元代之關係，頁 9 下至 13 上。

〔註3〕　見《元史》，卷一一四，〈后妃傳〉，頁 1 上。

〔註4〕　參見張士觀，〈駙馬昌王世德碑〉，《元文類》，卷二十五，頁 316 至 318。

〔註5〕　扯扯亦堅公主之事，《元史》中不見，〈公主表〉中亦無。其事可參見《秘史》，第二三九節，《黃金史》，頁 43、44。

〔註6〕　參見同註2。

歸附了六個部族：不里牙惕（布里雅特，在貝加爾湖東南，中俄交界處、赤塔一帶），巴爾虎（貝加爾湖東部），兀兒速惕（貝加爾湖西部），合不合納思（撼合納，在吉兒思一帶），康合思，禿巴（唐努烏梁海人）。接著又西向，收服在失必兒、客思的青、巴亦惕、禿合思、田列克、脫額列思、塔思、巴吉只惕等地各部族，〔註7〕其中不少部族難以考察。

這次對西北林木中各族的征服，直接影響到畏吾兒的動向。兩年後，畏吾兒遣使輸誠，又過兩年（1211），正式歸附成吉思可汗，同時也帶動了在伊黎河流域的合兒魯兀惕（哈剌魯，為葛邏祿之後）之歸降，其部長阿兒思蘭原與畏吾兒一樣臣服於西遼，歸降蒙古後，成為可汗之駙馬。〔註8〕

蒙古西征之前，已出兵南下攻金，漠北空虛。篾兒乞脫脫死後，其子忽突（霍都）西走，召集殘眾，得知蒙古軍南下攻金，乘機返阿爾泰山一帶，企圖東山再起。而乃蠻王子屈出律逃亡西遼，深受西遼可汗直魯古之信任，准他召集部眾並封之為汗，屈出律有篡奪之心，勾結中亞強國花剌子模以圖西遼，雖然政變未成，但引發西遼國內諸多弊政，終促成屈出律攻陷都城虎思斡耳朵（八喇沙袞，即斐羅將軍城，在伊斯色克湖西方的吹河南岸），囚禁直魯古，取得西遼政權，這造成對蒙古的直接威脅。

此外，禿馬惕人的叛變也是蒙古發兵往西的原因，原先豁兒赤因功封為西北萬戶，他屢向禿馬惕人徵選美女，遭致不滿，1215 年禿馬惕人擒豁兒赤而反，成吉思可汗以斡亦剌惕之忽都合前往召撫，同樣被俘，於是蒙古決定發兵。

蒙古軍一路由朵兒伯朵黑申領兵征討禿馬惕部，原先派中軍萬戶納牙阿，但因病未能成行，遂改派博爾忽前往，他親領三騎偵視地形，結果脫離本隊，中伏而死。一路以速不台、脫忽察兒領軍攻篾兒乞人。一路以哲別領軍攻西遼。又以朮赤之右翼萬戶往騷動不安的乞兒吉思，並為前述三軍之後援。

1217、18 的兩年，蒙古三路進軍的戰事都告結束。速不台破篾兒乞部，俘其二將，盡降其眾，忽都逃往康里、欽察等地，蒙古軍繼續追擊。禿馬惕部在族長歹都忽勒‧莎豁兒（帶都剌‧莎兒合）死後就由其妻孛脫灰‧塔兒渾所領導，但終不敵蒙古軍而降。戰後，塔兒渾被分配給忽都合，另外抽出

〔註7〕參見《秘史》，第二三九節。

〔註8〕參見《秘史》，第二三五節，並見其註1、註2等。《元史》〈公主表〉，脫烈公主尚阿爾思蘭之子也先不花，未知是否即指此，待考。

百名禿馬惕人分配給博爾忽家族。其他乞兒吉思各部亦爲尤赤所降服。

西遼的戰事也很快結束。屈出律雖取代直魯古之地位，但他不得人心，忙於轉戰各地，屠殺劫掠，又強迫民眾放棄其回教信仰改信佛教，激起民眾普遍不滿，國內充滿不安情緒。原來臣服於西遼的花剌子模、與河中（錫爾河與阿母河之一間地）地區的斡思蠻（鄂斯曼）聯合反叛，西遼勢力大弱，只控有新疆西部與吹河下游一帶。哲別領軍以畏吾兒兵爲前導，戰事相當順利，屈出律敗逃出葱領（帕米爾高原），至巴達哈傷爲人所殺。

二、第一次西征

通常以蒙古之西征始於出兵中亞的花剌子模，或以爲對上述西遼等地之戰事係「中國」內部之統一戰爭之故，西遼原爲契丹後裔於遼亡後所建之國，屈出律爲乃蠻走脫之王子，此皆有歷史之淵源。在疆域上也大部份不出中國之範圍。花剌子模地處中亞，亦無歷史之淵源關係，故當屬中國之外。

花剌子模與河中地區原臣屬西遼，西遼爲蒙古所滅，勢力必與花剌子模相交，而速不台軍直追蔑兒乞人往康里，已侵入其基地，雙方遂生衝突。

當十一世紀中期，中亞有塞爾柱（Seldjouk）土耳其興起，控制中、西亞地區的黑衣大食之政權，但塞爾柱王朝內部亦是紛亂迭起，加之西方世界有十字軍運動，東方則有西遼之興起，故而形勢已大不如前。1141 年西遼大破塞爾柱，進攻其東北之呼羅珊（Khurasan）。1153 年，烏古斯突厥人作亂於阿富汗西北，塞爾柱「蘇丹」親征，兵敗被俘，自此一蹶不振，花剌子模乘機興起。

花剌子模爲塞爾柱所封之小國，開國主爲訥失的斤（Nouschtekin），而後逐步擴張，但臣服於西遼，十二世紀末期逐漸強盛，國主塔哈失（Tacasch，塔喀施）受到「哈里發」之冊封爲王。十三世紀初其國主爲阿拉哀丁·穆罕默德（Ala-u-Din Mohemmed），其人雄才大略，四處擴張，攻取巴而黑（Balkh，巴里黑）、也里（Heri，海拉脫）兩州，遂有全呼羅珊之地，又併馬三德蘭（Mazandaran，禡荅而）、起兒漫（Kirman）。勢力大增後的花剌子模聯合河中的鄂斯曼攻敗西遼於怛羅斯河附近，不久又併河中之地，將首都由玉龍傑赤（Urgeuch，兀籠格赤）遷至河中的撒馬爾干。而後出兵往阿富汗之哥疾寧（Ghazni，喀布爾附近）。

　　穆罕默德與「哈里發」納昔兒（Nassiru）不和，[註9] 遂有意廢除納昔兒，自稱為「蘇丹」，揮兵西向，由伊朗出兵往伊拉克，欲攻入巴格達。1217 年，花剌子模前鋒軍遇大雪，士馬多凍死，復遭敵軍邀擊，幾乎全軍覆沒，穆罕默德撤兵而返，開始分封領地於諸子，接著即與蒙古發生衝突。

　　通常所知花剌子模與蒙古之衝突是起於蒙古商旅的被殺，這隻商隊到錫爾河畔之訛答剌（Otrar）守將為康里人亦納勒朮（Inaldjiou），以間諜罪處死蒙古商旅。成吉思可汗遣使交涉，結果正使被殺，副使受辱而歸。這無異於對蒙古之挑戰行為，戰事遂不可免。此外，朮赤領兵追篾兒乞人於康里之地，也曾與花剌子模軍有過小規模交戰。[註10]

　　中亞一帶的地理環境已脫離中國本土甚遠，當時往西域之要道多沿唐之舊路，由沙州（敦煌）西行約有三道：北走伊州（伊吾）至北庭（迪化）為北道；西南出陽關經且末、于闐至疏勒為南道；中道出玉門走天山，經西州（吐魯番）循南麓，經焉耆、輪台、龜茲（庫車）至撥換城（阿克蘇），沿喀什噶爾河至疏勒，此與南道合，可去葱嶺；若由撥換城西北踰拔達嶺（貝地爾山口），可通至中亞之碎葉城（吹河畔之楚城），北道亦可通至此城，由之再經怛羅斯河至石國（塔什干）、康國（撒馬爾干）、波斯、大食等。南道出葱嶺，經大、小勃律（克什米爾一帶）入天竺（北印度）。

　　花剌子模勢力所及有伊朗、阿富汗及南俄中亞一帶，其重心則在河中地區、其間有紅沙漠。重要城市皆在沙漠邊緣，近兩河岸之地，如浩罕為錫爾河之重鎮，扼河中之南方渡口，特爾米在南方阿母河岸，為河中之南方渡口，撒馬爾干居此二重鎮之間，為花剌子模之新都城，西臨平原，三面皆山。錫爾河上游，近鹹海地區有毡的城，為通康里、吉爾吉斯草原之重鎮，中游有訛答剌城，居中策應東方之吹河流域，以及南方之塔什干、浩罕二地，塔什干地位與訛答剌相近，更緊鄰自東方往河中地區之要衝。撒馬爾干西方為布哈爾，在阿母河中游，不止居於新、舊二都之間，亦為河中往波斯地區之要地，至於阿母河下游的舊都玉龍傑赤，傍臨阿母河與裏海之間的黑沙漠地區，監視河中之背面。

　　靠東面在錫爾河與吹河之間的要地為怛羅斯，往東可抵西遼之都城虎思

〔註 9〕　關於花剌子模之興起及其與「哈里發」之不和等，參閱《多桑蒙古史》，第六章，洪鈞，《元史譯文證補》，卷二十二上，〈西域補傳上〉，以及馮承鈞，《成吉思汗傳》（臺北，商務，民國 58 年）第七章等。

〔註10〕　以上參見《多桑蒙古史》，第六章，頁 96、97。

斡耳朵，其地近伊斯色克湖，與唐時碎葉城相近，爲新疆通中亞之門戶。從新疆走此道或中道往西至虎思斡耳朵，再西進抵河中地區，此即唐時通西域之路，若由撒馬爾干南至特爾米，則進入伊朗及阿富汗境，至巴里黑東南往喀布爾，可通印度，若西行可至伊朗各地，再西進往伊拉克。大體而言由新疆通中亞之北道，自虎思斡耳朵至特爾米一線以東皆爲山地，除河流外，尙有綿亙之帕米爾高原，線以西則多沙漠，故而其間之通道可謂固定，行軍路線也多半可知；蒙古之西征，對花剌子模而言，應可預知敵軍之動向，可以逸待勞，加強守備而戰。

此次蒙古西征之前段〈攻花剌子摸〉，原都是黑衣大食的東部地區，河中及花剌子模舊地以外，接鄰西遼境地有拔汗那（Farghana）地區，在納林河流域至塔什干一帶，相當於唐代之石國地區，波斯東部有呼羅珊，最近河中地區，要地有馬魯（Merve）、也里（Herat）、沙不耳（Nishapar）、巴里黑（Balkh）等。其次有昔思丹（Sistan）地區，界於伊朗、阿富汗之境，起兒漫（Kerman）地區在伊朗中部及東南一帶。木克蘭在伊朗東南及阿富汗南部一帶。法西斯（Fars）在伊朗中南部接近波斯灣，以石羅子城爲主。亞塞拜然爲俄屬中亞之地在裏海西方，以臺白利司（Tabriz）城爲主。波斯伊拉克山區與庫齊斯坦在伊朝西部，馬三德蘭在裏海東南，以德里蘭、哈馬丹爲主，再往西則近黑衣大食之本部。

關於蒙古之三次西征的經過及南進經過（圖三，引自程光裕、徐聖謨《中國歷史地圖》，下冊），主要參照《史集》、《多桑蒙古史》、《元史譯文證補》、格魯塞《蒙古史略》、馮承鈞《成吉思汗傳》、李則芬《成吉思汗新傳》、《元史新講》，《元史》等敘述之如下，凡上列各資料則不另再註。

西元 1219 年（太祖十四年），可汗親率蒙古大軍指向中亞的強國花剌子模，這是蒙古繼滅西遼後續向西征的第二目標，動員的兵力約十五萬人左右，而花剌子模的兵力也相當這個數目。不過許多史書上的記載多有誇大，竟有號稱六、七十萬，恐不可靠。

蒙古此次進軍中亞的路線，沒有詳盡的資料記載，集結的地點是在西遼故都虎思斡耳朵，然後展開攻擊行動。初期的結集地點在額爾齊斯河，根據前面所說唐時通西域及中亞之路，北道即是此次蒙古的行軍路線；不過河西走廊一帶在西夏手中，可汗是由蒙古本土出發。由乃蠻故地西行，越過阿爾泰山到額爾斯河，前此許多被可汗打敗的對手，就是循此路而遁走的、速不

臺追擊篾兒乞人也正是走此路。接著即面臨北疆大沙漠，蒙古軍循著沙漠邊緣距離最短的白骨甸沙磧之地橫越至和州，如此就接上了唐時往西域的北道，往迪化（烏魯木齊），走天山的北緣至阿力麻里（綏定縣附近），渡伊黎河至虎思斡耳朵。這是一條極為艱難的進軍路途，當年哲別攻滅西遼可能就是如此進軍的。絕大部份的路線恐怕都是古時的故道，蒙古隨軍有大批的的工匠、砲兵等，開山架橋是不成問題，加上新疆地方的畏吾兒人已歸降蒙古，嚮導進軍並不困難，但崇山峻嶺，沙漠荒原，險惡的環境並非一般的軍隊所能克服的。可汗是在六月夏初出發，以便橫越冰封積雪的阿爾泰山與天山、即使是在夏天，都是山峯飛雪、積冰不融，若在其他季節行軍，應想知多不可能。修路架橋的工程多係察合臺、窩闊臺二人負責，如此在秋季可於西遼故都集結完畢。

鐵木真此次戰役之構想，仍如其以往之戰役，充分掌握幾個原則：正面吸引或監視敵人，並隱藏主力之企圖，以主力迂迴直攻目標，有時配合另一快速打擊部隊的迂迴，對目標形成鉗形攻勢，迅雷不及掩耳地達成奇襲之功。隱密、迅速、有力是迂迴的效果。

在正面攻擊的部隊分為三軍，初步目標全面指向錫爾河。然後三軍會合指向其次目標，即花剌子模首都撒馬爾干。正面部隊除了掃蕩錫爾河沿岸各城鎮外，還掩藏了主力的真正企圖，同時又是由東面攻向撒馬爾干的一支大軍，故其分配三軍如下：朮赤領一軍攻向錫爾河重鎮氈的，再溯河往上，掃蕩下游各地以與其他二軍會合。察合臺與窩闊臺領一軍，攻向中游重鎮訛答剌，亦溯河而上，蕩掃中游各地並與其他二軍會合。阿剌黑、速亦客禿、塔孩三人領一軍，沿納林河掃蕩拔汗那地區，攻向上游門戶浩罕。此三軍即在浩罕會師，形成東面大軍，往西正面攻擊撒馬爾干。

可汗領中軍，先期隱密目的，等正面三軍發動錫爾河沿線攻勢時，吸引花剌子模之注意，然後悄悄渡過錫爾河，沿河中紅沙漠之北緣，迂迴攻向布哈爾，這時已繞至撒馬爾干之後方。這支主力部隊面臨兩種危險，一是越過險惡的紅沙漠，人馬或遭極重之損失，但蒙古軍似乎沒有什麼困難地克服了，這正是號稱「鐵騎」之原因。二是在阿姆河下游花剌子模的舊都玉龍傑赤，此地有穆罕默德的太后禿兒罕駐紮，構成背面的威脅。但禿兒罕喜干內政，故與穆罕默德不合，可汗早得情報，已預作策劃，先遣使說服禿兒罕，不但不侵犯其地盤，並允將呼羅珊之地贈予之，禿兒罕果然按兵不動，任由可汗

遂其心願。

另外一支迂迴南方的軍隊，由哲別率領越蔥嶺、順阿姆河而下，攻向撒馬爾干。這支部隊或沿唐時往西域之中道而行，循天山南麓至疏勒而越蔥嶺。在蔥嶺及阿姆上游皆為形勢險惡之地，踰越異常困難，這也正是敵人料想不到之地，但鐵木眞正是注重迂迴奇襲，如同兵由天降一般。

蒙古軍攻勢的發動是在 1219 年的秋季。察合臺與窩闊臺圍攻訛答剌城，城中守將正是捕殺蒙古商旅的亦納勒朮（穆罕默德封之為哈亦兒汗），他雖統兵不少，又得另一將領哈剌札汗之援兵萬騎，但受圍五月之久，軍民志氣消沈，哈剌札汗有降意，但哈亦兒汗知道蒙古無讓他生還之理，堅持死守，哈剌札汗自行突圍欲走，但為蒙古軍所殲滅。蒙古漢軍將領薛塔剌海領砲工兵築地道而攻下外城，又過一月後終於完全攻下該城，哈亦兒汗被俘。後來可汗為替被害商旅報仇，命鎔銀液灌其耳目而死。

朮赤領軍沿途攻下數城，如昔格納黑、奧斯懇（訛跡邗）、八兒眞、額失納思等，攻向毡的，守將忽都魯汗逃玉龍傑赤。朮赤召降不成而下令攻城，蒙古軍樹雲梯而入，因居民未抵抗而免死。接著又攻下附近的養吉干城，然後遣回從征的畏吾兒軍，以維持後方之通路。

阿剌黑等軍沿納林河攻下伯納克特城，然後攻向浩罕，守將是以驍勇著名的帖木兒滅里，他領精銳千人駐守於錫爾河中一島上，兩岸矢石皆不能及，以此壘與城中相為倚角，蒙古軍無計可施，中、下游的蒙古各軍漸次集結，乃合攻浩罕城，發動當地土人五萬運石填河。帖木兒則造船十二艘，裹氈塗泥以禦火攻，舟中有弓箭手，每日出舟射擾蒙古軍。但他亦知不能持久，率領七十艘船順流而撤退，蒙古軍在前方兩岸，配置弓弩，並結舟為樑，帖木兒只有棄舟登岸，蒙古軍緊追不捨，沿途苦戰，最後僅得一人一騎逃往玉龍傑赤，投奔花剌子模的後繼國王札蘭丁而去。

穆罕默德稱雄中亞，開疆擴土，號稱強人，決非平庸之輩，然而碰到軍事天才的可汗，就顯得略差一籌了。他對蒙古人並不太重視，以為只不過東方一個游牧國家；對於可汗的戰略毫不了解，認為蒙古軍遠道而來，跋山涉水兵力已疲。故認為在錫爾河一線正面禦敵，自己坐鎮撒馬爾干，俟蒙古軍攻擊頓挫，再集兵打擊，必可攻潰。他以為蒙古的主力全在正面攻擊，決未料到可汗的眞正主力是迂迴而來，而且還是南、北二面夾擊，時間之配合，進軍之快速，神奇莫測，故而採取正規戰術的穆罕默德就窮於應付了。使他

驚慌的是，當錫爾河沿線戰況未明之際，哲別的南面軍突然出現於阿姆河上游，接著可汗的北面軍已直薄後方的布哈爾城。穆罕默德到底還是個久經陣戰的雄主，經過研判後，恐怕撒馬爾干受困不支，立時下定決心，與其受困挨打，不如先脫出包圍再召兵反攻；而且認為蒙古游牧軍隊攻略之後隨即撤退，不會久留。乘著還能抽身時宜及時抽身，於是南走特爾米，往巴里黑暫駐再定行動。

可汗度過紅沙漠後，收服匝兒納黑、訥兒等二城鎮，召集部份居民挾迫往布哈爾，以備攻城之驅使。布哈爾城守兵二萬人，不能應付可汗的鐵騎。可汗用計故意使敵軍突圍出城，然後急騎直追，到阿姆河畔將之完全殲滅。在布哈爾的內城，有部份康里兵據守頑抗，可汗已入外城，召集市民填壕以便攻擊內城，蒙古砲兵轟擊內城十二日後而破，康里兵完全被消滅，可汗並下令夷城為平地，以為抗者戒。時為 1220 年三月。

撒馬爾干城防更為堅固，守兵有三萬至五萬人左右，可汗沿途又攻下苔不昔牙、撒兒的勒兩城，並先掃平撒馬爾干外圍各城鎮，其餘東面、南面軍皆已前來會師，展開河中戰役的最後一戰。可汗用疑兵之計，以俘獲的群眾編隊執旗，使敵人誤以為蒙古兵多，心生恐慌，然後再戰。當時曾有一隊守軍出城作戰，結果全軍覆沒，城內守軍更為懼怕。佔其中大部份的康里人，自以為與蒙古同屬游牧近族，若投降應受優待，於是率先開城出降。如此大勢已去，全城乃不攻而下，時為五月。

當可汗往撒馬爾干時，知穆罕默德已棄城而走，立時下令哲別、速不台兩員猛將各領萬餘騎急追，並諭：直追蘇丹穆罕默德，如遇重兵則勿戰，等大車到來；若蘇丹不戰而逃，則緊追不捨。沿途各城若投降則召撫之，若反抗則殲滅之。不等撒馬爾干圍攻戰開始，就當機立斷，迅速下令追擊，這又是穆罕默德料想不到的，居然不容喘息追兵又到。

穆罕默德最初有意往哥疾寧，到巴里黑時，猶豫不決，適有封在波斯伊拉克的兒子魯克那丁的首相阿馬都木勒克到來，他前來迎接穆罕默德西行，到達腹地後再圖攻守。札蘭丁反對撤離前線太遠，要求付予兵權與蒙古決一死戰，但穆罕默德未從，以為徒逞一時之勇有壞大局，乃決意西行。

在穆罕默德離開沙不耳時，派人往玉龍傑赤，要太后禿兒罕取道昔思丹省往裏海東南的馬三德蘭。該處山中地形險要，並有堅強的亦剌勒堡，他打算將家屬避居此山堡中。

哲別、速不台的追兵至阿姆河，以牛皮樹枝爲鞄，將軍械服用藏於鞄中，繫鞄於身，手握馬尾渡河，長驅直入呼羅珊，守軍多半納款而降。蒙古軍征糧征夫而走，速不台由南路追擊，哲別取道北路而行，雙方會師於馬三德蘭，合攻剌夷城。剌夷守軍不降，城破後，男子盡被屠殺，婦孺盡爲所虜。亦剌勒堡亦被攻陷，禿兒罕及其家人眷屬盡被俘獲後送。禿兒罕本人於 1233 年死於和林，其餘婦女發配給諸將所有。

穆罕默德至卡茲文，其子羅克那丁已集合兵力達三萬人，正討論攻守之際，剌夷城失陷的消息傳來，人心潰散，爭先出走。穆罕默德西走，途中受箭傷，於是僞裝奔往巴格達，實則逃往西北部山區的撒兒只罕堡。蒙古軍以爲穆罕默德逃往巴格達，發兵急追，穆罕默德乘機又回到馬三德蘭。蒙古軍知道上當，回師往台白利司，分兵往馬三德蘭地區，穆罕默德已得重病，逃往裏海中的阿必思渾島，不久他因肋膜炎而病死。死前以札蘭丁爲繼立者，要他負起復國之責。札蘭丁遂領導其兄弟及殘眾潛回舊都玉龍傑赤。

可汗攻下撒馬爾干後，駐兵於就近，他本人在附近的渴石（基大普）山上避暑。1220 年秋，繼續掃蕩各地。先攻下特爾米，命拖雷領兵往叛變的呼羅珊，以可汗之婿脫忽察兒爲前鋒，指向奈撒城，蒙古將領別勒忽失中流矢而亡，脫忽察兒以砲猛攻十五日而克，屠殺該城人民七萬餘人。接著攻擊哈連答兒堡，城中贈送棉布袍及其他物品給蒙古軍，乃撤圍而去。十一月，脫忽察兒進兵沙不耳，結果他中箭陣亡，蒙古軍兵力不足而退。拖雷領兵攻馬魯，城克後除工匠婦孺等，又屠殺全城。攻沙不耳，守軍知蒙古軍必來爲脫忽察兒復仇，早有堅強的守備，有發弩機三千，投石機五百。蒙古軍不易攻取，先掃蕩四周村鎮，再集結各種攻城具械，有發弩機三千，投石機三百，投火油機七百，雲梯四千，砲石二千五百。雙方即將展開驚人的血戰，這時呼羅珊的大斷事官及教長士紳們請降納貢，爲拖雷所拒。1221 年 4 月 7 日攻城始，戰至翌晨不息，蒙古軍破城而入，屠城四天，雞犬不留。接著又攻向也里，遣別將分略他地，也里守將殺死蒙古的召降使，拖雷猛攻八日，守軍傷亡慘重因而請降，拖雷允不殺百姓，但將兵官士卒萬餘人殺死。

當可汗知道札蘭丁潛回玉龍傑赤時，就令朮赤、察合台、窩闊台三子前往進攻，又命拖雷分兵扼守黑沙漠南端。原駐在玉龍傑赤的穆罕默德的母親禿兒罕，她出走後城中無主，札蘭丁兄弟回來後雖然歡喜，但內部不合，因花剌子模的皇室與康里人關係密切，前已言及。康里人在國中勢力及地位都

高，禿兒罕為康里人，原先穆罕默德所立的皇太子為斡思剌黑沙，他的生母亦為康里人，但穆罕默德諸子中要以札蘭丁最有才略，故而遺命以他繼承王位。玉龍傑赤為康里人之地盤，札蘭丁又強硬能幹，康里人有兵變之意，札蘭丁乃出走，南踰黑沙漠而至奈撒，當時奉命扼守這一帶的蒙古軍，有邏騎七百人為札蘭丁擊敗。札蘭丁又往沙不耳，他的兩個兄弟聽到蒙古軍來攻玉龍傑赤，也往呼羅珊而跑，後為蒙古軍追及，雙雙陣亡，他們是斡思剌黑沙與阿黑沙二人。

玉龍傑赤推忽馬兒為統帥以禦蒙古，尤赤等召降不成決定進攻。當地近沙漠，境內無石，不足供砲擊，於是伐木侵水以代矢石，發所挾持的民夫填壕。玉龍傑赤城跨阿姆河兩岸，中架橋樑，蒙古軍以兵三千奪取橋樑，但全軍覆沒，加上尤赤、察合台二人意見不合，號令不一，以致攻城半年不下，而頗有傷亡。鐵木真當時在巴里黑城東方的塔里寒地方，得知消息而大怒，令窩闊台為統帥發動總攻，守軍奮勇苦戰終至不支，除工匠婦孺外，又屠殺全城，並決堤灌城，竟無餘生者。

札蘭丁出奔玉龍傑赤後，一路往其根據地哥疾寧而去。哥疾寧地方原係郭耳人之地，穆罕默德攻服該地後將之封給札蘭丁，除有部份花剌子模兵鎮守外，仍有郭耳兵駐防，由哈兒蒲思忒領導。當穆罕默德棄守河中時，他的舅父額明滅里因為封地在也里，想遠離戰地，就率所部二萬康里人而走，要求哥疾寧某地給他屯駐，但為哈兒蒲思忒等人所拒；額明滅里再三請求而無效。當時有札蘭丁的首相撒剌哈歹人苦思丁在城中，認為哈兒蒲思忒有叛逆之嫌，陰結親信將領設計將之殺害，然後召額明滅里入城。

哥疾寧之地屢有變亂，先是額明滅里不敵蒙古軍而退，又有康里人叛變，又有突厥蠻兵入境等等，札蘭丁到來後紛爭乃止，集結合部兵馬達六、七萬騎，據此為花剌子模的復國基地。

西元 1221 年，可汗在塔里寒附近避暑，察合台、窩闊台回師，尤赤引兵北去。得知札蘭丁在哥疾寧後，可汗遂發兵進攻，途中夷平客兒都安堡，逾興都庫什山，攻八米俺城。札蘭丁擊滅蒙古的前鋒部隊千人，接著與矢吉・忽禿忽所領三萬人交戰於巴魯安平原（喀不爾之北），札蘭丁以額明滅里領康里兵為右翼，以阿格剌黑領突厥蠻兵為左翼，自領中軍迎戰。右翼先為蒙古軍所破，旋得中左翼之援乃穩住陣勢，雙方衝殺，互有損傷。忽禿忽作疑兵之計，立假人於從馬之上，偽裝援軍增至。次日，札蘭丁諸將見蒙古軍列陣

倍增，有退兵之議，札蘭丁堅持不退，下令決戰。命部隊下馬步戰，備弓箭於前，蒙古軍以銳騎攻擊較強的左翼，但為弓箭所阻。蒙古軍退而復進，札蘭丁突然下令吹號上馬，全軍猛衝，蒙古軍陣勢稍亂，忽禿忽帥旗所在已被圍困，終至蒙古軍大敗，傷亡過半，潰散而走。

可惜札蘭丁雖勝猶敗，原因是分配戰利品時，額明滅里與阿格剌黑爭奪一匹阿拉伯駿馬，額明滅里怒而鞭抽阿格剌黑。札蘭丁素知康里人高傲不認錯，且因額明滅里為其舅父之故，有偏讓之意。阿格剌黑憤而率兵離去，並說服郭耳部長離去，札蘭丁勢力大減，當得知可汗親自領兵前來時，只有棄地而走，退向申河（印度河）。

蒙古軍攻八米俺城（范延堡）時，察合台之子木阿禿干受箭傷而死。可汗痛失愛孫，下令疾攻，將該城全夷為平地，無一口生還，百年之後尚無居民。接著又檢討矢吉‧忽禿忽之敗，並到巴魯安戰場觀察，指出失敗的原因是，戰場的選擇不利，加上蒙古軍狃於常勝，未受挫敗而輕敵，對於這次西征以來第一次的大敗應引以為戒。

可汗繼續前進，札蘭丁已走了十五日，哥疾寧不戰而降。

札蘭丁到印度河畔準備渡河，可汗下令連夜疾行，擊潰花剌子模的殿後軍，札蘭丁終被追迎戰。可汗對河作偃月形列陣，以優勢兵力作圍殲之戰。蒙古軍先破右翼，額明滅里逃奔富樓沙，中途為蒙古軍追及殺死。左翼又敗，札蘭丁僅餘七百人，想奮戰突圍。可汗很欣賞札蘭丁，想生擒而不准發箭。經過最後一次突圍失敗後，札蘭丁突然回轉馬首，自二十呎高崖上躍入河中而游走。可汗看見如此英勇不屈，禁止以箭射擊，並訓示諸子效法。其餘札蘭丁的家人部眾等，大部被殲。

札蘭丁在印度登陸後，結集逃亡而來的殘兵，到處抄掠，曾打敗印度士邦尤底王的印度兵。鐵木真派遣八剌、禿兒台二人往印度追蹤，札蘭丁逃往德里而去。蒙古的這二位將領攻破許多城鎮，如壁耶、木而灘、拉火兒、富樓沙、滅里蒲兒等地，但終因不耐暑熱而返。

西元 1222 年的一年中，可汗一則掃蕩印度河上游花剌子模的殘餘勢力，一則又命蒙古諸軍打平叛亂各城鎮，窩闊台奉命拆毀哥疾寧城，宴只吉歹則屠殺也里全城，巴里黑亦遭屠城，呼羅珊境內再度受到血洗之災，這是為了撤底摧毀花剌子模再起叛變的手段。次年，可汗回到撒馬爾干，並召諸子回師，朮赤則駐在欽察之地。1224 年，可汗由河中返蒙古，命朮赤駐原地，召

遠征之哲別、速不台返國。可汗由葉密河返國，至次年春季還土拉河之汗帳。

　　蒙古在中亞的戰事並未停止，以長於山地戰的朵兒伯，朵黑申奉命征討各地，當可汗諸子率軍回師後，令人注目的戰事就只有哲別與速不台的兵鋒。原在穆罕默德出奔卡茲文，伴往巴格達時，哲別與速不台緊追不捨，降服各城，又北上攻破卡茲文而屠城，死者四萬餘人。二將繼續往西北，因為他們奉鐵木眞口諭務必要追到穆罕默德，故而一有消息就猛追猛撲，不敢稍怠，攻到了亞塞拜然的國都台白利司。

　　亞塞拜然王國是由亞塞拜然人與阿蘭（Alans 阿速）人合組成的，其國王名月即伯（Euzbac）。他的祖父爲欽察人，原是塞爾柱土耳其人的奴隸，後因功而升爲將領，被封爲亞塞拜然王國的國相（阿塔卑，意爲太傅、國相），攝政該國。塞爾柱王朝亡後，他據地獨立，後傳至月即伯。此時月即伯年老又嗜酒，毫無鬥志，乃贈貨幣衣服馬畜等請降。這年冬天，大雪嚴寒，道路受阻，哲別與速不台乃移師較溫和的木干平原，地在裏海之南。速不台議請鐵木眞准予繼續往欽察之地，鐵木眞許以三年時間。

　　在高加索（太和嶺）之南，相當於裏海與黑海之間，有喬治亞人（Georgia，谷兒只），爲奉基督教之國，國王闊兒吉剌沙死後傳位於其妹魯速丹，因宗教信仰不同，附近的回教帝國常與之戰爭。喬治亞人以蒙古駐冬於木干平原，必待來春始有進兵的可能，於是連絡亞塞拜然與河間（米索不達米亞）兩國，邀爲同盟。不料蒙古軍卻未待開春即行出擊，同時有許多回教部族紛紛投靠，想打擊基督教國家，並乘機飽掠自肥。蒙古軍就以這批回教軍爲嚮導，以瑪麥里克部（亞塞拜然國內的部族）的阿忽失爲統帥，所過焚殺，直撲喬治亞首都梯弗利思（Tiflis）。途中與喬治亞大軍相遇，雙方互有損傷，蒙古軍乘勢突擊，斬殺過半，時爲 1221 年 2 月。

　　哲別與速不台二將因花剌子模境內又有叛變而回師，經台白利司圍攻篾剌合，大事屠殺，又調轉兵鋒往今伊拉克之地，黑衣大食的哈里發納昔兒，急徵諸王大軍以爲防備。蒙古軍不明敵情，也就未有採取攻擊行動了。蒙古二將轉向哈馬丹，受到堅強的抗拒，其後該地也遭到屠城之禍。二將北上破額兒迭比勒城，三度至台白利司城下，索財物而走，屠毀撒剌卜城，攻阿蘭人境內，以樹木代砲石攻下拜勒塞城，盡屠全城。欲攻都城干札（Ganja），但無把握，乃索取財物而走，進入喬治亞。蒙古軍見有防備，於是哲別以五千人爲伏，速不台迎戰佯敗，誘敵軍入伏，喬治亞軍三萬人多半被殲，當時總

管喬治亞全國軍政的是大將軍伊萬涅，他倉卒召集新軍備戰，但士氣低落，於是決定放棄國土南部，退保首都，蒙古軍以喬治亞國內險要遍地，不敢深入，就飽掠而去。

蒙古軍打算越過高加索山，但地理不熟，而且必須通過設里汪（Schirvan）國境內的隘口打耳班（Derbend）。這個隘口是邊防重鎮，專為防止北方民族入侵而設，稱之為「亞歷山大鐵門」，右瀕裏海，左依高加索山，不但行軍艱難異常，且有「一夫當關，萬夫莫敵」的險要。蒙古軍先攻破都城沙馬乞，但與設里汪國王剌失德議和，請派貴族十人前來，蒙古軍殺掉其中一人，威脅其餘眾人為嚮導，以順利通過打耳班隘口，結果如願過關，未與守軍衝突。然而行軍困難，不但將攻城器械等重裝備毀棄，而且鑿石開道，始能通行。

西元 1222 年，蒙古軍越高加索山到達帖雷克河，這段行程《元史》速不台傳說是「引兵繞寬田吉思海（裏海），輾轉至太和嶺（高加索山），鑿石開道，出其不意」，當地敵人組成聯軍來戰，其中以欽察人為主，其餘有阿蘭人、薛兒客速人、勒思吉人等。蒙古軍見情勢不利，於是採用分化之策，派使往欽察部說：「他們都是突厥種人，我們則是同種人，為何要幫助他族人，來迫害同族人？不如我們言和，送你們些金錢財物。」欽察人果然受誘而引退。其實蒙古人未必與欽察人同種族的，這不過是種外交戰略罷了。在俄南草原生聚的民族，前後有很複雜的變動與融合，早期曾有印歐民族的西摩利安人，又有與東方血統略混的西徐亞人、阿蘭人等的活動，接著哥德人、匈奴人、阿瓦人、哈札爾人都曾君臨此地一帶。至於欽察人被西方人稱之為庫蠻（Kumans），俄羅斯人則稱之為波羅維赤（Polovtsi），他們詳細的歷史，也沒有一種定論，大抵都還認為是屬突厥的一支。

高加索聯軍的主力撤走後，經不起蒙古軍的銳騎，全數瓦解。蒙古軍將當地的各民族收服，出其不意又突襲撤走的欽察人，將其部長霍灘打敗，殺另一部長玉兒格，他是霍灘之弟；又殺玉兒格之子塔阿兒。欽察人西走，蒙古軍則追而不捨，渡過頓河（Don），西遁亞速海（Azov）。欽察人部份進入歐洲中部，部份再渡過多瑙河，避兵於東羅馬帝國，被命屯駐色雷斯、馬其頓兩地，後來使希臘北部常受抄掠之苦。有的則跑到小亞細亞，還有投奔往俄羅斯的。

蒙古軍告捷於駐節裏海東部的朮赤，並要求增援新兵。這年冬天，蒙古有了增援，乘伏爾加河冰封之時，迅速攻下裏海邊的商業城市阿斯塔拉干。

於是軍分爲二：一軍渡頓河追踪，一軍掃蕩阿速海附近各部，打平撒兒柯思人、阿蘭人、哈札兒人等等，進入克里米亞半島，焚毀南端的速答黑城。此城爲熱那亞商人所有，爲黑海南北諸國商品彙聚之地，富庶又重要。歐洲自由城邦是以貿易爲主，常有龐大的船隊，熱那亞即爲義大利北部的城邦。蒙古軍西向的威力，原本已使歐洲爲之震動；此際又有欽察人的奔往歐洲，更知消息之確實。

蒙古的西征已震動歐洲，而利害關係最密切的，要以歐俄之地首當其衝。這初次的蒙古西征已造成世界史上的重要焦點，當時歐洲的一般情勢並不理想。

在歐洲世界盛行於國際間的是十字軍運動，自 1095 年教宗烏爾朋二世（Urban II 1088～99）在克來蒙（Clermont）會議時，決定了本著「兄弟之愛」的精神而發動了。這個運動自有其歷史意義，但其精神的墮落與變質，曾造成拜占庭帝國（東羅馬帝國）的內戰與衰弱。第四次十字軍在教宗因諾森三世（Innocent III, 1198～1216）號召下成行，當時爲了在運輸與補給上的困難，也邀請義大利的商人合作。威尼斯人參予其事，由於經濟上的利益加上歐洲政局的複雜關係，竟然使十字軍攻下了君士坦丁堡，建立拉丁帝國，還得到教宗的承認。但希臘的皇室貴族們各自在外成立政權，一則與拉丁帝國對抗，一則常因爭取正統而有內戰。在其餘的歐洲世界，英格蘭是亨利一世（Henry I, 1100～35），他在國內實行改革，又與教會有著衝突，加上兄弟間的鬩牆之爭，根本無暇顧及其他。在法蘭西是菲力二世（Philip II, 1180～1223）在位，正熱中於國內的封建戰爭，還牽連到與英格蘭的糾紛。在日耳曼〈神聖羅馬帝國〉爲腓特烈二世（Frderick II, 1211～1250）時代，他企圖控制義大利，引起當地及羅馬教庭的衝突，甚至引起教宗組成十字軍反來討伐他這個「異端者」。在西班牙，天主教徒與回教徒正在進行自己的戰爭。總之，在歐洲本土都是無暇他顧的。

至於歐俄之地，在喀馬河（Kama）與伏爾加河（Volga）一帶爲不里阿耳王國，這是保加利亞人所建的。另外有欽察人，哈札兒人等，前已述及。在裏海西北岸的爲撒哈辛人，可能爲粟特民族之後，以撒萊爲中心所建之國。俄羅斯本土正值基輔（Kiev）公國時代的末期，自第九世紀末建國起，到十一世紀以後漸趨衰微，重要的原因有三：一是新王位繼承法引起的內戰。這是雅羅斯拉夫（Yaroslav 1019～1054）的不良措施，使得封建戰爭連綿不絕，借

助外力來自相殘殺，使得元氣消耗殆盡，國家四分五裂。其次是大水道南北兩端的阻塞。這是用水路聯運的方法，將波羅的海與黑海聯結，經濟價值極高，是商業上的動脈。到十二世紀末期，北端漸爲日耳曼人所據，南端爲欽察人所有，因此經濟要道遭受切斷。其三爲國力重心的北移。這是因國內不斷的內戰，人民求安定而遷移。一支往西南到加里西亞（Galicia）和瓦林厄亞（Volhynia），一支往西北諾弗哥羅（Novgorod），一支往伏爾加與奧加兩河之間，今日的莫斯科一帶，漸漸地在兩河地區形成了以蘇茲德爾（Suzdal）與弗拉地米爾（Vladimir）兩城爲中心的公國，後來成爲俄羅斯的重心。除上述三個直接導至的原因外，另有兩個因素亦促使基輔公國的瓦解：一爲內部社會組織的變化；是指封建貴族，奴隸與城市富商等三者間的摩擦。一爲遭受外患的攻擊；是指東方的佩臣尼格人（Pechenegs）與後來的欽察人等長期的侵擾。〔註11〕

欽察的部長忽灘，曾嫁女兒給哈力赤（加里西亞）公國的王密赤思老，此公國在聶斯特河（Dniester）上游，故而投奔到來。另外加里西亞王丹尼爾也與欽察人有親戚關係，他們二人請基輔大公出面邀集各國共同抵禦強敵。有弗拉地米爾、斯摩稜斯克（Smolensk）、：扯耳尼哥夫（Chernigov）、庫爾斯克（Kusk）等公爵來參予，聲勢浩大，並向聶伯河（Nieper）下游漸次集中，運糧徵兵，頗有一決死戰之心。

哲別與速不台欲重施離間分化之計，但未成功，所遣使者皆爲處死，雙方戰事遂觸發。

蒙古軍不揮兵上前，僅以前鋒誘敵，引到有利的戰場，再行決戰。俄羅斯與欽察聯軍未等到戰備齊全就先行出動，頗有實力的弗拉地米爾大公尚未到來。蒙古前鋒在聶伯河被擊敗，一路引誘聯軍前往，到達頓河附近，雙方隔著一條小河喀爾喀（Kalka）對峙。當時聯軍分爲南北二營屯列，兵力有八萬餘。南營爲基輔、扯耳尼哥二王所領，北營爲哈力赤等及欽察兵。因爲先前曾打敗蒙古前鋒，哈力赤王有輕敵之意，又想獨占大功，未與南營相約，自行搶先發兵，渡過喀爾喀河，雙方戰於鐵兒山。蒙古軍主力撲向欽察人，欽察兵極怕蒙古兵，士氣低落，一戰而潰，結果北營聯軍全面慘敗。哈力赤王乘船逃跑，又盡毀船隻以遲滯追兵，因而北營軍生還者僅十分之一。

南營的基輔王見北營慘敗，不敢相救，只求守禦，望能保全。但蒙古軍

〔註11〕 參見李邁先，《俄國史》，（臺北，國立編譯館，民國63年），上冊，頁40至48。

很快地渡河而來，分兵追哈力赤王，主力猛攻南營。激戰三日，基輔王投降，但其所部全被屠殺。這次喀爾喀河之戰，俄羅斯人死了六個王，七十個侯（貴族），士兵死十之九。

弗拉地米爾王趕來已太遲，中途聽到聯軍全被殲滅，不敢迎戰，引兵而歸。蒙古軍也以兵力不足，沒有深入追擊，沿途攻掠城市，曾到西北的諾弗哥羅（Novogorod）屠城而走。

1223 年底，蒙古軍東返，入不里阿耳，遭到抵抗，蒙古軍設伏擊敗之。又降服撒哈辛（Sacassin）人，乘伏爾加河冬季結冰時期，蒙古軍渡河，1224 年走康里東歸。哲別死在途中，速不台於次年返回蒙古。

三、第二次西征

此次蒙古的西征即所謂「長子出征」。太子窩闊台繼位後與察合台籌商定的出兵計畫中就有西征的一部份，其餘是命綽兒馬罕（Chormakhan，即《元史》中之搠力蠻或搠思蠻），往征波斯、中東一帶，目標是札闌丁殘餘之勢力以及在巴格達之哈里發，這原是成吉思可汗死前所付之任務，窩闊台繼續執行。其二是窩闊台與拖雷等南下攻金。其三是派闊闊台（Jhueuktei）與速那歹（Sourodai）領兵三萬往欽察、撒哈辛（Saxines）、不里阿耳等地，繼續征服之。

第二次西征發動是在 1236 年（太宗八年），當時已滅金國兩年餘，札闌丁也被消滅，又派遣豁禿兒、蒙格禿二人前往，作爲綽兒馬罕之後援，繼續征討，但欽察地區的征服工作較無發展，於是決定大舉西征。

所謂「長子出征」據《秘史》上所說是以各宗王、萬戶、千戶等、公主、駙馬等派出其長子參加。總計可汗諸子位下參加者有（1）朮赤之子拔都、鄂爾達、昔班、唐古，（2）察合台之子拜答兒、長孫不里，（3）窩闊台之子貴由、合丹、皇弟闊列堅，（4）拖雷之子蒙哥、不者克（撥綽）等人。拔都爲此次西征之統帥，再由中原地區召回曾有西征經驗之名將速不台爲副帥。西征之各種準備在 1235 年於和林都城議定，次年，各部軍會師於不里阿耳附近，首先征服該地。

伏爾加河以西地區爲此次西征初期目標，1237 年春，破欽察部，除西走之殘眾外，餘皆降於蒙古，同時解決了在伏爾加河兩岸森林中作游擊戰之強敵八赤蠻（Batchman）。《元史》〈憲宗本紀〉與〈速不台傳〉頗詳其事，可知

平八赤蠻之戰得之不易。裏海與高加索以北各部相率平服，其中有不兒塔思（Bourtasses）、莫叉（Mokschas，莫兒端、毛而杜因）、撒哈辛等芬蘭各族，以及薛兒客速（Circassians，Serkesüd）、維卓非納（Vezofinak）等。接著蒙古大軍即指向俄羅斯。

俄羅斯自上次蒙古西征後已十四年，各諸侯間仍內鬨不已。莫叉人因與俄人有怨，乃導蒙古軍入侵，弗拉地米爾公國首當其衝。1237 年 12 月，先攻下也烈贊（Razan）、可羅木納（Colomna）二城，接著攻下莫斯科。次年二月，攻下弗拉地米爾城，公國之大公闊兒吉（George）已往抹羅伽（Mologa）河支流昔迪（Sitti）河待援。

蒙古軍繼續四出掠地，攻下羅思脫洼（Rostow）、牙羅思老勒（Yaroslavl）、哥羅德志（Gorodetz）、玉烈洼（Youriew）、的米特魯（Dmitrew）、特威兒（Tver）、迦幸（Caschin）、弗羅克（Volok）、戈思尼牙廷（Cosniatin）等地。在昔迪河畔之大公正待其弟牙羅思老（Yaroslaw）與思維牙脫思老（Sviatoslaw）之援兵，不意受蒙古軍突襲，闊兒吉敗死，大公國遂亡。

蒙古軍進據俄羅斯中部後，曾派兵往西北的諾弗哥羅，但中途而返，可能是受到高加索北各部反叛的影響，於是蒙古軍再度南下攻服該地，接著是欽察部長霍灘率眾撤往匈牙利。1238 年冬，蒙古軍在昔里鈐部勇戰之下攻拔篾怯思（Mangass）城，次年，進掠打耳班山口，又度征服俄羅斯東南之地。扯耳尼哥夫王米開勒（Michel）乘基輔王牙羅思老往弗拉地米爾時進據其地、但受迫於蒙古軍而撤往匈牙利（《元史譯文證補》拔都傳云逃往波蘭）。接著蒙古軍攻下基輔城，至 1240 年底，加里西亞亦落入蒙古手中，其王荅尼勒（Daniel）走往匈牙利。由上觀之，中、南俄皆為蒙古所破滅，殘餘勢力皆往西退，則波蘭、匈牙刺二國正為蒙古續進所必往之地。

波蘭時由四王所分據，名義上的波蘭王是博勒思老四世（Boleslaw IV），君臨克刺可賴（Cracovie）、桑朵米爾（Sandomir）等地，其二為孔刺德（Conrad），控有馬卓維亞（Mazvie），苦札維亞（Cujavia）等地，其三為亨利二世（Henri II），控有下西里西亞（Silesie）及大波蘭（格難 Gnesne、波思納尼亞 Posnanie、迦里失 Galisch 等三地），其四為迷赤思老（Miezislaw），控有斡彭（Oppeln）、賴迪博兒（Ratibor）等上西里西亞之地。

匈牙利（馬札兒、馬加）王別刺四世（Bela IV）國勢較強，但內部頗有問題，據《多桑史》所說主要在別刺王與貴族間相爭，以及所收容之庫蠻、

欽察人等之擾民，招致國人不滿。

往西則波蘭在北，匈牙利在南，二國相依互輔，且匈牙利三面環山，用兵不易，拔都決議分兵五道：北路由拜答兒統兵攻波蘭，再往匈牙利會合大軍，東南由合丹領兵沿多瑙河迂迴至匈牙利，中路大軍由拔都、速不台、不者克等領三軍爲主力作正面攻擊。

1240 年底至次年拜答兒以加里西亞爲基地，攻略維思禿剌（Vistule）河兩岸之地，破呂不鄰（Lublin）、桑朵米兒等地，然後分軍南北進擊，再合兵攻不勒思老、里格尼志（Lignitz）等城。亨利二世集結三萬兵馬，其中有波蘭、日耳曼、條頓等兵團。1241 年 4 月、雙方戰於里格尼志附近之瓦勒斯塔式（Wahlstadt），波蘭諸軍大敗，亨利二世戰死。蒙古軍遂殘破莫拉維亞之地在匈牙利會師。

別剌集結大軍守多瑙河東岸之帛思忒（Pest、佩斯），時東南方之合丹、速不台等軍皆涉山險（喀爾巴阡山）來會拔都之軍。蒙古軍後退誘敵至撒岳河（Sayo）再行反撲，並以砲兵攻擊，匈牙利軍被圍。匈牙利出戰不利而致軍心動搖，蒙古軍開圍出闕，匈牙利兵皆自缺口奪路而去，蒙古軍再自後追擊，盡殲之。帛思忒城遂淪陷。

蒙古軍分兵一路至維也納附近之紐思塔特（Neustadt），因有各諸侯領兵來禦，蒙古軍乃撤退。合丹領兵一路追擊別剌王，別剌路經奧地利往南、至思帕剌特羅（Spalatro），特老（Trau）等城，再逃往亞德里亞海中島上。合丹兵追至海岸屯軍，不久取道塞爾維亞回師。蒙古軍又曾攻略帛思忒北方多瑙河彎處之格蘭（Gran）城，此城爲商業都市，歐洲各地商人頗多，蒙古軍奪其外城抄掠財物，內城各堡防守甚固，此時窩闊台凶訊傳至，蒙古軍乃奉命班師因而得免。

窩闊台死於 1241 年底，次年春，拔都奉命班師，到高加索山北停留數月，征討叛變的欽察人，到 1243 年底復次東行，次年西征軍返回蒙古。拔都留駐欽察之地，蒙古第二次西征結束。

四、第三次西征

此次西征是指蒙哥（憲宗）時代派皇弟旭烈兀出征在巴格達的哈里發，也就是對波斯之地的再度征討，主要之對象爲木剌夷（Molahi）與巴格達等伊斯蘭教勢力。

　　早在 1224 年（太祖十八年）成吉思可汗由河中之地東歸，次年回到蒙古，同時也召遠征之哲別、速不台班師。蒙古軍撤退後，花剌子模、欽察等殘餘勢力仍相當活躍，蒙古在這些地區的鎮撫工作，一是委派達魯花赤，如耶律阿海及其子綿思哥相繼治理撒馬爾干之地，而後成立河中行省以治西域，其主政者為牙剌瓦赤之子馬思忽惕。〔註12〕一是駐軍鎮守，初以朮赤總領，朮赤以其部將真帖木兒為指揮。及成吉思可汗死前又特命綽兒馬罕總兵征討札蘭丁，真帖木兒受命平呼羅珊之地，遂為該地之首長，同時可汗四子皆派官協助之。

　　呼羅珊境內仍有札蘭丁部將的勢力，在你沙不兒與徒思（Thous）兩城附近山中，可汗曾派克里特剌（Keliat）征討，復又命臺兒拔都兒（Tair Badowr）征討，臺兒拔都兒自以受可汗命為呼羅珊長官，遂與真帖木兒有爭權之糾紛。綽爾馬罕奉命征札蘭丁時令真帖木兒領軍來會，以臺兒拔都兒留守呼羅珊與馬三德蘭兩地、真帖木兒遣使率波斯諸小王入朝，窩闊臺以為綽爾馬罕受命數年未能使波斯諸王來覲，遂以真帖木兒代臺兒拔都兒為其地首長，並不受綽爾馬罕之節制，派克里特剌為副首長，領有河西（阿母河）之地。

　　真帖木兒在 1235 年死，由奴薩勒（Noussal）代其職，不久由畏吾兒人闊里吉思繼任，他原是真帖木兒之掌印官（必闍赤），受到同族的鎮海之支持，而鎮海的政敵答失蠻（Danisohmend，即奧都剌・合蠻）則支持真帖木兒之子翁古帖木兒（Ongou-Timour），並與克里特剌聯合，雙方爭權，經窩闊臺調解後，仍以闊里吉思主政其地，並派斡亦剌特人阿兒渾為副，但闊里吉思頗為專權，阿兒渾乃歸向察合臺汗國。原來真帖木兒時期之大必闍赤薛里甫丁（Soheref-ud-din）為花剌子模人，在此爭權中與闊里吉思為敵，後幾遭殺害。窩闊臺死後，闊里吉思之政敵們聯合反擊，時鎮海得罪攝政之脫列哥那（Tourakina）皇后而失勢，闊里吉思失去奧援，又復開罪察合臺汗妃，於是以阿兒渾捕闊里吉思受審，終至殺害之。阿兒渾受命為波斯長官，又透過皇后寵愛之回教婦人法特瑪（Fathma），請以薛里甫丁為大必闍赤。貴由可汗（元定宗）與蒙哥可汗（元憲宗）時仍以阿兒渾為河西行省之首長，大必闍赤薛里甫丁死後由法忽魯丁（Fakhr-ud-din）繼任，再繼者為其子胡撒木丁

〔註12〕牙剌瓦赤父子見《秘史》，第二六三節，頁 409，據《聖武親征錄》，太宗即位初以之主西域賦調（王國維校蒙古史料四種，臺北，正中，民國 51 年），見頁 203。《元史》稱其為「麻合沒的滑剌西迷」，即花剌子摸之穆罕默德，見卷二，頁 1 下。

（Hossam-ud-din）。

蒙古民族經二次西征後，在新開拓的疆域中以舊波斯之地最爲混亂，不但有敵對的殘餘勢力，還有治理地方的首長爭權，內爭也隨著蒙古中央權力的糾紛而有變動（詳後文）。西方的領土除各汗國外，在窩闊臺的晚年分成三大部份，一是由牙剌瓦赤所管理之地，由別失八里（今迪化）至哈剌火者（吐魯蕃）；一是由馬思忽惕所掌之地，由和闐、喀什噶爾、撒馬爾干、不花剌至阿母河；其三爲呼羅珊至 Anatolia 之地，由 Korguz 所掌理，〔註13〕這些是指財賦管理之分派，在領土地上前二者屬察合臺汗國，阿母河以西呼羅珊一帶應爲駐軍鎮守或以達魯花赤治之。到蒙哥時期則西方領地正式成立了兩個行省，一是「別失八里等處行尙書省」，包有畏吾兒、西遼、乃蠻之地，馬思忽惕爲主要的執政者；一是「阿母河等處行尙書省」，阿兒渾爲主政者。〔註14〕由上可知到第三次西征前，蒙古在西方欲逐步地鞏固其勢力，至蒙哥時阿母河以西也設行省治理，不過尙需進一步地清除敵對之勢力。

蒙哥時設阿母河行省自有其條件，即經過綽兒馬罕與拜住二人之征討始定。札蘭丁死後，蒙古軍進入今土耳其東南，攻陷阿米德（Amid）等城，侵入亞塞拜然、亞美尼亞境內，今伊拉克北部的額兒比勒（Erbil）與起剌特（Kheratt）等城皆陷，臺白利司亦請降。哈里發領地受侵，遂召集伊斯蘭教各國及阿剌伯各部軍隊來援，埃及蘇丹哈迷勒以國土受威脅，乃自開羅出兵遠征，時蒙古大軍已走，屬馬思忽惕所轄之阿米德城遂爲埃及軍所攻陷。綽兒馬罕率軍轉戰於喬治亞、阿美尼亞各地，並準備西攻小亞細亞，該地爲塞爾柱土耳其所建之羅姆（羅馬）國。不久綽兒馬罕即死（1242 年），遂由副帥拜住領軍，並發喬治亞、阿美尼亞諸軍由額爾贊章（Erzendan）攻入羅姆國，羅姆國蘇丹嘉泰丁凱豁思魯（Ghiath-ud-din Kei-Khosrou）親自領兵來禦，兩軍甫接戰，羅姆軍即潰散，蒙古軍攻下西瓦斯城（土耳其中部）及附近各地，而後羅姆國請和，歲貢四十萬金幣，蒙古軍退回額爾贊章，前後歷時二月。

蒙古軍威震小亞細亞，一面臨以兵威，一面傳書召降，基督教與伊斯蘭教各國及諸侯多納貢稱藩，如安都（Antioch）王國、西里西亞（Cilicie，小阿美尼亞）王國等，拜住還與西里西亞王海屯一世（Hethoum I）結盟。

〔註13〕 參見蕭啓慶，《西域人與元初政治》（臺北，臺大文學院，民國 55 年），頁 37。所引爲拉施德丁之《史集》，其所劃分之地乃指掌理財賦之範圍，非封地，Korgue 或者爲闊里吉思。

〔註14〕 參見《元史》，卷三，頁 2 下、3 上。

1245 年，蒙古軍取得凡湖（Van，完湖）以北各地，又攻下阿米德城，進軍兩河流域（Mesopotamia），但因不適酷熱而退出，在蒙古第三次西征前，大體上之發展如上述，除以巴格達與大馬士革爲中心的兩個伊斯蘭教國未曾經略外，這兩國以北各地都在蒙古控制之中，成爲他們的保護國。例如谷兒只（喬治亞）即受支配分爲二國而治，其原因係其王后魯竹丹據城不受降，拜住另立新王，而拔都復支持魯竹丹之子，故而貴由可汗乃決定分國而治。又有羅姆國王死後，由於繼位之糾紛，先後歷經貴由、蒙哥二可汗之裁定分國而治。西里西亞之海屯王也曾親自朝見蒙哥可汗，此皆說明蒙古在中、西亞地區之宗主權。

貴由可汗即位第二年（1247）曾命宴只吉帶（野里知吉帶）爲西征軍統帥，到蒙哥繼位時，因帝位爭奪引發的黨爭，他被逮捕而遭殺害，〔註 15〕蒙哥於是任命旭烈兀爲新統帥，實行第三次西征。

此次西征軍仍由成吉思可汗系諸王集結而成，各僉軍十分之二。1253 年（憲宗三年）秋天出兵，先鋒爲乃蠻人怯的不花。旭烈兀主力軍行動非常緩慢，二年後始入波斯境，其間多留駐於察合臺汗國內，此與帝位爭奪之派系有關，旭烈兀負有安定察合臺汗國之任務。〔註 16〕

蒙古軍先期目標爲木剌夷人，此爲伊斯蘭教一教派，但被視之爲異端，原爲十葉派中的亦思馬因（Ismail）所領導，阿剌伯人稱其爲木剌夷（Molahi），係指其爲「迷途者」之意，且不論其教義如何，此派主張激烈，擅長於暗殺政敵，故被稱之爲刺客（Assasins），其散布地區除哥疾寧北部山區外，又於庫迪斯坦、西利亞一帶，皆築有堅固之城堡，在中、西亞各國都感受其威脅，但也都無法攻滅之。

木剌夷在其教長之領導下雖有害於波斯各國，但未有敵對於蒙古之行爲，或許蒙哥素惡此派之勢力，故命西征軍毀之。怯的不花攻入庫迪斯坦數堡，旭烈兀主力軍到達後，亦分兵助攻各未下之城堡，他本人則至阿兒渾主政之徒思城，再進至你沙不耳。其時木剌夷教長魯克納丁（Rokn-ud-din）遣其弟沙歆沙（Sohahinschah）來接洽降事，旭烈兀要求其毀數堡，並親自來見。魯克納丁雖有降意，並毀數堡示信，但終不敢來見。旭烈兀見其拖延，乃出

〔註15〕參見《元史》，卷二，頁 8 下。其遭誅殺事，見卷三，頁 3 下，憲宗以合丹捕殺之，而《多桑史》則謂捕交拔都而殺之，見第二卷，頁 265。

〔註16〕參見李則芬，《元史新講》（一）（臺北，自印本，民國 67 年），頁 707 至 709。

兵進攻，魯克納丁只好出降，他後來被送往覲見蒙哥可汗，但受拒未見，在歸途中被殺。木剌夷各城或被攻陷屠殺，或降者被分散各軍中遭屠殺，大體上此派被消滅殆盡，僅少數學者被留用。

在巴格達的哈里發爲謨斯塔辛（Mustasim），不但朝政紊亂，又有陰謀廢立或圖謀外力干涉等內患。1257 年旭烈兀由哥疾寧至哈馬丹（在波斯伊拉克），一面致書哈里發召降，一面部署軍事，前西征軍統帥拜住亦前來受命。哈里發覆書拒降後，巴格達之戰於焉展開。

哈里發首先的失策是放棄了門戶要塞打兒坦克堡（Dartenk），要塞守將胡撒木丁阿怯（Hossam-ud-din A'ke）與哈里發不合，旭烈兀曾召降之，後阿怯反悔並提出徵兵抵抗之計畫，但哈里發不再信任他，旭烈兀命人誘捕阿怯而殺之，要塞遂失。

拜住奉命至羅姆，由摩蘇爾（Mosal、毛夕里）渡底格里斯河（達曷水），與不花帖木兒（Bukha-Temour）、速渾察（Soufaundjac）會合爲右翼軍，並配合有尤赤諸孫所領之兵。左翼軍爲怯的不花與忽都孫（Khoudoussoum）自羅耳（Luristan）進兵。旭烈兀以哈塔克（Khatak）留守哈馬丹，自將中軍由開爾曼沙（Kermanschahan 乞里茫沙杭）出發，並一路召哈里發來降。

諸軍進行頗爲順利，右翼軍在巴格達西方名小達曷水之運河處與哈里發軍有較激烈之戰事。而後三路大軍會合攻城，蒙古軍在人數與武器上都佔優勢，哈里發終不免投降，接著是大量的屠殺與掠奪財物，黑衣大食積五百年之財富盡爲掠取一空。哈里發及其二子、宗室皆被殺，僅幼子得免。又因旭烈兀妃脫古思（Dokuz）奉基督教，故教徒亦得免。

旭烈兀命阿里八哈都兒（A'li-Bahadour）爲巴格達長官以治之，時在南方之希拉（Hilla，希烈）與庫法（Coufah，苦法）等城有來歸之意，不花帖木兒奉命前往，並又南下攻略數城。西征軍所負任務到此可謂完成，但接著又與敘利亞、埃及發生衝突。

敘利亞在 1236 年時由納昔兒（Nassir）繼爲阿勒波（Aleppo）王，即北敘利亞，在 1250 年埃及瑪麥里克（Mamelouks）朝初建時，納昔兒取得南敘利亞都城大馬士革，於是復有全部敘利亞之地。巴格達淪陷時，納昔兒遣其子阿昔思（A'ziz）等往見旭烈兀，旭烈兀責以納昔兒不親來朝見，留阿昔思過多始命歸國，並攜有召降書以付。納昔兒之答書是不惜一戰。

蒙古攻敘利亞仍以怯的不花爲先鋒，辛忽兒（Singoour）與拜住爲右翼，

孫札克（Soundjak）爲左翼，旭烈兀自領中軍。納昔兒結營於大馬士革城北之地，軍隊多由阿刺伯與突厥人組成，軍心渙散、士氣極低，內部又復不和。蒙古軍直薄阿勒波，城中人爭走大馬士革，又轉往埃及，加上其時有鼠疫流行，敘利亞遂陷入恐慌之中。當阿勒波淪陷時，納昔兒出走往埃及，遣使赴開羅求援於蘇丹忽禿思。不久，大馬士革亦陷，旭烈兀任命艾育伯（Ayyubid）王朝宗室阿失剌夫（Asohraf）爲敘利亞長官，時爲 1260 年春，蒙哥可汗之死訊傳至，旭烈兀必須歸國，乃以怯的不花領西征軍，又分別任命了阿勒波、大馬士革之長官。

在地中海東岸有富浪人（Franks，法蘭克）遣使通好於怯的不花，納昔兒之弟咱喜兒（Zhahir）亦來降，蒙古軍以大馬士革爲中心，攻略敘利亞南部各地，不久，納昔兒被俘，兄弟二人等皆被送往臺白利司見旭烈兀。

埃及地方恐遭兵禍，留居該地之非洲人皆離此而走。蒙古果然遣使往開羅召降，忽禿思決議抗戰，並組成埃及人與敘利亞前來之阿剌伯、突厥人的聯軍。1260 年 9 月，蒙古與埃及戰於阿音札魯特（Ain-Djalout）平原，蒙古軍中伏大敗，怯的不花戰死，埃及軍乘勝北上，攻復敘利亞全境，蒙古所置各城長官多死，蒙古之西進受挫。巴格達之攻陷可謂蒙古第三次西征之目標完成，對敘利亞之征戰與進攻埃及，是此次西征之後期擴張，在這方面之結果是失敗的，而此後蒙古之勢力也多不能進入敘利亞。

總結三次西征，蒙古民族往西方之發展在國史中可謂空前，全俄羅斯在蒙古控制之下，勢力及於東歐。中亞、阿富汗、伊朗也在控制之中，勢力及於敘利亞，所謂欽察、伊兒二汗國之建立與統治最足以說明。（參見圖四）

忽必烈統一中國以前，蒙古民族之發展尚有向南、向東兩個方向，往東之發展及對西夏之戰實與南方擴張之戰略有關，故往南與往西的發展是爲元初四朝並行之策略。西征已如前述，南進則可分前、後二期，前期之上階段可指成吉思汗時代之發展，下階段則指金國之滅；後期可指蒙哥南下攻宋開始，至忽必烈統一中國止。

第二節　蒙古的南進與東進

一、南進入關的前期——滅金

蒙古向南進攻在中國淮水以北的金國是在 1211 年（太祖六年），在此前

本就有南下的計畫，不過是待時機醞釀成熟後，才採取攻金的行動。當時金國的帝王是衛紹王完顏允濟，前任皇帝是金章宗，這期間鐵木眞雖在草原稱雄，但名義上仍臣服於這個老大的金帝國。

可汗早就與金國人有來往，在與王汗聯盟時期，曾會見金國使臣耶律阿海於克烈部中。阿海本人是遼國皇族後裔，遼亡後其先人成爲金國的官宦世家，他因雄毅勇略，故與可汗能相惜知遇，當時就表示有投效之心，《元史》傳中記其對可汗說：「金國不治戒備，俗日侈肆，亡可立待。」後來阿海與其弟禿花都投效了蒙古，成爲功臣集團的中堅，可汗對金國的決策很受到阿海兄弟的影響。

可汗在漠北勢力的日益穩固，除了西方中亞、西亞一帶之外，堪與匹敵的就是強大的金國。金國自從滅亡北宋，繼之以淮河大散關一線與南宋對峙，政治重心全在中國本土。在金代中期海陵王時期，將首都由龍興之地的東北遷入關內，先都於燕京，不久又欲南遷於北宋故都的汴京，目的在推動南下政策。有「天下一家，然後可以爲正統」之志的海陵王，雖然南征失敗，但宋人的借機北伐也未成功，雙方始終保持在淮河一線。至於金國對其北方的塞外民族，是以「邊堡」爲防。金國的女眞民族也是塞外民族，但入據中原後，儼然以中國的王朝自居，對於原來塞外同屬北亞圈的諸民族，則視之爲屬國或外患了，正如同北魏的鮮卑人據關內後，視柔然爲其最大的外患。金國的「邊堡」大致沿舊嫩江、熱河及察哈爾二省北部至綏遠南部，陝西亦有（防西夏）。至金章宗時期，蒙古大興，遂被視爲金國的「邊患」。在「邊堡」之外，尚有臣服於金國的一些部族，如主因塔塔兒人、汪古人等，擔任邊防線的外圍，故而金國仍自恃強大，有「邊堡」，又有外圍部族，未將可汗全然放在心上。當可汗爲全蒙古的大可汗時，征戰皆捷，勢力發展很快，金國始覺不可忽視，有征討之意，曾在今河北張北縣西北附近築烏沙堡，以爲攻守據地，但可汗曾派遣勇將哲別突襲破壞，這差不多已展開了雙方的正式衝突。

其實可汗早有雄圖大略，自忖遲早要與金國一戰，何況金與蒙古本有宿仇，加上當時金國的新繼者完顏允濟（衛紹王）爲他所輕視。如此，完顏允濟遂有殺可汗之心，而可汗這時也決心與金宣戰。

另有一點值得注意的，就是可汗在攻金之前，曾三度討伐西夏，可以由兩個角度來看，其一，若南進，則左、右兩翼可能的威脅必須考慮。左翼爲遼東，右翼即西夏。遼東爲金國之地，西夏則爲外國，故而先攻敗夏國，減

少來自右翼之威脅。其二，金國據有長城之內大部漢地，固守城池，蒙古軍在草原雖然所向鮮可匹敵，但對攻城掠地的攻堅戰，可說是毫無經驗，故而先攻西夏，以求獲得攻城戰術之經驗，這就是可汗發動南進前所預作的演習。同時再看看後來攻金第一年所得之州縣，多不居守而撤兵，其主要原因恐怕還是戰略上的考慮。既無把握能佔領城市，又無治理州縣的經驗與條件，因此未作較長期的佔領準備，轉而不斷地攻擊，不斷地破壞、摧毀，以重創其元氣；根底慢慢挖空，事情就好辦多了，這是可汗對付漢地的戰略。關於蒙古之南進，主要據金、元二史所述如下：

西元 1211 年（元太祖六年），可汗親自攻金，指向西部長城內蒙一帶，那裏是以汪古部為外圍之所在，可汗自將中軍，木華黎領左手軍，哲別、尤赤、察合臺、窩闊臺諸皇子領右手軍，幼子拖雷亦守中軍，脫忽察兒領二、三千騎居漠北為後備。後又以哲別、耶律阿海為前鋒先行。另有一指向遼東的偏師，由按陳那顏領渾都古、速不臺等，為了防止金國遼東方面的大軍，這支偏師先行出發東向攻桓州（內蒙多倫），往臨潢，在遼河與叛金的遼國宗室之後耶律留哥相遇，遂會盟攻擊遼東地區，牽制金國遼東軍。

七月，哲別等前鋒奇襲烏沙堡，金國未料汪古部不但毫無抵抗以示警，反引蒙古入侵。烏沙堡失陷，屯營瓦解，金軍退至野狐嶺（萬全縣附近）；原奉命禦蒙古而鎮守撫州（張北附近）的獨吉思忠被撤職，由副帥完顏胡沙（承裕）領兵，退守宣平（張家口）。蒙古軍入關與金軍在附近的會河堡大戰，金軍大敗，胡沙走宣德（宣化）。到此，可汗的右手軍乃西向攻擊，左手軍與前鋒哲別也繼續前進。（參見圖五）

蒙軍破宣德，又破德興（涿鹿），金將胡沙一路奔返中都（北京）。哲別兵鋒已抵居庸關，因受阻而佯退，引金兵開關出擊，再回師逆襲，攻克居庸關，可汗乃駐軍龍虎臺（昌平西），指揮進攻中都並分兵掠地。

中都守將梁瑝力戰固守，並急調援軍，上京（黑龍江阿城南）留守徒單鎰，派烏古孫兀屯領兵二萬入援，中都益固，哲別終於無功而返。蒙古左手軍連下州縣，在河北的有昌平、密雲、豐潤、灤州、撫寧、清州（青縣）、滄州等地，另有山西的弘州（寧縣）、河北的嫣州（懷來）、縉山（延慶）等地。

右手大軍幾乎攻下內蒙南部全部地方，有雲內（薩拉齊）、東勝（托克托）、豐州（呼和浩特地）、靖州（豐州北），威寧（寧邊，清水河）。山西方面，則

破武、朔、忻、代各地，至進圍西京（大同）始不克。

可汗初試南進，即破關而入，攻城掠地，圍困二大都城，到年底撤兵北返，金軍又乘機收復失地。蒙古的勝利還有大批戰馬的獲得，雲內地區的牧馬官並全部的馬匹一起歸降了蒙古；當地是金國的一大牧馬區。另外有漢人郭寶玉、劉伯林的投降，他們及其後人都成為蒙古的漢人功臣。

1212 年秋，可汗再度親征，主攻西京，金以奧屯襄元帥來援，可汗大敗之，遂圍西京，但以中流矢而退，可見戰事的慘亂。另外一支助攻的蒙軍由駙馬察罕及皇子拖雷攻克奉聖州（即德興），旋即班師。而往遼東方面的蒙軍是由哲別率領，曾攻克東京（遼陽），大掠而返，他原來白天攻不下東京，退師後金人疏於戒備以為圍解，不料哲別連夜馳返奇襲而克。

1213 年秋，可汗發動一次大規模的軍事行動，多循舊有路線進兵。因為可汗並不在每次戰勝時即據地固守，這是他的戰略，故蒙軍一退，金又復失土。這次蒙軍又攻克宣德、德興，駐繻山（即鎮州）的金軍是「行省事」完顏綱與「權元帥」尤虎高琪所領的重兵。可汗大破於嬀川（懷柔），直追到居庸關，金軍融鐵錮門，蒙軍不得而入。

可汗以卻臺、薄察駐北口，箝制居庸關內金兵，自將兵潛行西向，由飛狐入紫荊關，大敗金兵於五回嶺（易縣西北），攻下易州，以哲別分兵仰攻居庸關之南口。既下，金守將訛魯不兒獻關而降。

正值此時，金國發生政變，胡沙虎（紇石烈執中）殺衛紹王，立完顏珣為宣宗，宣宗以之為都元帥，尤虎高琪為元帥右監軍，主軍國大政。

可汗既得居庸關，立命卻臺封鎖中都之交通，自將兵取涿州（涿縣），並分軍三路，猛襲華北。此時尤虎高琪殺胡沙虎，金宣宗以之為左副元帥。高琪因先失軍期，帶罪出戰又大敗，恐遭胡沙虎處死，乃入中都兵變。

蒙古的三路大軍，直攻金國腹地。（參見圖五）

西面的右手軍，由尤赤、察合臺、窩闊臺三汗子率領，循太行山而南，直抵黃河北岸，再大迴旋，反撲入山西，循太行而北，又分兵一支取平陽（臨汾），渡汾河，走河、汾間北上。主力則經太原北還。

東北面的左手軍，由汗弟哈撒兒、按陳、尤赤臺、薄察等率領，循海而東，攻冀、平（盧龍）、灤濟州，往遼西掠地。

正面的中軍，由可汗典兵與拖雷南下，分兵數支，攻掠河北、山東、蘇

北等州縣，河北各地只有中都等十一城未下，餘皆攻克而返。

可汗想以戰逼和，故而顯示了蒙古軍力後，很快地退回中都之北，開始遣使談判和議。

金宣宗決定接受和議。

金以衛紹王女岐國公主許給可汗，童男女各五百名、馬三千匹，以及大批金帛等作爲獻禮，蒙金首次和議達成。三月，蒙古退軍，完顏承暉送可汗出居庸關。

在可汗一開始公然「叛金」之際，遼東的耶律留哥也舉兵叛金，成爲金國東方的一大威脅。接著蒙古入關攻掠華北，進襲遼西，雖然與金議和而返，這個來自大漠龍捲風般的狂飆過後，常給金國莫大的後患。首先華北各地盡遭兵燹，摧殘甚巨，打著反金旗幟的「義軍」四起，構成金朝廷嚴重的社會問題，其中有據地自保的強豪世家，有劫掠的盜匪與散兵游勇、有投機的武人等等。而與金國對峙的西夏與南宋，都已乘火打劫，侵疆奪地，更不易應付。可汗南進又獲得大批人才，益使得蒙古的實力堅強，漸漸培養了治理漢地州縣的能力。

可汗稱雄漠北，他的功臣集團多是蒙古及其他各族的人才，可以說是統合了非漢地的各色人等。南進攻金，更擴大了政權基礎，漢地的人才又投入了其集團之中，這些人除了使蒙古帝國多增新血，也是日後南進中國本土的一大主力。若從馬上得天下，不能由馬上治之來看，他們更是幫助蒙古治理漢地（中國）的人才，在武力上、文化上都兼具融和並擴大之功。在中國史上從「胡漢」問題的角度而言，尤爲不可忽視的重點。

蒙古南進得到華北地區各種人才的幫助極大，較早的是契丹人耶律阿海、禿花兄弟，其餘尚有下列諸人：

移剌捏兒——出生於霸州（河北霸縣），鐵木眞起兵攻金，自動率族人投
　　　　　效，獻伐金十策。隨木華黎攻戰，號霸州元帥，其子買奴，
　　　　　孫元臣等，世爲功臣。

石抹明安——由胡沙虎帳下投奔可汗，並獻伐金之策，在戰中曾勸阻蒙
　　　　　軍諸將的屠殺，安撫百姓。

石抹孛迭兒——爲霸州地方小官，降於木華黎，統漢軍隨征，木華黎爲
　　　　　國王時，孛迭兒爲帳下大將。

石抹也先——爲遼后蕭氏族人，世代不仕於金，投奔可汗，獻伐東京之

　　　　策，以率領善戰的「黑軍」聞名，並盡力挽救百姓，免遭
　　　　屠戮。子孫等皆有功名。

王珣——本姓耶律，可汗攻金，各地豪傑擁眾自保，珣有眾十餘萬，降
　　　　於木華黎，後以效勞功高，封兵馬都元帥，兵鎮遼東，主張安
　　　　撫止殺。早卒，其子榮祖襲職，頗有戰功。

耶律楚材——遼國東丹王的八世孫，博極群書，在可汗平中都時召爲左
　　　　右，是元初時期很重要的人物，他主張以漢法治國，其思
　　　　想直接影響元初的兩位可汗（鐵木眞、窩闊臺），建官立法、
　　　　任賢使能、課賦漕運等等，皆出其手，可汗以之爲初行漢
　　　　法時中書省右丞相，主政華北，但他主要的貢獻與地位還
　　　　在元太宗時期。

女眞人方面則有兩位要人：

奧敦世英——可汗攻山東淄川時（1213），民眾奉世英及其弟保和降，屢
　　　　有戰功，世英早卒，保和及其子孫皆仕元廷。

粘合重山——爲貴族家世，知金將亡，乃自動爲質子，任「怯薛必闍赤」。
　　　　後爲中書左丞相，與耶律楚材共持要政，歷事兩朝，力倡
　　　　漢法。

漢人方面的要人主要爲：

永清史氏——史秉直、懷德兄弟，及秉直之子天倪、天安、天澤，懷德
　　　　之子天祥等人。家世爲河北永清豪傑，1213 年，史秉直率
　　　　家族數千人降於木華黎。秉直曾任行尚書六部事，主餽餉。
　　　　懷德領自募之黑軍作戰，後陣亡，天祥繼之，爲名將。天
　　　　倪文武雙全，後爲叛將武仙所殺。天澤功勳尤大，出入將
　　　　相五十年，上不疑而下不怨，時人比之於郭子儀、曹彬。

薛塔剌海——燕京人，1214 年降，率領砲兵立戰功，西征，滅金與南宋，
　　　　都有很大貢獻。

董俊——1215 年降，歷事兩朝，金亡前戰死。其數子皆有功，尤以長子
　　　　文炳、三子文用最著。

張柔——原爲金將中都留守，1218 年降，戰功甚巨，歷事五朝。其九子
　　　　宏範，平南宋有大功，爲漢軍都元帥。

石天應——爲河北地方土豪，1215 年降，征金鎮夏有功，爲山西方面軍

主帥，但受金人突襲而戰死，其子孫仕元有戰功。

嚴實——出身游俠，因有豪名而仕金、宋。1220 年始降，善戰又好結納
　　　　人才，故隨之而降蒙古者有三十萬，其中如趙天錫、張晉亨、
　　　　劉通、岳存、齊榮顯等人。

王檝——通兵法、識時務。1213 年時被俘，深受可汗賞識，能戰亦能治
　　　　民，後主持與南宋之交涉，為外交人才。

其餘漢人歸順蒙古者很多，早期的如李守賢、庭植、守正、守忠等兄弟，
以及劉伯林、郭寶玉。1213 年的趙珪、趙瑨、楊傑只哥、趙柔、焦用。1214
年的邸順、張榮等。1215 年的田雄、趙迪。1216 年的何實，1217 年的王義、
王玉，1218 年的何伯祥、梁瑛，1219 年的王善，1220 年的石珪，1226 年的
張榮（濟南人）、劉斌等人。

1214 年蒙金議和，金國所受威脅太大，決定遷都汴京。可汗認為金有抗
戰絕和之意，乃藉口蒙古的使臣速不罕等的出使南宋，借道金國受拒，準備
再度南進。適逢由中都隨金宣宗南行的契丹兵譁變，反撲中都，雖為守將承
暉所阻，但契丹叛軍即向蒙古輸誠。六月，可汗擬定計畫，一面以木華黎往
遼西，阻斷金的連絡，一面以三模合南下與契丹軍合攻中都。

蒙古主力圍困中都，先鋒石抹明安等則攻略中都的衛星州縣。次年，鎮
守通州（通縣）的金國右副元帥蒲察七斤投降蒙古，中都守將丞相都元帥承
暉與左副元帥抹撚盡忠異常恐慌，遣使往汴京告急。

金宣宗汴京兵力薄弱，乃以河北兵往援，由烏古論慶壽統率亢尤魯德裕、
永錫二軍，又以李英運糧。但德裕遲遲不發兵，慶壽與永錫僅將兵四萬出發。
李英所領運糧兵，都是漫無紀律的義軍，到霸縣附近，為蒙古軍突襲而潰，
糧草被奪，李英死於亂軍中。慶壽、永錫之軍心，因之崩潰。

中都援兵潰敗，糧草亦無，城中有人相食。五月，承暉服壽自殺，盡忠
棄城而走，回汴京後不久被殺。石抹明安入城，與王檝共同安撫民眾，幸未
造成掠奪殺戮。可汗以明安為留守統軍，派汪古兒、阿兒孩、矢吉‧忽禿忽
三人前來接收中都，納入版籍。

可汗派兵攻中都同時，也以木華黎、哈撒兒等東向征遼西，由臨潢（熱
河林西）至高州，金守將投降，遂分兵由石抹也先直攻東京遼陽，以為牽制；
主力猛撲辰州（遼寧義縣北），在遼東灣口的錦州金將張鯨殺其主帥，遣使來
附，自稱遼海王。錦州為東京與北京之間重鎮，淪失後，影響甚大。木華黎

勢更盛，下懿州（遼寧黑山縣）、召降興中（遼寧朝陽），石天應即於此時受推爲帥而降於蒙古。

1215 年春，蒙古軍已控制北京外圍各重鎮，中都已被困，而東京受牽制，木華黎乃折回攻向北京（內蒙大寧）。北京留守奧屯襄戰敗而固守。契丹軍又來合攻北京，城中糧盡，奧屯襄爲提控完顏習烈所殺，習烈又爲部下所殺，推烏古倫寅答虎爲帥，終降蒙古。木黎華認爲投降太晚，欲開殺戒，因石抹也先勸阻而止。

錦州張鯨不聽調度而叛，石抹也先原奉命監其軍，見張鯨有異志而殺之，鯨弟張致憤而舉兵，爲木華黎所討平。

1215 年，金西京也淪陷，在此前抹撚盡忠負防守之責。1214 年，盡忠調防中都，與承暉共禦蒙軍。西京主帥他調，接防新任者未至，軍民不安，譁變生事，棄京而走，蒙軍將領劉伯林乘隙入據西京，被任爲留守。

可汗雖得三京，但未罷手。1216 年以木華黎仍經略遼西攻下八百六十二個城邑，並助耶律留哥攻遼東金國的勢力。以三模合假道西夏攻關中。脫欒與史天倪攻河北、山東等地。又遣使諭金宣宗去帝號，改稱「河南王」，獻河北各州縣。金宣宗不允，蒙軍遂盡摧華北城鎮，但不作全面佔領之策，重在破壞。

三模合初遭楊安兒、劉二祖的「紅襖軍」所阻，後繞小道攻下潼關，疾趨河南，至汝州（臨汝），攻向汴京。金國最精銳的「花帽軍」由郭（完顏）仲元率領躡其後，但無法追及，可見蒙古軍之神速。金主帥尤虎高琪不敢出戰，蒙軍但擄掠河南州縣，極力破壞汴京之外圍，這是蒙古初期南進的戰略，故攻城掠鎮，亦不在佔領其地。最後，三模合乘黃河結冰渡河往山西而去。

遼西與遼東，木華黎合耶律留哥之力，擊敗金兵，取東京遼陽。

1217 年蒙古帝國又有了新的動向。原來在蒙古本土已是成吉思可汗的天下，但殘餘的篾兒乞人與西遼，仍是帝國西面的威脅，極易侵擾到後方的本土。再者初期的南進，雖然成績可觀，但中原之地未能完全底定，所謂「漢人」（包括女眞、華北漢人等）不易收服，欲據地治理的各種條件，實不夠成熟。簡言之，治理漢式的城廓，毫無經驗。再從另一個角度來看，畢竟在中亞與西亞地區的各國，與蒙古可說是同一文化圈內的民族，而中原是漢文化圈之民族。兩者相較，以一個未受過漢文化接觸及影響的蒙古大汗而言，應

該是傾向於西方的，西向發展的興趣恐怕要高於南方發展。

蒙古鐵騎所至，鮮有敵手，以征金國的戰績來看，用了約七年時間，雖得三京，但遼東猶未底定，華北各地仍多在金人手中，可知取勝不易。

在這年八月，可汗封木華黎為太師、國王、都行省、承制行事，賜誓券、黃金印，並得子孫傳國，世世不絕。又賜給可汗所用的九斿大旗，這是「如朕親臨」的權威。木華黎所統轄的範圍，可由可汗所說的「太行之北，朕自經略，太行以南，卿其勉之」看出，就是要木華黎來繼續攻打金國，經略漢地，可汗則準備往西發展，親征西域一帶了。

木華黎受命後，乃開府燕京，並分別在中都、西京設立行省，負起經略漢地（金國）的責任，因為權勢隆盛，金國的人都稱他為「權皇帝」。事實上，這是名實相符的，可汗就是要給他這樣的權勢。可汗本身是天才型的統帥，木華黎亦是如此，一個是能夠識人、用人、信人的可汗，一個是能作戰、統御、治理的元帥，他們君臣二人的配合與分工，一向南，一向西都盡量地發揮其軍事天才，打出蒙古帝國大江山的基礎。而他們二人的相知遇，真也難能可貴。唯可惜的，木黎華沒有活得久些，在 1223 年即病死，年五十四歲，受命為國王不過五年半時光。

木華黎的全力南下，在戰略上已進入第二階段。在 1217 年以前，主要是破壞，此後則開始佔領。設的兩個行省，就是節制並治理的機構，據此以圖能消滅金國。

1217 年 9 月，木華黎親領主力往河北、山東。分兵右軍往山西以牽制金兵。這又是攻太原等地的偏師，是佯攻性質，也是蒙古常用的戰法。

木華黎的主力攻下河北的遂城（徐水縣西）、蠡州（蠡縣）、大名，進入山東，攻下益都、淄（淄川）、登（蓬萊）、萊（掖縣）、濰（濰坊）、密（諸城）等州。史天倪功績最大。

1218 年，攻擊重點轉向山西，但河北方面仍分兵進襲。五月，攻錦州，金帥劉仲亨戰死。八月，蒙軍出紫荊關，金將張柔降，並以之攻下雄、易、安（安新）、保（清苑）諸州。金將武仙以兵數萬來攻，張柔以兵數百奇襲之，大破武仙，乘勝攻下完州，降服州佐甄全，並以他為完州守將。

在山西方面，六月集結於應州、飛狐的主力，八月間由大和嶺（雁門關）入河東，破代州，攻下太原，金將烏古倫德升自殺死。接著分兵為二，東部

攻下澤（晉城）、潞（長治），西路攻下汾（汾陽）、霍（霍縣）、平陽（臨汾）等地，金將多戰死，損失頗重。因為金國在六月份已得知此次蒙軍主力在陝西、河東，故而備守甚嚴，戰事慘烈。

攻下平陽重鎮，木華黎以前鋒拓拔按察兒統蒙古軍鎮守，又以李守忠為權河南東路帥府事，實行蒙漢合治。守忠又有都元帥之銜，大概是統領漢軍。不久，其兄守賢調替他為兵馬都總管。

1219 年，蒙軍主戰場仍在山西，因金兵抵抗力甚強之故。六月，金將唐括狗兒率軍收復太原，不久又棄守。八月，木華黎以蕭特末兒出兵雲、朔，攻下武州（五寨縣）、岢嵐。又以谷里夾打為元帥達魯花赤（達魯花赤為「宣差」之意，就是欽差特使，鎮撫地方首長），攻下石（離石）、隰（隰縣），進擊絳州（晉安府，新絳）。史天倪以地道戰攻下絳州。

在河北方面，金將武仙來攻，為張柔所敗，攻下郎山（易縣附近），祁陽、曲陽等鎮皆降。中山（定縣）叛變，張柔領兵圍攻，武仙派悍將葛鐵鎗來救，雙方戰於新樂，張柔領中流箭，射斷二齒，拔箭奮戰，攻下中山。武仙攻滿城，張柔又為流箭所中，金兵以為柔死，柔突開城奇襲，大敗金兵，乘勝略地，攻下安平、深澤、無極、藁城、寧晉、欒城等地。深冀縣以北，鎮定縣（眞定、正定）以東三十餘城，在一月間克服，闢地千餘里。

1220 年，宋朝在華北的義軍領袖嚴實、石珪等降於木華黎。木華黎到滿城，金將武仙來降，以之為權知河北西路兵馬事，作為史天倪的副帥。天倪因戰功為河北西路兵馬都元帥，開府眞定。又以董俊為右副元帥，駐兵藁城。冀西之地，大體粗定，委兵馬大權於漢人手中。

木華黎對於新佔領地區，接受了史天倪的建議：嚴禁抄掠，一面繼續攻金。

十月，進兵陽（磁縣），邢州（邢台）金將武貴降。別遣大將蒙古不花分兵攻下河南的衛（衛輝）、懷（沁陽）、孟等地，到達黃河邊。木華黎大軍則東向濟南。金將烏古倫石虎屯大軍於黃陵岡（河南考城），以兵二萬攻濟南。木華黎以輕騎五百破之，乘勝以短兵擊潰石虎屯駐之大軍，石虎以失律為金國處死。

十一月，木華黎攻下楚丘、單州，圍東平，金將蒙古綱力守，木華黎攻之不克，料金兵糧盡必棄城而走，留嚴實、梭魯忽突圍之。果然到明年四月，蒙古綱棄城而奔汴，嚴實等乃奪東平，立行省，安百姓。

　　1221 年，木華黎以石珪爲濟（濟寧）、兗（磁陽）、單三州都總管，與嚴實分別掌握魯西一帶。宋朝在山東義勇軍之一的張林同時來降，被任爲山東東路及益都、濱州（利津）都元帥，控制山東的中北部一帶。

　　河北、山東局勢較能控制，遂轉兵鋒往河東、河西。秋天，木華黎由東勝入西夏境，西夏國王李遵頊大懼，要求蒙軍勿入境，許以兵五萬助陣攻金。木華黎乃由雲中走太和寨（陝西神木縣南）入葭州，金將王公佐棄城走，乃以石天應權陝西東路都元帥，兵鎮葭州。

　　木華黎南攻，取綏德，進迫延安，金守將完顏合達備兵三萬以拒。木華黎夜半銜枚急走，設伏於城東十五里之山谷；天明以蒙古不花誘敵，大軍伏擊，金兵慘敗，合達退保城內，攻之不下，蒙軍解圍南掠。十二月，取鄜、坊（黃陵縣）、丹（宜川）等地，又命軒成渡河收復山西之隰州，留兵鎮守吉、隰二地間。陝西戰事，金兵損失頗重，四員大將陣亡，而山西之地，金兵反攻，完顏賽不曾於五月間收復晉安（新絳）、平陽（臨汾）二地，但終仍撤守。

　　年底，金的潼關、京兆（長安）失守，一時陝西局勢緊張，但京兆又被金兵所復。

　　1222 年蒙古大軍，一在葭州、一在石、隰之間。七月，木華黎令蒙古不花兵略秦隴，以張聲勢，目的在觀察金兵動態，自己領兵掃蕩山西各地的山寨，這些都是金兵殘餘的游擊基地。此時河北已定，但河南、陝西未定，故木華黎不停出擊，以按察兒屯兵絳州一帶，在山西金人僅存之重鎮爲河中府（永濟縣），蒙、金雙方對此地爭奪劇烈，各有得失。木華黎以石天應爲權河東南北路、陝石關西行台，節制平陽、太原、隰州各地蒙軍守將，但金將侯七（侯小叔）集大兵來攻，石天應部將吳權府酒醉失期，以致天應戰死。侯七得之而不能守，退往中條山，又爲按察兒所邀擊，侯七只好游擊作戰，此時已爲第二年春季。

　　另外，木華黎攻下寨堡甚多，往攻長安，完顏合達固守，攻之不下，乃用孤立之法，一則以兵監守，一則以兵斷潼關。轉兵往西北，攻下乾、涇（涇川）、邠（彬縣）、原（鎮原）等地，圍攻鳳翔不下，引兵而走，繼續掃蕩金軍殘餘。

　　1223 年 3 月，木華黎渡河往山西，至聞喜縣而病死。

　　木華黎死後由其子孛魯領南征軍繼續作戰。成吉思可汗死後由拖雷監國，這段期間多在攻擊新領地內的金人據點，戰事仍在山東、河北與山西之地。首先是李全之降，山東遂平，太行山、汾西、中條山等地皆爲蒙古軍所控制，但沒有什麼大型的戰役。到 1230 年（元太宗二年、金正大七年）始有大昌原（甘肅慶陽南方）之戰，金兵以陳和尚所領「忠孝軍」爲前鋒大破蒙古軍。潞州（山西長治）之戰金兵先勝後敗，衛州（河南汲縣）之戰金兵擊退蒙古漢軍萬戶史天澤。此皆爲窩闊台伐金開始前後所生諸戰役。

　　窩闊台伐金首先主要目標在於鳳翔，此爲迂迴攻金之策，據元史太祖紀中說可汗臨死前所遺滅金之策即迂迴攻金，並假道於宋境。鳳翔的攻陷當有利用假道攻金之策的實現，但爲牽制金兵，窩闊台命塔思、速不台攻擊潼關，結果蒙古軍在倒回谷（陝西藍田東南）戰敗，不過鳳翔爲蒙古砲火所攻破。窩闊台到此決定三路進攻，他自將中軍爲主力渡河攻洛陽，斡陳那顏將左軍自濟南攻河南，拖雷將右軍由寶雞渡渭水，假宋境攻鄧、唐（河南鄧縣、唐河）。

　　1231 年 7 月，蒙古所遣借道之使者搠不罕（主不罕）至沔州（陝西略陽）時爲宋將張宣所殺，拖雷即派兵攻宋境，破宋之城堡百餘而回，而拖雷本軍自寶雞渡河入散關、破鳳州（陝西鳳縣）、洋州（洋縣）、武休關等地，並攻克興元（陝西南鄭），年底時迂迴往東之蒙古軍渡漢水北上攻鄧州。次年初，蒙古軍捨棄鄧州北上往鈞州（河南禹縣），金兵一路追隨，疲累不堪，戰力大減，此時窩闊台已破河中（山西永濟），渡河至鄭州，並遣萬餘騎南下接應拖雷。蒙、金大軍終於在鈞州附近的三峯山展開激烈戰鬥，結果金軍大敗，精銳盡失，著名的忠孝軍領袖完顏陳和尚被俘而死。

　　三峯山戰後，領河北、山東方面的漢軍萬戶史天澤也渡河而來，奉命攻略汴京東方各地，以爲會攻汴京之準備，窩闊台與拖雷合軍後則四出掠地，清除各據點，並攻破中京洛陽而走。東路蒙古軍因山東局勢紛亂，故留鎮該地。1232 年 3 月，汴京攻防戰開始。

　　汴京攻防戰頗爲慘烈，雙方皆使用重武器，如石炮、震天雷、火槍等，血戰半月後和議達成，窩闊台等北返避暑，留速不台鎮守，後因蒙古使者爲金人所殺，雙方戰事又再度展開。速不台在河南之地轉戰，擊潰金兵殘餘勢力與援軍，汴京處於孤立狀態，既無外援，又復糧盡。年底，金哀宗決議出走歸德（河南商邱）。次年初，留守汴京之金軍內亂，西面元帥崔立殺留守等，

以城降於速不台。

金哀宗離汴京後曾有意渡河，欲經略河北，但戰敗而退往歸德，時忠孝軍元帥蒲察官奴爭權跋扈，但頗勇於作戰，曾大敗圍城之蒙古軍，哀宗與群臣不滿其跋扈而刺殺之，並決議再遷蔡州。

1233 年 9 月，蒙古軍由塔察兒統帥圍攻蔡州，此前又遣使王檝使宋，約盟出兵，宋以江海、孟珙領兵二萬、糧米三十萬石以應之。宋蒙聯軍攻蔡州城至次年正月，金哀宗傳位於子承麟（金末帝），當城破後自縊而死，承麟死於亂軍之中，其餘將臣與官兵多自殺殉國，金亡。（參見圖六）至此蒙古南進之前期至成吉思可汗、窩闊台終而滅金為止。〔註17〕

二、蒙古滅西夏

蒙古南進攻金，震動了中國本土，不止是直接抗戰的金國，在南方的宋也相當的注意。1211 年（宋理宗嘉定四年，金章宗大安三年）宋的使臣余嶸到涿州，蒙古正圍攻中都（燕京），余嶸受阻回到南京，報告所知情況。南宋朝廷展開熱烈的討論，主要的在於對金及蒙古的外交政策。當時南宋已知金國的虛弱，朝臣檢討給金國的歲幣，以及聯金國或聯蒙古的問題等。但南京對於「以夷制夷」的政策非常謹慎，金為宿仇，能乘機聯結新興的蒙古來打擊敵國，是最好的機會。然而北宋末年曾利用此策，聯金以滅遼，結果反保不住北宋自己的江山，遼亡後，北宋也遭「靖康之禍」。故而這是個兩難問題，在當時的國際情勢之中，又無法迴避這種外交困境。

早期主張聯蒙的南宋朝臣，如程珌、魏了翁、孟珙、桂如淵、史嵩之等人，反對結盟的，如趙汝譡、劉克莊，但程、魏二人後來又表示反對，他們怕蒙古探得南宋的虛實，又怕蒙古的貪求無厭，以及引起金兵攻宋的藉口。當時主政的史彌遠，態度相當謹慎，他不受這兩派的影響，很能就客觀形勢來採取適當的外交政策。不過因宋理宗即位引起的政爭，使他在外交上與部份朝臣有相左的意見，反對他的人也反對聯蒙，史彌遠採用程珌的策略，要守邊防的親信重臣與蒙古通好，中央不作明確的指示。

1214 年，蒙古曾派主不罕使宋，但為金國所阻。1218 年，他才到宋議和，

〔註17〕蒙古滅金可參見姚從吾，《東北史論叢》，下冊，〈成吉思汗窩闊臺汗滅金戰爭的分析〉（臺北，正中，民國 57 年），頁 305 至 338。

並交涉聯盟攻金。1221 年，宋派苟夢玉出使蒙古，是一般的外交報聘，可汗還派了噶哈送苟夢玉回國。因爲蒙金在華北戰事的激烈，還有許多「忠義軍」夾雜其間作戰，南宋相當重視這個發展，尤其有的南宋忠義降順了蒙古。趙珙就被派往華北與蒙古議事。1223 年，宋又派苟夢玉到蒙古報聘。次年，蒙古有使臣隨苟夢玉至宋，再度商談聯盟攻金之事，然而這個時期正值華北戰事暫緩之時，木華黎剛死不久，蒙金之間沒有什麼急迫的戰爭。

木華黎死後，其子孛魯正在西域可汗營中，奉命返回華北，承襲父職爲國王，繼續攻金，並征討西夏。

木華黎之死，影響了中國戰場的局面，金人乘機努力恢復，而孛魯也遠不及其父。就在 1223 年 4 月，金人收復汾西，五月，又收復河中、榮州、霍州、洪桐等地。

1224 年，孛魯奉命攻西夏，打下銀州（陝西米脂縣西北），派蒙古不花駐守險要，而後孛魯領兵而還。九月，金人又收復山西的澤（晉城）、潞（長治）二州。

1225 年 2 月，眞定副帥武仙殺其主帥史天倪以叛。這年蒙古軍在河北又忙碌起來。主要的戰場在中山、眞定一帶。孛魯以史天澤繼其兄天倪之職，並派笑乃觸的蒙古軍，及董俊之兵合討武仙，天澤之兄天安也合兵來攻，連下中山、無極、趙州等地，大敗武仙，收復眞定。武仙頗爲勇猛，聯合宋朝在大名的彭義斌反攻，史天澤與笑乃觸擒斬彭義斌於贊皇縣。但不久，武仙以間諜入眞定城，糾集一批敢死隊爲內應，夜裏突襲，內外合攻，佔據了眞定，史天澤倉促間率數十人出城，到藁城向董俊求援，得精兵數百連夜猛撲眞定，又得笑乃觸蒙古兵之助，奪回眞定，武仙敗走，以後向汗京而去。

金兵也曾在山後的察哈爾南部一帶反攻，但被該地區駐守的劉伯林之子劉黑馬所敗。

1226 年，山東又有戰事。原來降蒙古的宋朝義軍張林，與另一義軍領袖李全雙方纏鬥，李全得勝，勢力頗盛。李全先是抵抗蒙古，繼而又抗金，遂受宋的召撫，在山東作游擊戰。蒙古勢必要消除這個威脅，孛魯與其叔帶孫猛攻李全，圍困其據地益都達年餘。至次年，李全援盡乃降，山東又復爲蒙古所定。

可汗在南進伐金之前，已打過西夏三次。1216 年，蒙古將領三模合曾假

道夏境攻略陝西之地。1217 年，可汗南進中國的任務全交給木華黎，自己準備親征西域。西夏既是臣服於蒙古，理應出兵助陣，但其大臣阿沙敢不認為西征是蒙古人的事，與西夏國無關，言語尚有諷刺之意。可汗很是生氣，在1218 年派兵圍攻西夏首都中興府，夏王李遵頊逃往涼州（甘肅武威），以太子德旺防守首都，蒙古一時不能得勝，乃班師往征西域而去。

1221 年，木華黎曾假道西夏攻陝西，蒙古大軍壓境，夏王恐懼，允派兵五萬助蒙古，條件是不經夏境。同年，夏王李遵頊傳位於德旺，自稱太上皇。

1223 年，木華黎死，但史天祥曾進攻西夏賀蘭山之境，在歸途遇伏，流箭中額出血，目為之昏。次年，孛魯攻夏，大敗之。

1225 年，可汗由西域班師，準備攻夏，西夏原與金國有戰爭，為了應付蒙古大軍，乃與金議和修好。

這次滅亡西夏的軍事行動，是可汗南進戰略計畫中的一部份，蒙古南進右邊的對手是河西（西夏），再下來是關中（金），蒙古軍的大右翼正是要走這個方面。迂迴攻金不僅是可汗之策，也是後來窩闊臺沿用之策，可汗是由夏迂迴，窩闊臺則是由宋境迂迴，所謂「假道攻金」的傳統戰略。

1226 年春，可汗正月親征，二月即攻下黑水城，隨即遣軍往右攻下甘州（張掖）、肅州（酒泉），打通河西走廊與新疆之通路，這不但可免除來自背後的敵人，又可使蒙、新地區與河西走廊前端溝通。秋季，集結的蒙古大軍展開攻勢，東向夏國的腹地，先拔西涼府（武威）、搠羅、河羅等縣，越過沙陀（即寧夏的勝格里沙漠南端）又攻下應理（中衛），沿河往中興府而去。西夏的太上皇李遵頊在二月時已死，這時夏王李德旺又死，繼位的是遠親李睍，他就是西夏的最後一位帝王。

十一月，蒙古圍攻靈州（靈武），李睍派大將嵬名令公由首都發兵五十營來救。蒙古軍乘著冬天黃河結冰，踏冰渡河迎戰。雙方死傷慘烈，西夏援兵大敗，嵬名令公逃回中興府，可汗駐軍在寧、陝之交的鹽州川（鹽池），另派兵圍攻夏的首都中興府。至此，西夏之降服指日可待，可汗立即在駐地進一步策劃攻金。

1227 年春，可汗領中軍渡河，指向六盤山附近的龍德（隆德）、德順（靜寧），金兵抵抗堅強，但終以薄弱的邊城無法與蒙古鐵騎持久抗衡，皆相繼失陷。可汗就在六盤山避暑。以蒙古習慣的戰法，與金國土地的失陷來看，另

有右手軍攻向河、湟，取臨洮、洮州（臨潭）、河州（臨夏）、西寧等地。左手軍則攻環、慶、走邠隴之間往鳳翔，在七月間攻下，原計畫可能是入關中取長安，但因可汗的去世，蒙古乃退兵。這次攻金，也是可汗的最後一次親自率兵作戰。

再說西夏，中興府被困至六月，李晛遣使請降，後來他本人及夏國的皇室全被殺盡，負責執行的是脫侖。但照可汗的「規矩」，投降的決不殺，不知是何原因，李晛的被殺恐怕是在可汗死後吧！

三、蒙古的東進

當可汗於 1211 年伐金開始時，在遼東方面有契丹人的叛金。原來遼亡於當初臣服於其下的金，金對契丹人的防制甚嚴，到現在蒙古南進，開始就打敗金國，金人為防範契丹人乘機背叛，下令以兩戶女真人夾居一戶契丹人，契丹民眾備受監視與壓迫之苦。

耶律留哥原為金的北邊千戶，金稱之為「明安」或「猛安」，他又為遼的宗室之後，在此種環境之中，自然遭受疑忌。留哥不自安，聽到蒙古攻金的消息後，跑到隆安（吉林農安）舉兵自保，金發州兵追捕，為留哥所擊退，因而又有另一契丹人耶律的也來會合，同時許多契丹民眾都來投奔，擁留哥為都元帥，號稱有眾十餘萬。

在前面已說到蒙古攻金的會河堡，曾派一支以按陳為首的偏師，旨在牽制遼東方面的金兵。

留哥歸順之後，就代表蒙古在遼東與金作戰，但他的實力仍不足獨當一面，常需仰賴蒙古軍的支援。在金人以完顏胡沙領大軍來攻時，就支持不住，金人極為痛恨留哥的叛附蒙古，曾懸賞重金如下：「凡得留哥骨一兩，則賞金一兩，得肉一兩者，賞銀一兩，並封官為世襲的千戶。」如此金兵猛銳往前，留哥不能敵，求援於蒙古。可汗派按陳領千騎來會，雙方在迪吉腦兒（腦兒即湖泊之意，可能在今伊通河或新開河附近）對陣，留哥得蒙古軍之助，陣勢穩固，派其姪兒安奴為先鋒，衝擊金兵，胡沙敗走。這一支金兵是胡沙領的主力，由咸平路（以遼北省開源縣為中心）北攻。另外尚有一支由留哥後方來夾擊的金兵，以紇石烈桓端所領，結果大破契丹軍，但似乎也未作進一步的擴展，或者被留哥所拒。

留哥初期起兵，以隆安為中心，1213 年三月，留哥稱王，國號為遼，可

汗以可特哥支助留哥，領蒙古軍屯駐之。這年八月，金宣宗即位，蒙古又發動南進攻勢，而金在遼東方面的部署，仍以胡沙爲宣撫使駐東京（遼陽），其下有咸平路招討使蒲鮮萬奴。東北路招討使完顏鐵哥，駐在隆安之北的上京附近。婆速路兵馬都總管紇石烈桓端，駐安東鴨綠江附近。蒲鮮萬奴是主要的軍事行動負責人，鐵哥則在於威脅留哥之後方，以及保持東北方上京之通路，桓端則在防患高麗之蠢動與海上交通之維持。

1214 年，金的廣寧知府（遼寧北鎮）溫迪罕青狗，奉命去說服留哥，結果青狗反而投到留哥的陣營。剛遷都於汴京的金宣宗大怒，令蒲鮮萬奴發動攻勢，雙方大戰於歸仁（開原東北）之北，金兵大潰，萬奴率殘卒奔回東京，遼東州郡皆入留哥之手，於是以咸平爲遼之都城，號爲中京。不久，金的左副元帥蒲察移剌都由東北方來攻，爲留哥所敗。原來在留哥後方的是鐵哥，但爲萬奴所忌殺，以移剌都接任鐵哥的地位，負責鞏固上京與打擊留哥的後方。

1215 年耶律留哥又攻下了東京遼陽，留哥所封的郡王耶律廝不等臣下，向他勸進稱帝，由於廝不等人見遼的江山已打出，勢力已足，皆欲留哥稱帝自立，封官拜爵，故而力勸留哥，但不爲留哥所允，心中頗爲不滿。留哥心中知道，目前仍需效忠蒙古，始爲穩妥之策，於是對國內僞稱有病，暗中偕其子薛闍去朝見可汗於克魯倫河。

留哥奉命派使臣與三百蒙古兵回國，並要求可汗應允，將不法的蒙古軍可特哥也抓來治罪。

可特哥懼罪，陰結遼國中的不滿份子耶律廝不等叛變，對國內僞稱留哥已死，蒙古兵壓境，起而反抗。將三百蒙軍殺死，但有三人逃走，可汗安慰留哥，並允助其復國。

1216 年，耶律廝不稱帝於澄州（海城），以留哥之兄獨剌爲平章（宰相），以溫迪罕青狗爲元帥。不久青狗又回歸金國，廝不爲部下所殺。叛眾又以丞相乞奴爲監國，但情勢很惡劣，不但受金國在蓋州（蓋平）的守將完顏眾家奴的攻擊，耶律留哥也引蒙古軍南下，在遼西的木華黎，也分兵來助。東京收復後，乞奴領殘兵渡過鴨綠江進入高麗而去。

留哥除恢復原有勢力外，又渡遼河助木華黎經略遼西，招撫廣寧（北鎮）、懿州（黑山）等地，鎮守臨潢府（內蒙林西）。而後又領兵入高麗平定叛變的

契丹人。1220 年留哥死，年五十六。其妻姚里氏權領其眾達七年之久。留哥之子中以薛闍最著名，隨可汗征討，很有功績，後襲留哥之爵，其後子孫亦復如是。

　　金駐遼東的兵力在婆速路，原由紇石烈桓端所領，後由溫迪罕哥不靄所領，屬於遼東行省的完顏阿里不孫，在 1217 年時，乘蒙古與遼軍移師之際，曾收復海、蓋等州城，後來蒙古又遣吾也兒與移剌涅兒討平。

　　阿里不孫因部下叛變被殺，金國又以上京行省的蒲察五斤來主政遼東。事實上，從事作戰的是哥不靄，他也只能用游擊戰，如同在華北各地的許多金軍一樣，企圖做最後的抵抗。

　　在 1226 年左右，哥不靄居然攻佔十餘個城池，控有婆速路地區的鴨綠江兩岸，進逼東京遼陽，蒙古以撒里台、王榮祖等來戰，打下婆速路，哥不靄逃亡而死，殘餘的金將不是戰死即出降，至此遼東乃底定。

　　1216 年，反叛耶律留哥的殘眾，由乞奴、金山、統古與、喊舍等率領，渡過鴨綠江進入高麗，由義州向平壤，渡大同江，除西京平壤外，城縣皆為契丹所破。次年，進逼開城，然後分成二支，一往東北，破東州（鐵原）。一往東南破原州。高麗將領金就勵打敗往東南的一支，於是契丹軍又東往溟州（江陵），再折向登州（安近）、咸平（咸興），與東北走的另一支契丹會合，這一帶地區是金國的曷懶路。

　　契丹這支叛軍，內部訌亂不止，先是金山殺乞奴而稱王，統古與又殺金山自立，後來喊舍殺統古與，取得領導權，統轄九萬人馬，如此傾殺流竄，幾成烏合之眾。而高麗王朝自崔忠獻專權擅政以來，國內不安，民生潦倒，其帝王高宗形同傀儡，大權皆在崔氏家人手中，故而契丹叛軍入侵，高麗不能討平。

　　1218 年，喊舍據江東城，可汗以耶律留哥、哈只吉、劄剌等人領兵往討，又以臣服於蒙古的金叛將蒲鮮萬奴出兵相助，萬奴以元帥胡土（完顏子淵）領兵來會，兩軍圍攻江東城，時為多雪紛飛的十二月，蒙軍糧草缺乏，請高麗資助。鎮守西京平壤的高麗元帥趙沖，慨允接濟糧草，並與大將金就勵領兵來參加江東城的戰事。

　　1219 年正月，江東城破，喊舍自剄而死，叛軍五萬餘人皆降。高麗因受契丹人的摧殘，而今平定叛軍，對蒙古非常感激，於是請歲貢稱臣。但在 1225

年以後雙方也無往來，要到窩闊台可汗時，蒙軍屢次興師問罪，雙方戰爭多年，直到忽必烈可汗時才正式臣服了高麗。

金國遼東宣撫使蒲鮮萬奴，原來是負責討伐耶律留哥的，但因戰敗而乘金宣宗南遷汴京時叛變，金的中央朝廷與遼東音訊隔絕，萬奴在 1215 年初即自稱天王，國號大眞，後來改稱東夏。當時留哥已有咸平，木華黎也得遼西之地，萬奴在東京受制於兩面，於是向東南攻取婆速路，但爲金將紇石烈桓端所敗，留哥又乘機襲取東京，萬奴只有往東，攻取生女眞所居之曷懶路（約在今圖們江流域，朝鮮半島東北部一帶）。

金的上京會寧府在當時甚爲孤立，守將頻頻更易。後來上京留守太平內附萬奴，金的上京遂爲攻下，女眞故地盡爲東夏所有，萬奴建都於開元，並投效於可汗，以其子帖哥爲質，可汗乃以耶律阿海三子捏兒哥爲東夏的監國。

1218 年萬奴以女眞軍助蒙古攻契丹叛軍於江東城，但不久萬奴叛變，並殺監國捏兒哥全家。1221 年，萬奴又降蒙古，至西域朝見可汗。由他前後的行逕與作爲看來，實在是個投機的軍閥。

後來在高麗與蒙古失和時，萬奴聯結高麗，蒙古的窩闊台可汗令皇子貴由領兵討伐，1233 年，萬奴被擒，東夏國乃滅亡。

第三節　忽必烈可汗與中國的統一

一、南進的後期——滅宋

成吉思可汗不只將蒙古民族統一起來，還融合了其他民族來組成其帝國。由於不斷的征服、擴張，十三世紀時的蒙古帝國勢力已及歐、亞二洲，在舊有的世界秩序裏，蒙古民族的動向成爲世人之焦點，而新興的帝國仍在擴張之中，可汗的後繼者以蒙古草原爲中心，在西方與南方都獲得進一步的發展，在西方迅速的擴張，以一個新興的民族而言，可謂已暫時達到了極限；尤其還兼顧著另一方面（向南）之發展。南方中國的本土華北地區已爲其所控制，進一步則爲南宋之國土。

窩闊臺滅金後與宋保持和平，雙方大約以陳、蔡爲界。及蒙古兵退河北，宋人議取三京（東京開封，西京河南，南京應天），於是宋人有「端平入洛」之舉，宋將趙范、趙葵兄弟頗思進取，得宰相鄭清之的支持，欲乘河南空虛而規復三京。宋軍雖得汴、洛，但糧餉不繼，恢復計畫亦不周全，乃有喪師

之辱。〔註18〕宋廷的恢復失敗後，蒙古遣王檝來責以敗盟，宋以鄒伸之等報
聘，而後又遣使通好，欲以外交上的努力來維持和平，但在軍事上的部署也
非常注意，一則練兵備邊，一則招撫流亡。

　　窩闊臺滅金後仍命將領出兵掃蕩殘餘，同時興兵伐宋。1235 年大軍南下，
淮南江北為主要戰場，蒙古軍攻漢水之北的西方各地，棗陽、鄧、唐、襄陽、
樊城等地非降即下，而後逐漸偏東攻淮西至於淮東之地，光州（河南潢州）、
復州（湖北沔陽）、蘄州、壽州（壽縣）等地皆陷，攻盧州（合肥）不克而退。
戰事經四年，由漢水江北橫掃至淮東，雖然蒙古軍退後，各地也都相繼收復，
但這一塊地區遭受兵燹掠奪，元氣大傷。

　　在西面的戰場主要是陝、川一帶，初由皇子闊端統領，召降鞏昌地區的
金將汪世顯，然後由大散關攻下鳳州（鳳縣），宋軍由四川制置使趙彥訥指揮，
重鎮武休關為大將李顯忠所守。蒙古軍攻破武休關後偏西陷興元，長驅直入，
利州、潼川、成都等路多望風而降，配合另外由西方深入文州（甘肅文縣）
之軍，沿涪江直下，蜀中、西之地淪喪泰半，蒙古軍破壞後即撤走，留兵鎮
興元。1238 年，塔海領兵再度攻蜀，明年，宋制置使丁黼戰死，兵力達於蜀
東及重慶附近而退。1241 年皇子闊端征蜀，宋四川制置使陳隆之被俘死，窩
闊臺也死於是年，蜀地戰事遂止。

　　在蒙哥可汗以前約十年間，蒙古沒有大舉南下，其間較重要的戰役為宋
將余玠、王堅等之反攻興元，但未能成功。余玠為晚宋之名將，為四川制置
使十年，其因山設防使蜀境鞏固，所謂「蜀中八柱」即為其攻防之策，各險
要所設之城，如臂使指，氣勢聯絡，使宋廷無西顧之憂，而蒙古不易得東下
之路，〔註19〕余玠後以政爭而暴卒，四川成可憂之局面，而前此在京湖方面
之大將孟珙已死，宋人兩方面的防守頓成問題，不久蒙哥即大兵南下了。

　　在蒙哥即位後，蒙宋雙方仍如前有局部的戰鬥，在 1252 年的下半年，皇
弟忽必烈奉命遠征雲南之大理國，〔註20〕這次行動又是大迂迴作戰，由甘肅
走川、康往雲南，而後又出黔、桂攻向潭州（湖南長沙），由後背進兵長江中
游一帶。由於迂迴用兵，預為攻宋之準備，故而先行出發。忽必烈於次年由

〔註18〕關於「端平入洛」事件，可參看黃寬重，〈辨端平入洛敗盟〉，收入《南宋史
　　　　研究集》（臺北，新文豐，民國 74 年），頁 19 至 30。
〔註19〕關於余玠守蜀，可參見姚從吾，《東北史論叢》，下冊，〈宋余玠設防山城對蒙
　　　　古入侵的打擊〉，頁 364 至 375。
〔註20〕大理國出自唐時南詔，忽必烈所征之大理為五代時段氏所建，此時國主為段
　　　　智興，但大權在高祥、高和兄弟手中，其國歷三百十六年而亡。

臨洮入吐蕃，分兵攻向大理，而路途所經尚有其他各部族，大體上有烏蠻（哈刺章）、白蠻（察罕章）等各部，其部名如摩娑蠻（麼些）、鬼蠻（赤禿哥、羅拖鬼）、羅羅斯、阿伯、波麗等國。年底，大理國即被攻下，忽必烈班師北返，留兀良哈臺繼續征討其餘各地，他曾打到交趾（安南），轉戰四年後，奉命攻宋，與忽必烈會師潭州。

蒙古大軍正式攻宋是在 1258 年（憲宗八年，宋寶祐六年），其兵分三路：東路以塔察為帥，攻略淮北，中路以忽必烈為帥，攻向長江中游一帶，西路由蒙哥自領攻四川。東路軍為配合長江上、中游大軍之來，然後渡江，合攻臨安，故不急於略地，以致戰果不彰，僅出入於淮東江北之地。蒙哥大軍十月至利州入蜀，沿嘉陵江而下，次年初攻合州，時宋將王堅守釣魚城，雙方展開猛烈的攻防戰，而此時蒙哥病死軍中，釣魚城未下，蒙古退兵。

忽必烈的中路軍是配合蒙哥攻蜀而發動；蒙哥西路軍克四川後可沿江而下，忽必烈則可由江西往東，塔察兒在淮東渡江，如此三路大軍可圍攻臨安。忽必烈由大勝關直攻鄂州（湖北武昌），並命張柔由東方攻黃州（湖北黃岡），可牽制來自長江下游之宋人援軍，又命霸突魯以水軍下岳州，可牽制來自長江上游之宋兵，而此二軍也能與兀良哈臺相策應。當忽必烈將圍攻鄂州時，宋廷大震，由各地調兵來援，如賈似道、呂文德等皆入鄂州城。此時因蒙哥之死，局勢始有轉變，忽必烈為角逐可汗大位而決計北返，賈似道也曾密遣宋京議和，故忽必烈拔軍而退，兀良哈臺也捨棄圍攻之潭州，渡江北返。

1260 年（元世祖中統元年，宋景定元年），忽必烈即帝位，但與其弟阿里不哥之政權相爭，歷五年的戰爭而止。在山東的李璮（李全之子）又降宋叛蒙，忽必烈以史天澤討伐平之。宋將劉整受呂文德之忌而降蒙古，劉整及忽必烈之謀臣們皆主伐宋宜先取襄樊，於是在 1268 年，忽必烈以阿朮攻襄樊，襄樊守將呂文煥苦守六年而降，當襄樊受困時，宋之援軍張世傑、夏貴、范文虎等皆失敗，蒙古軍又有巨砲攻城，終使襄樊二城在孤立無援之下而降。

1273 年襄樊戰後，忽必烈再部署對宋之攻勢，次年以伯顏為統帥並行院（樞密院）於荊湖，負責長江中游之攻勢，另有阿朮、阿里海牙、呂文煥等，淮西行院為阿塔海、劉整、董文炳等，主攻安慶以下各地。伯顏主力敗宋軍後，鄂州投降，命阿里海牙鎮守之，又命阿朮領兵東下，沿途宋軍多降，此與淮西方面相同，其中有戰略要地江州（九江）呂師夔、安慶范文虎等大將之降。此時宋廷已命賈似道、孫虎臣等領兵至蕪湖抵抗，賈似道又遣宋京至

伯顏處議和，和議不成，雙方遂有大戰。1275 年 2 月，賈似道大軍敗於丁家洲（安徽銅陵附近），元軍順江而下，建康（南京）不戰而降。

建康淪陷後，宋廷大為恐慌，雖急召勤王之師，但臨安城內外知無法抗拒元軍之攻勢，遂紛紛避難而去，朝廷官員走掉不少。忽必烈以伯顏行省於建康，阿塔海、董文炳行院於鎮江，以阿朮攻揚州（江蘇江都），阿朮東下控制真州（江蘇儀徵）、瓜州、進圍揚州，並在焦山擊破宋軍集結之水師。此時伯顏奉命罷行院，將南方軍事全統一於其行省之中，俾便迅速結束臨安之戰。元軍分兵三路，阿剌罕為右軍攻獨松關往臨安，董文炳率水師為左軍沿江而下再轉往杭州灣攻臨安，伯顏領中軍由常州（武進）直指臨安。至 1276 年（元至元十三年、宋德祐二年）三月伯顏入臨安，宋恭帝降。（參見圖七）

臨安降後，淮西宋將夏貴亦降，淮東李庭芝、姜才等猶力戰不降，後被俘而死，至是兩淮皆為元軍所平服。兩湖與廣西之地也為阿里海牙所平，江西則為宋都帶所平。閩、粵二地為宋末二帝（昰、昺）的最後抗元地區。

宋末二帝的最後抗元是在一批孤臣孽子的奮戰中進行，重要的領導人物有文天祥、陸秀夫、張世傑等人，他們經三年的困戰終於厓山（廣東新會南方）之役而結束，此際的元軍統帥為張弘範。文天祥先被俘，送往燕京囚禁三年，遺下留傳千古的正氣歌，終以不降而死。陸秀夫於厓山之役負帝昺投海；張世傑則於撤退時因船壞而溺死。

在四川方面是單獨的一個戰場，元軍以招降與軍事並進，宋人也致力於策反與堅守，元軍對四川之軍事攻勢的加強約在襄樊戰後開始，其經略四川的重要人物有廉希憲、賽典赤、嚴忠範、譚澄、李德輝等，他們皆非決戰之大將，而是治理安撫之人才，可知元廷對其地之政策。大約在 1278 年四川平服。

二、忽必烈及其前三朝大勢

成吉思可汗死後，照蒙古之俗由末子守產，故拖雷為監國。在可汗征花剌子模前已指定窩闊台為繼任者，〔註21〕1229 年依蒙古法舉行大會（忽利爾台），窩闊台受推為可汗（元太宗），在位共十三年。

1241 年窩闊台死，乃馬真皇后（脫列哥那）攝政稱制，〔註22〕等候召開

〔註21〕窩闊臺奉遺命繼位，見《元史》，卷二，〈太宗本紀〉，頁 1 上。至於遺命之經過，詳見《秘史》，第二五四、二五五節，頁 385 至 394。《多桑史》，頁 152。

〔註22〕乃馬真（Naimajin），《元史》指為乃馬真氏（乃蠻），見卷一一四，頁 1 下、2

　　大會推選新君。原來窩闊台有意使三子闊出繼承，但闊出早死，於是屬意於闊出之子失烈門，但乃馬真皇后有意立己子貴由。當時重要皇族皆在西征之中，必待返回後始得召開大會，後來又因拔都與貴由、不里等不合，〔註23〕借詞生病不參加大會，以致拖延到1246年始舉行，貴由繼大汗之位（元定宗）。

　　貴由在位三年死於西巡途中，援例暫由海迷失皇后攝政。拔都與拖雷諸子較親，而與窩闊台及察合台諸子不合，故可汗長子與四子系結合，二子與三子系結合，雙方成兩大集團，皇位之爭因而明顯對立，拔都等在西方開大會，擁立蒙哥為大汗，他們的實力較強，二子與三子系諸王雖然反對於東方，但終無法相抗，1251年蒙哥即皇位（元憲宗）。

　　忽必烈之即位與蒙哥類似，憑藉同黨人之擁護及武力為後盾，1260年在開平（多倫）召集大會而稱汗，與他爭位的是弟弟阿里不哥，雙方兵戎相見，到1264年阿里不哥降服歸朝。

　　關於各朝皇位之爭以及所引起之戰爭與政治問題，將在後面論述。元初四朝擴張之經過已如前述，現就各朝重要措施作一說明。據《秘史》所載，窩闊台於死前曾自述其功過，他所說之四件功績為滅金、立驛站、開水井、置探馬赤軍；所說之四件過失其一為沈湎於酒，其二為括叔父斡惕惕赤斤部落女子，其三為冤害了朵豁勒忽，其四為攔堵野獸不教跑到其他的游牧地。〔註24〕

　　窩闊台之武功已如上述，不只是滅金，大概他以為此事值得稱道，故特別提出。此外，又規定蒙古部民之捐輸，有馬、或牛、或羊者，每百頭輸一；每年又需納二歲羊一隻為上貢之湯羊，宗王集會不得向民間徵發飲食，又立倉廩之制、發放牧地水草等，〔註25〕這些都是關於部族之民的規制。關於漢地漢民則立中書省、定賦稅、理戶籍、行交鈔等等。中書省是用漢式官名，但非如漢制之中央政本，只是對於漢人及西域地方的行政機構，與後來設的燕京行尚書省有關（詳後）。賦稅方面分漢地與西域兩部份，漢地有丁稅、地稅、商稅等，由耶律楚材負責，西域以丁計賦調，由牙剌瓦赤負責，前章中已有論及。這些都說明了蒙古民族之迅速擴張，南方與西方的領地雖然是以馬上得之，但不能以馬上治之，至少在社會與文化上的差異，既無法用蒙古

　　　　上，在卷二，〈太宗紀〉，頁7上及卷一〇六，〈后妃表〉，頁1下，皆記「六皇后乃馬真氏」，蓋乃馬 Neiam Chin 為蒙文「第六」之意。
〔註23〕　參見《秘史》，第二七五至二七七節，頁437至440。
〔註24〕　參見《秘史》，第二八一節，頁448、449。
〔註25〕　參見《秘史》，第二七九節及其註2，頁443至445。

人的一套制度來加諸這些地區，又沒有新法以應對其迅速之擴張，故而只有分別治理，形成一種多元又多頭的政制。

隨著蒙古民族之擴張，西域人與漢人也成為新建國家的主要部份，基本上蒙古人掌握最高的統治權，其餘廣大幅員之治理及權力之分配問題與國家的形態有密切關係。綜觀元初四朝與忽必烈時代，蒙古人較偏向於西域人，在政制上與權力分配上皆如此，今人對此已有專題之論述，現引其要點如下。〔註26〕西域人係指元代所稱之色目人，凡非蒙古及廣義的漢人皆為西域人，主要包括畏吾兒及中亞、北亞等地民族，他們在元初（1206～1294）較受重視約有下列各原因：其一，民族上多屬突厥和突厥化的伊蘭人，語言上都屬阿爾泰語系（Altaic），文化上都同屬游牧文化圈。其二，西域各國降服較早，故與蒙古淵源最久，關係亦較密切，如畏兀兒之文明與人才正是蒙古民族初興時所急需者（參看前章「必闍赤」可為最好之說明）。其三，西域人與漢人之民族性、文化背景與立場不同，漢人嚴於夷夏之防，民族意識較深，其治國受儒家思想支配，西域人既缺乏「吾土吾民」之心，又與蒙古人一樣沒有中國傳統之包袱，甚且漢人人數較多，難免受統治者所忌，這都促使蒙古與西域族人聯合之趨勢。

成吉思可汗偏向於西方發展，先接觸到西域文明與人才，使西域人得以出仕汗廷，固因形勢所造成，但發展方向之著重恐怕還是與同屬文化圈的觀念有關；地理上受南方長城之隔絕，各方面都不易接觸，在國史中已成為固定的形勢，與西方往來較易，前章中已言及蒙古與西方有貿易往來即可知。西域人出仕汗廷較早的有賽夷人札八兒・火者，他是班朱尼河宣誓之功臣，其後出任之要職是與諸將守中都，權責包括黃河以北、居庸關以南的華北之地，是「天下達魯花赤」，他一直留守燕京，〔註27〕當時留守該地的要員還有耶律阿海、禿花兄弟以及石抹明安等號稱三公諸人，石抹明安為太傅（保？）兼蒙古漢軍兵馬都元帥，他死於燕京後由其子咸得不襲職為燕京行省，〔註28〕耶律禿花與阿海皆為班朱尼河功臣，參與攻金策劃的重要人物，因功拜太傅、總領也可那顏，轄札剌兒、劉黑馬、史天澤三萬戶。〔註29〕耶律阿海拜太師、

〔註26〕參見蕭啟慶前揭書，頁 113 至 117。
〔註27〕參見《元史》，卷一二〇，〈札八兒火者傳〉，頁 7 上。
〔註28〕參見《元史》，卷一五〇，〈石抹明安傳〉，頁 17 上。
〔註29〕參見《元史》，卷一四九，〈耶律禿花傳〉，頁 22 上，傳中未明言留守中都，但據《蒙韃備錄》所載，知其駐臨該地，見頁 6 下、7 上。

行中書省事，而後奉命西征，留鎮撒馬爾干，禿花亦奉命隨木華黎出征中原各地。〔註30〕上述三人皆契丹人，雖屬廣義的漢人，其共同特點為自動及早歸附，他們都曾出使蒙古而結識成吉思可汗，了解金國國情，對攻金貢獻極大，情形亦極特殊。耶律兄弟主要之才能與任務是統兵將領，以征戰為主，與早降之漢人劉伯林相同，他亦曾任西京留守而四出征戰。〔註31〕在蒙古與西域地方漢人是無法參與其政的，像耶律阿海是極為特別的。元初四朝漢人多在軍事上的需要而為將領或參謀，政治上則以燕京為中心的行省單位可以有漢人參與，現在作一簡表如下，以觀察其人事變動：

1215年，攻佔中都，以札八兒、耶律阿海、禿花兄弟、石抹明安等留守。

1216年，石抹明安死，子咸得不繼任行省事。後阿海隨軍西征，禿花隨木華黎攻金。

1223年，劉敏為安撫使，便宜行事，兼燕京路徵收課稅、漕運、鹽場、僧道、司天等事。〔註32〕

1226年，牙剌瓦赤隨可汗東返，或開始至燕，〔註33〕掌管漢地之治理。劉敏、咸得不仍在燕。

1229年，太宗即位，耶律楚材奏立燕京等十路徵收課稅使，負責河北漢民賦調，牙剌瓦赤負責西域賦調，派往西域。〔註34〕劉敏、咸得不仍在。

1231年，立中書省，耶律楚材為中書令，女真人粘合重山為左丞相，西域人鎮海為右丞相，〔註35〕又有蒙人按只亦在燕京行省事，任命年代不詳，或在次年出任。1235年時，僅有楚材與鎮海二人在燕，楚材領漢事，鎮海領回回事，且為總掌印官。〔註36〕劉敏、咸得不仍在。

1240年，以奧都剌·合蠻為提領諸路課稅所官，〔註37〕奪楚材之權，此前曾有劉忽篤馬、涉獵發丁、劉廷玉、安天合等欲以西域撲買制代漢制，為

〔註30〕參見《元史》，卷一五〇，〈耶律阿海傳〉，頁9上、下。

〔註31〕參見《元史》，卷一四九，〈劉伯林傳〉，頁5下、6上。

〔註32〕參見《元史》，卷一五三，〈劉敏傳〉，頁1下。

〔註33〕參見《秘史》，第二六三節，頁409。

〔註34〕參見《元史》，卷二，〈太宗本紀〉，頁1下，卷一四六，〈耶律楚材傳〉，頁4上。

〔註35〕參見前註，頁2下，楚材傳頁4下。

〔註36〕參見《黑韃事略》，頁2上至3下，並見徐霆疏文，又見頁10上、下。

〔註37〕參見《元史》，〈太宗本紀〉，頁7上。

楚材所阻止，此輩人又援引奧都剌・合蠻傾靠鎮海，鎮海權勢頗盛。〔註38〕

　　1241 年，牙剌瓦赤至燕京，主管漢民公事，楚材、劉敏、鎮海、合蠻等人皆在，此時燕京爲行尙書省號行臺，牙剌瓦赤爲其中權勢最大者，尤其是在波斯史書中說華北與畏吾兒之地皆由他掌握。〔註39〕

　　1246 年前，乃馬眞皇后攝政時，奧都剌・合蠻權勢獨盛，楚材死於此時，牙剌瓦赤、鎮海與皇后不合已離燕京，劉敏則仍在燕京。貴由即位後，誅除合蠻，牙剌瓦赤、鎮海、合荅等又恢復原來聲勢，其中以鎮海與合荅二人之權位最高。〔註40〕

　　1251 年，蒙哥即位，由於政爭關係，鎮海與合荅皆被殺，燕京行尙書省爲全國三大行省之一，牙剌瓦赤、塔剌澤、不只兒、斡魯不睹、答兒等皆爲行省事，賽典赤、匿咎馬丁爲副，〔註41〕劉敏仍在，或如舊行省事於燕，他到 1254 年始退休，以子代理其事。〔註42〕

　　窩闊台時期燕京與西域二大區的劃分，分別由耶律楚材等與牙剌瓦赤負責，而燕京地區由楚材等掌漢事，鎮海掌西域事或只限於狹義之西域地區，或掌整個廣義之西域地區，若係前者，則中、西亞地區仍屬牙剌瓦赤掌理，若屬後者，則牙剌瓦赤仍受鎮海所轄之內，但不論如何，鎮海總掌印，應是最有實權者。行政區之劃分主要在於賦稅之任務與民事行政，到窩闊台晚年（1241）劃分的三大行政區，掌權之負責人皆爲西域或蒙古人，到蒙哥時期的三大行省仍然如此。

　　耶律楚材是元初最著名的漢人，他力爭用漢人，行漢法，從《元史》他的傳記中可知，其初受知於可汗是以學識雜博之故，出任文學侍從、顧問之類職務，但並無參政之權，到窩闊台時才受到重用，他固有翊載之功，也因十路徵收課稅所的表現才參政而行省燕京。他的中書令決非漢制的首相，而是「改侍從官名」〔註43〕來的，與其他的左、右丞相等漢官名號一樣，要看其職掌實權始知其地位，故而燕京大員皆號行省，但權勢不一，且元初行省

〔註38〕參見楚材傳，頁 8 下、9 上。
〔註39〕參見〈太宗本紀〉，頁 7 下，另見蕭啓慶前揭書，頁 37 至 39。
〔註40〕參見蕭啓慶前揭書，頁 42 至 45。
〔註41〕參見《元史》，卷三，〈憲宗本紀〉，頁 2 下。在卷一二五，〈賽典赤瞻思丁傳〉，頁 1 上，尚有塔剌渾行省事。
〔註42〕參見註32，頁 2 上。
〔註43〕參見楚材傳，頁 4 下。

制度未立，沿用金末之號，出現各種各樣的行省。

楚材與鎮海皆行省於燕，但右丞相的鎮海比中書令的楚材權勢要大，久在燕京的行省劉敏，他奉有詔書是「卿之所行，有司不得與聞」，他這個行省有一定之權責，如前述 1223 年之事，蒙哥時期燕京有七人行省事，如不只兒的專職則是「印造寶鈔」，〔註44〕可知其身為重臣無誤，行省亦如一，但職責權力有差。耶律楚材、粘合重山、鎮海皆為中書省首長而至燕京行省事，牙剌瓦赤、不只兒則為大斷事官出任行省。

耶律楚材死後其子鑄嗣行省事，與粘合重山之子南合一樣，都是中書省臣，但別有差遣行事。〔註45〕繼楚材之後為中書令者為楊惟中，號稱「以一相負任天下」，貴由時則奉命宣慰各地，蒙哥時忽必烈立河南經略司，以惟中為司使。〔註46〕以上諸人皆中書省臣。

在元初四朝中央權力之結構與制度雖有蒙古、西域、漢人三部份，但簡要來看仍是以蒙古人與蒙古式為核心。窩闊台時有行省，但中央上仍由大斷事官主持，即矢吉·忽禿忽，他曾在金亡時到華北清理戶口，主持分封采地，到燕京行省徵稅等等，〔註47〕貴由與蒙哥時為忙哥撒兒，他是「位在三公之上，猶漢之大將軍也」，後繼其位者為哈丹，〔註48〕另外有孛魯歡是中書右丞相，史稱其「遂專國政」，他掌的國政是宣發號令、朝覲、貢獻、內外聞奏諸事及諸色目官職，〔註49〕這就是必闍赤之長的職權。可知蒙古本土仍是當時中央，大行政區為西域、漢人並用，但以西域人權勢較大。

在軍事上的統帥絕大部份為蒙古人，即諸王子弟與開國功臣，前述西征、南進的過程中可以清楚地看到，漢人將領全為局部或方面軍之將領，時間愈往後漢人將領也愈多，此為隨南進擴展的趨勢所致，但就以漢地的統帥來看，最高的總帥為木華黎、孛魯父子，而後為孛魯之子塔思、速渾察兄弟，速渾察在太宗晚年至蒙哥初年時「總中都行省蒙古漢軍，凡他行省監鎮事，必先

〔註44〕參見《元史》，卷四，〈世祖本紀〉，頁 1 下，以及卷一二三，〈布智兒傳〉，頁 1 下。

〔註45〕參見〈耶律楚材傳〉，頁 11 上。粘合南合見《元史》，卷一四六，頁 12 下。

〔註46〕參見《元史》，卷一四六，〈楊惟中傳〉，頁 13 下。

〔註47〕參見《黑韃事略》，頁 13 下，徐霆疏文，及頁 14 下、15 上，王國維箋文。

〔註48〕見《元史》，卷一二四，〈忙哥撒兒傳〉，頁 12 上。

〔註49〕參見《元史》，卷一三四，〈也先不花傳〉，頁 24 上，另見卷三，〈憲宗本紀〉，頁 2 下、4 下、5 上等。

白之，定其可否，而後上聞」，〔註50〕其所掌即漢地軍政大權。

　　漢人勢力的集結與升起是在忽必烈時代，他受到家世的影響，早年即接觸漢文化與漢地人才，此外，他頗能看出大勢的發展，必然要與漢地密切結合，在皇室中他代表漢化主義的傾向。〔註51〕史書中說忽必烈集結漢地人才之心頗早，在乃馬眞皇后攝政時就開始延攬人才問以治道，〔註52〕初期延攬人才較少，如燕眞、賈居貞、孟速思、董文炳、董文用等藩府舊臣，又有佛教領袖海雲及其弟子劉秉忠，其餘如張文謙、李德輝、金朝狀元王鶚等文學之士。到蒙哥即位，忽必烈以皇弟之尊受命在漠南開府，於是開始大量召聘人才，形成所謂金蓮川幕府，其召集方式有三種：一種爲禮聘名流學者，再由之援引，如李治及其推薦之魏璠、趙復、郝經等，張德輝亦推薦二十餘人，他們都互相標榜，一時人才極盛。忽必烈並派專人徵聘遺老名士，如李治即爲董文用所推薦，又有竇默、姚樞、李俊民等，王鶚則爲趙璧所徵聘。第二種是受援引而來的士人，如劉秉忠援引張文謙、劉肅、脫兀脫、李簡、張耕、王恂、張易等，王鶚弟子畏兀兒人廉希憲亦援引不少士人入幕。第三種是屬於專業人才，如醫學家許國禎、建築家趙炳、賈居貞，譚澄、張惠精通蒙語，賀仁傑、謝仲溫、姚天福、高天錫等充宿衛。到忽必烈即皇位前，他所集結之各種人才可考者達六十餘人，一時精英畢至，而這些人才又可分爲幾個小集團，其一爲邢台集團，以劉秉忠爲核心，其餘則爲他引薦之諸人，有的是同學，有的爲門人。這集團人物爲學博雜，正如劉秉忠本人一樣。其二爲正統儒學集團，此集團多爲趙復弟子，以楊惟中、姚樞、竇默、許衡等爲核心，皆以程朱之學爲儒學正宗。其三爲漢地藩侯所召之金朝遺士，如史天澤幕中的張德輝、楊果，張柔幕中之郝經、王鶚，嚴忠濟幕中之宋子貞、高挺、徐世隆、賈居貞、劉肅等，趙天錫幕中之楊奐等人。其四爲西域集團，其中有畏吾兒人阿里海牙、孟速思、廉希憲、葉僊鼐等，大食人也黑迭兒，回回人札馬剌丁、阿合馬等，他們大部份都是傾向漢化或屬意於漢法者。其五爲蒙古集團，其中有木華黎後人的乃燕、霸突魯，博爾朮之弟脫兀脫，另外有忙

〔註50〕見《元史》，卷一一九，〈木華黎傳〉，頁12下。

〔註51〕關於忽必烈的漢化傾向與結合漢地人才等，可參見姚從吾，〈忽必烈對於漢化態度的分析〉，《東北史論叢》，下冊（臺北，正中，民國57年），頁376至401，以及蕭啓慶，〈忽必烈時代潛邸舊侶考〉，《遼金元史研究論集》（臺北，大陸雜誌社），頁268至284；又收於其《元代史新探》一書中。

〔註52〕參見《元史》，卷四，〈世祖本紀〉，頁1上。

哥、闊闊，八春等人，他們也都是較傾向於漢化者，不如一般蒙古本位主義之保守。〔註53〕

　　忽必烈所集結之人才絕大部份為漢人，正代表著蒙古南進後所得之漢地精英份子，以漢地人才治理漢地應是大勢所趨，何況尚有進一步對南宋地區之擴張計畫。漢人或漢化派形成的龐大集團，成為忽必烈的基本勢力，也使他成為漠南最有影響力的皇室人物。這集團所以傾心於忽必烈，正因為忽必烈之有心結納，不是蒙古本位主義的作風，頗能得到漢地社會的秀異份子知識階層的支持，他們所關心的問題，如尊重士人，重建社會秩序之理想、民生之安定等等，都可以由忽必烈來付諸實現，甚至於在1247年時，張德輝與元好問曾北上奉忽必烈為「儒教大宗師」，〔註54〕這說明了金末名士要忽必烈負保護中國文化的責任，所懷之期望是何等之高？

　　忽必烈用漢人治理漢地最重要的成績有三個實例可為說明：一是邢州（河北邢臺）之治，改變蒙古統治者的徵求需索而不知撫治之弊，使流亡在外的邢州百姓返鄉安居，忽必烈因之益為相信儒士與漢法。二是河南之治，此地面臨南宋，情況較混亂複雜，民事之外兼及軍政，然不及一、二年即造成大治。三是關中之治，廢除高利貸，解放儒生、推行教育、勸農勵桑等，使原本城廓蕭條，不見人跡的關中，成為欣欣向榮之區，〔註55〕以上是1251到1255這幾年間之事，可代表忽必烈用漢人治漢地的成功。至於在軍事上，自木華黎南征以來，漢軍之戰功已如前述，忽必烈所領導之征大理與伐宋之戰，漢人在參贊軍機與統兵作戰上都有極佳之表現，例如姚樞，南宋的賈似道即比之為王猛，〔註56〕可知忽必烈軍中漢儒運籌帷幄之功。漢軍的實力相當可觀，不論是三萬戶或五萬戶，他們是漢地戰場的主要武力，若以地區與領導核心來分，可分成下面幾個集團：一為劉伯林之山後集團，二為史天澤之真定集團，三為張柔之滿城集團，四為董俊之槁城集團，五為汪世顯之鞏昌集團，六為嚴實之東平集團等，〔註57〕這些漢軍率多與忽必烈及其家世有淵源關

〔註53〕以上參見註51，蕭啟慶前揭文。
〔註54〕參見王惲，〈宣慰張公行狀〉，《國朝名臣事略》（臺北，學生，民國58年），卷十之四，頁331。
〔註55〕以上參見註51，蕭啟慶前揭文。
〔註56〕參見姚燧，《牧菴集》，（臺北，商務，四部叢刊），卷十五，〈中書左丞姚文獻公神道碑〉頁133下。
〔註57〕參見孫克寬，《元代漢文化之活動》，（臺北，中華，民國57年），〈元代漢軍人物表〉頁240。

係，他們也都傾向於願意結合漢人的忽必烈。

忽必烈表現出以漢地為重心的傾向遭到政敵之攻訐，最著名的是蒙哥以阿藍答兒與劉太平往漠南勾考京兆、河南、財賦，此二人刁難羅織，對忽必烈集團大加打擊，而皇兄弟間也將產生磨擦，幸賴忽必烈藩邸謀臣之獻策，始消弭了一場風暴。〔註58〕

忽必烈即位的初期是漢化派得勢之時期，1260年（中統元年）立中書省為全國主政中心，中樞之省臣有平章王文統，左丞張文謙，禡禡〈牙剌瓦赤〉行省事，平章趙璧，參政張啓元，右丞行省事廉希憲等六人，佔五人的漢化派有絕對優勢，若再加上各路的宣撫使來看，正副共十九人，可謂全悉漢化派人士，其中有賽典赤、布魯海牙二人為西域人，但皆用漢法治漢地，並且與漢文化有淵源關係。當次年初於開平召開國政會議時，牙剌瓦赤受到圍剿因而罷相，不久中央即有新的人事變動，中書省增加四個蒙古人，右丞相不花，左丞相忽魯不花，平章塔察兒，左丞闊闊，其餘則多為漢人、有右丞相史天澤，左丞相耶律鑄（左、右丞相為蒙、漢各一），平章王文統、賽典赤、廉希憲、趙璧，右丞張易、粘合南合、張啓元，左丞張文謙，參政商挺、楊果等。漢化派全盤得勢時期到1262年的李璮之亂開始走向下坡，當時負責實際政務的是平章王文統，左、右丞相不過以名望居高位者，王文統材略規模甚高，但身為李璮岳父而受誅連，影響到高階漢人不受信任，西域人乘機抬頭，又因之收回漢將藩鎮之勢力。〔註59〕

王文統遭誅以後，阿合馬代表的西域人勢力逐漸抬頭，他前後當權近二十年，初由理財而入中書為平章，繼而立制國用使司掌握全國財經大權，再成立尚書省以與中書相抗。漢人則擁護真金太子為中書令，以及木華黎曾孫安童為右丞相，雙方展開勢力之爭奪。後來中書、尚書兩省雖合一，兩派之爭仍未稍止。阿合馬在1282年被刺身死，三年後他的黨人被中書右丞盧世榮繼續任用，盧世榮雖為漢人理財家，但他的作風卻是西域式的，不及一年就被漢化派所攻倒。1287年財經紊亂，又設立了尚書省，主持者為畏吾兒人桑哥，漢化派在安童領導下與之相抗。由於桑哥的表現很得忽必烈信任，安童

〔註58〕參見同註51，姚從吾、蕭啓慶二文。

〔註59〕以上關於中統初年漢化派之勢力等，參見拙著，《元代的士人與政治》（臺北，打字複印本博士論文，民國71年），頁69至74，另見註13，蕭啓慶前揭書，頁53至60，關於李璮瑄事件，可參看孫克寬，《蒙古漢軍與漢文化研究》，（臺中，東海大學，民國59年），〈元初李璮事變的分析〉頁44至65。

次年即罷相，眞金太子早死於桑哥當政之前，而漢人老臣皆相繼物故，或因事（商挺）罷政，西域派勢力極盛。1291 年桑哥伏誅，但西域人繼續掌權，直到忽必烈之末，中書平章全爲西域人，漢人有入中書者地位皆不如西域人。〔註 60〕忽必烈時期漢人或漢化派得勢僅在中統初的幾年，愈往後愈見西域人或西域派之受重視。

〔註60〕參見註 13，蕭啓慶前揭書，頁 61 至 73。

第四章　帝國的盛衰

第一節　元代時期的中國

一、皇位爭奪與統治階層的結構

（一）皇位戰爭

　　蒙古大汗之位從定宗貴由開始即已出現爭端，成吉思可汗在西征前預定由窩濶台繼承，汗位尚不至引起糾紛，隨著蒙古勢力的擴張，皇族各系的發展，加上原來世選汗位的傳統，汗位繼承的糾紛自易產生。拖雷死於窩濶台征金之際，其事或有隱情但無法確知，恐怕與汗位繼承有關。〔註1〕貴由繼位前的大會，拔都稱病不來，固然因二人結怨於西征之時，但拔都不支持貴由之繼立則可以顯見，〔註2〕而後貴由西巡，當與拔都這種不支持的態度有關，拖雷之妃唆魯禾帖尼曾遣使密告拔都，恐貴由西巡或有所圖，〔註3〕似乎長子與四子系相結。貴由即位前乃馬眞皇后稱制之次年，可汗幼弟帖木格斡赤斤曾有進兵和林之舉，時貴由大軍已東歸至葉密立河，帖木格始撤兵。〔註4〕

　　貴由時汗位之糾紛已現，但未有兵戎相見或殺戮之事發生。蒙哥得拔都支持繼位，因汗位之爭的流血事件由此展開。窩濶台孫失烈門（濶出之子）、

〔註1〕關於拖雷之死，可參見《秘史》，第二七二節及其註11，頁430至432。
〔註2〕貴由與拔都之結怨，可參見《秘史》，第二七五節至二七七節，頁437至440。
〔註3〕參見《多桑蒙古史》，頁257，另見《元史譯文證補》，卷五，頁157。
〔註4〕參見《多桑蒙古史》，頁247。《元史》卷一四六，〈耶律楚材傳〉所稱「欲西遷以避之」之事，當指此次事件，見頁10上。

忽察、腦忽（皆貴由之子）三王有叛變陰謀，事發後蒙哥誅殺三王之黨達七十餘人，又殺波斯軍統帥宴只吉帶，察合台之孫不里，宰臣鎮海、合答、以及貴由之皇后斡兀立海迷失與失烈門之母等人。當時主要的審判官為大斷事官忙哥撒兒。失烈門是反對派所擁護的繼位者，故而後來蒙哥也將之溺殺。

蒙哥時雖有較多的屠殺，但大型的內戰並未爆發，到忽必烈即位時，為汗位問題就發生了內戰，同時又牽連了帝國擴張迅速而生的其他內戰。當蒙哥死時，留守和林的阿里不哥，受到反忽必烈派諸人如孛魯合、阿藍答兒、脫火思、脫里赤等人之支持，他們並連結蒙哥（末哥）皇后、皇子們共同舉事，一面發兵漠北，一面以劉太平密結六盤守將渾都海及川陝將領們，同時以脫里赤行省燕京括財聚兵等。忽必烈在鄂得其弟穆哥自釣魚山所遣使者，又得其察必皇后自開平所遣使者，由是得知大勢。在忽必烈軍中廉希憲、郝經等皆以為宜立刻採取行動，忽必烈乃決定班師，命熟悉川陝事務的廉希憲、趙良弼、商挺等入陝召諭。

1259 年底，忽必烈至燕京解除脫里赤職權，同時遣使招諭各地。次年春至開平，受各宗王擁護即位（元世祖），不久阿里不哥亦稱帝於和林。忽必烈部署詳密，反對派大部誅除或就擒，廉希憲殺劉太平，劉黑馬（劉伯林之子）殺成都之密里火者，汪惟正（汪世顯之孫）殺乞台不花，又收服秦川地區蒙軍將領紐璘，對南宋之戒備交付史天澤與李璮，而東方宗王塔察兒（帖木格之孫）與在四川之宗王穆哥皆支持忽必烈。

渾都海與阿藍答兒在河西戰敗被俘，二人為廉希憲殺於京兆之地。忽必烈親征和林，阿里不哥兵敗奔往謙濂州（吉兒吉思）。1261 年秋，阿里不哥又東進取和林，兵鋒直指開平，但在昔木土（戈壁南方）之役戰敗，退回和林，此時受阿里不哥所扶立的察合台汗國阿魯忽背盟，阿里不哥又急忙退出和林。當初忽必烈即位時，伊兒汗國之旭烈兀較偏向之，欽察汗國之別兒哥則較偏於阿里不哥，但二大汗國間另有爭戰，對忽必烈與阿里不哥之爭並無明顯之支助。察合台汗國先是由哈剌旭烈兀受遺命嗣位，其父為察合台長子木阿秃干，戰死於花剌子模之役，故察合台遺命傳位於孫，但貴由繼可汗位後，冊立與之相善的察合台次子也速蒙哥，哈剌旭烈兀遭廢黜的理由是孫不應先子而立。蒙哥即位時，因汗位之爭，又立哈剌旭烈兀，但他死於回國途中，他的妃子斡兒哈納奉蒙哥之命殺也速蒙哥，於是察合台汗國由她執政。忽必烈時命察合台曾孫阿卜失合（不里之子）回國繼位，途中為阿里不哥所俘，

阿里不哥乃扶立阿魯忽（察合台三子拜答兒之子）為察合台之汗。

　　阿里不哥在昔木土之戰後次年進兵察合台汗國，先敗後勝，阿魯忽被迫往撒馬爾干，但阿里不哥擄掠殺戮過重，不得人心。蒙哥之子玉龍答失收集人馬輸誠於忽必烈，阿里不哥雖與阿魯忽言和，但大勢已去，到 1264 年（至元元年）率部將諸王至上都（開平）請降，忽必烈殺主謀孛魯合、忽察等人，其餘皆赦免。

　　阿里不哥的皇位之爭雖告結束，但與之相關的內戰卻正如火如荼地展開；西北有海都、昔里吉、篤哇之亂，東北又有乃顏、哈丹之叛，此即元初著名的諸王之亂，東自高麗，西至中亞，整個北亞地區都在動亂之中，忽必烈的後半生全在應付這種局勢，這些亂事持續達半個世紀之久，歷三朝（世祖、成宗、武宗）才算終止。

　　諸王之亂與皇位爭奪相關之外，還有兩個重要的因素，第一是中央皇權與封建勢力之衝突。原來成吉思可汗建國之理想與蒙古勢力之發展是相配合的，即不斷擴張、不斷締造的帝國，但軍事勝利帶來的迅速擴張，相應也帶來治理的問題，而此問題實不足以配合新造成的局面；簡言之，即文治不能配合武功。文治問題就是如何維持不斷締造的新帝國之問題，如國體、政體、政治理念，實踐之理論與方法等，這些問題通常在一個民族之歷史文化中可以看到，然而在蒙古民族卻不易看到具體且有系統之記載，也就是說樸素的蒙古民族還未能發展到這一階段，當其建國之念頭隨著勇猛之武力得以實現時，治國之理念不及配合，則大體上仍不得不停留在樸素的階段，西域法與漢法的更替及搖擺不定，正說明了蒙古民族所面臨的困境。並非蒙古民族沒有治國之理念，只是不足適應新的時代，中央皇權與封建勢力之衝突即為新時代的產物。

　　成吉思可汗分封諸子弟，把帝國分為幾個部分交由宗室來治理，使帝國形成幾個「兀魯斯」（Ulus）的形態，即幾個邦國之意，統治者都擁有汗號，但不是完全獨立的國家，這是蒙古封建的一種形式，另外也分封其他的宗室或勳臣，他們形成的是采地或「艾依瑪克」（Aimagh，部族或部落），封建皆為世選，蒙古帝國即由這些封建形態所組成，像邦聯國一般，帝國可汗固由黃金氏族產生，但黃金氏族之成員皆可予選，以忽必烈所建之元朝來看，亦即是一「兀魯斯」，不過他有元「兀魯斯」之帝王兼具全蒙古帝國之可汗的雙重身分，以後的元代諸帝都是如此，至少在名義上是如此。帝國性質是由各

封建單位所組成，故而與皇位繼承、中央與封建等相互關連，即如畏兀兒、吐蕃等地，也如封建藩國一樣，同樣是構成帝國的部份。帝國與封建之理念，如下面幾個例子中可以看出：

　　成吉思可汗在討論立儲與分封時，是要諸子們「分封領地，鎮守各邦」，並以早年違背聯盟之親屬阿勒壇、忽察兒二人爲戒，意即恪守封建之法，〔註5〕在分封朮赤時的降諭中有：「成爲我相連的房舍，連體的身軀，注意維護正義，切勿破壞和平，切莫割裂統一！」〔註6〕同樣地，在對諸弟合撒兒等的訓示中，一再強調其建國分封之理想：團結和平，共同遵守法典等。〔註7〕

　　蒙古帝國與分封自有其社會結構之背景，也有可汗建國理念之傳統。清代史家趙翼，論蒙古封建有兩點，其一說：

　　　　明史謂元太祖平西域，封子弟爲王。元亡，各自割據，不相統屬，

　　　　然其子孫散布於西北者甚多，故中原雖失，而塞外苗裔仍然不絕。

　　　　此一代封建之制，所以爲後嗣計者，至深遠也。〔註8〕

其雖有贊同蒙古封建之意，但卻失察於其本意，蓋不相統屬原即分地建國；共治帝國，而非獨立爲他國。不能保持和平團結已失太祖本意，元亡自亡；各汗國不全力以救之，更非太祖初所預期者。趙翼又論元代之叛亡，引王思廉所言畾錯削地之議，並述乃顏勢強之事，他說：「然則眾建而分其勢，又折圭分土時所當早計歟！」〔註9〕實則不只王思廉有所議論，元初名士姚樞也有尊王抑侯之論，但明白蒙古帝國之建國與封建，何能「折圭分土時所當早計」？

　　當中央皇權擴張，侵及封建勢力之權利時，彼此間的衝突當不可免，何況黃金氏族的宗室都可以角逐可汗之大位，矛盾不能解決時，唯有訴諸武力，一如他們在擴張建國時期，武力將是最迅速且有效之方式。

　　第二個重要的因素是屬於文化思想的層次，簡言之，保守之蒙古本土主義與新進之漢化主義間的衝突。這個問題在前章中論西域法與漢法時已大部份言及，蒙古可汗與親貴們大體上是不傾向漢化主義者，窩濶台重用耶律楚材等，但漢人勢力也並未佔優越地位，貴由、蒙哥二朝漢人勢力顯然下降，

〔註5〕參見《秘史》，第二五五節，頁392。阿勒壇與忽察兒事見第一二三節，頁143、144，第一七九節，頁236，另見《元史》，卷一，〈太祖紀〉。

〔註6〕參見《蒙古黃金史》，頁82、83。

〔註7〕參見前註書，頁52、53。

〔註8〕參見趙翼，《二十二史箚記》，（臺北，世界，民國61年），〈元封子弟駙馬於各部〉卷二十九，頁427。

〔註9〕見前註書〈元代叛王〉，頁428。

似有反漢化之傾向，只有忽必烈崛起之背景是帶有濃厚的漢化色彩，而阿里不哥的陣營中可謂全無漢人支持，就這兩方之對比的確含有本土與漢化間的矛盾存在。忽必烈既以漢地為重心，遂大量採用漢法，如建國號、年號，立太廟，定律令、曆法、朝儀、官制等等。《元史》上曾記載說：「西北藩王遣使入朝，謂本朝舊俗與漢法異，今留漢地，建都邑城郭，儀文制度，遵用漢法，其故何如？」〔註10〕這是至元初對忽必烈的質詢，可見西北宗王的本土觀念為何。

海都為合失之子窩闊台之孫，蒙哥時為削除窩闊台之勢力，將其封地重新分配，海都封之於海押立（巴勒喀什湖一帶），他既局促於西北偏地，又復失去繼承皇位之機會，對拖雷系人頗為不滿。當阿里不哥稱號時，即黨附之，而後阿里不哥歸朝，海都仍據地自雄，並進窺察合台汗國以為羽翼。

察合台汗國阿魯忽死於1266年，哈剌旭烈兀之子木八剌黑沙嗣位，忽必烈卻命其從兄八剌歸國，八剌取而代之，但海都來攻，八剌兵敗退往河中之地，及海都與之言和，並共約攻取伊兒汗國之地，戰爭時海都單獨與伊兒汗阿八哈言和而退兵，八剌合因而戰敗退回布哈拉，不久病死。1270年察合台之孫聶古伯（撒巴之子）自立為汗，他因攻海都而戰死，嗣位者為木阿禿干曾孫禿黑帖木爾（察合台之四世孫），但他不到二年即死，海都遂扶立篤哇（八剌合之子）為汗，篤哇與海都結盟，勢力頗盛，時為1274年。

1275年丞相安童奉命輔助鎮守於阿力麻里（新疆伊寧）的皇子北平王南木合（那木罕），北平王所率之七王多為拖雷系後人，但其中有阿里不哥集團之人，他們奉蒙哥之子昔里吉叛變，又復與海都聯合，有進兵和林之舉，伯顏、土土哈等力戰以卻之。昔里吉屢戰不利遂生內鬨，蒙哥之孫撒里蠻（玉龍答失之子）入朝，昔里吉被俘，流放而死，阿里不哥之子藥木忽兒投奔海都而去。

1284年昔里吉亂事失敗後二年，南木合以北安王出鎮杭愛山一帶，次年海都與篤哇大舉進犯，攻向別失八里（新疆孚遠）、火州（吐魯番），伯顏率兵增援以禦之，雙方互有勝負，但哈密以西各要地包括別失八里、火州等皆失守。1287年乃顏叛於東方，形勢頗險，忽必烈親征乃顏，又命伯顏出鎮和林，一則為北安王之後援，一則以扼東西兩面之通路。

1292年底，北安王身故，皇孫甘麻剌以晉王出鎮杭愛山，次年，皇孫鐵

穆耳總兵北邊，御史大夫玉昔帖木兒輔助之，伯顏則總兵大同、上都各軍。明年（至元三十一年）忽必烈崩，鐵穆耳即位（元成宗），晉王甘麻剌鎮和林，其死後則由忽剌出繼守和林，西北方軍事由皇叔濶濶出與汪古部長濶里吉思總領，西夏之地則由安西王阿難答（忽必烈之孫、忙哥剌之子）鎮守之。1299年（大德三年）皇姪海山代濶濶出總兵北邊，以太保月赤察兒輔助之；另有牀兀兒（土土哈之子）之欽察軍為之助。

雙方戰事至1301年海都死後始有轉變，海都死前曾領窩濶臺與察合臺兩系四十餘王大舉進攻，但未能得勝。海都之子察八兒嗣立，他受篤哇之勸同意求和，但二人又因生隙相互攻戰。1306年海山乘機出兵，直至額爾濟斯河，察八兒往依篤哇，其餘諸王皆降，自海都以來西北連亙的亂事至此可謂到了尾聲。（參見圖八）1310年（武宗至大三年）察八兒歸朝。

乃顏為成吉思可汗末弟帖木格的後人，此系宗王向為東方各王中最強大者。乃顏心存異志忽必烈已有所知，為防制東方諸王特設東京行省，後雖撤行省以示安撫，但乃顏已陰結海都決定起事。

乃顏叛於1287年（至元二十四年），忽必烈立即出兵親征，雙方戰於撒兒都魯之地（西遼河下游），乃顏兵敗，為忽必烈軍追擊而俘獲，隨後處死。接著其同黨哈丹（合赤溫之孫）與火魯火孫（合撒兒之孫）等相繼再起。次年以玉昔帖木兒出征，又以皇孫鐵穆耳為統帥進討。玉昔帖木兒先勝後敗，及鐵木耳來援始敗哈丹。1290年哈丹流竄入高麗，高麗王不敵退避江華島，並求援於元，忽必烈命諸王乃蠻臺及遼陽行省平章薛闍干，漢裔高麗世族洪萬等進討，哈丹兵敗而走，此後其勢力遂告瓦解，從叛諸王亦陸續降服。

元成宗鐵穆耳是真金太子的第三子，其二兄長為甘麻剌、答剌麻八剌。真金太子在前章中曾言及，他是察必皇后所生，幼從名儒受學，後來成為漢人集團心目中的領袖，故而漢臣們常進言冊立其為皇子，但此與蒙古傳統之立君不合，忽必烈只有以窩濶臺的預選嗣位為可汗之遺訓，而後世之皇位爭奪即因未遵此宏規之故，在1273年（至元十年）冊立真金為太子。此一作法顯然是採用漢制之繼承法，而違背蒙古傳統，則傳統派之不滿當可想見，對於前面所敘諸王之亂，即有推波助瀾之力。忽必烈晚年，曾有江南行臺御史提出禪位之奏，當時西域集團阿合馬之黨乘機發掘此事，忽必烈異常震怒，結果真金太子因之憂懼而病故，其為太子凡十三年。

忽必烈死前未再正式冊立皇太子。鐵穆耳在1293年受命總兵北邊，玉昔

帖木兒請以皇太子舊璽授之，這就是鐵穆耳似乎有嗣位可能的象徵，次年正月忽必烈即崩，三個月後在上都召開的大會中，伯顏宣布所謂「遺命」，鐵穆耳即繼位爲帝。上都的大會因諸王之亂，汗國的宗王們自無法參加，也未必會前來參加，而在元朝廷內部亦大有問題；首先沒有遺詔策命，若按蒙古習慣當有皇后稱制以待大會決議，但就《元史》中各記載可看出其蛛絲馬跡來，在〈后妃傳〉眞金太子妃濶濶眞傳中，有御史中丞崔彧所獻「受命于天，既壽永昌」玉璽，太子妃即授之於鐵穆耳爲傳國璽，可知其時御璽不在手中。御璽之所在爲南必皇后手中，她在忽必烈死前十二年即被立爲正宮皇后，《元史》傳中說她在忽必烈晚年頗預政事，相臣們常不得見皇帝，因而奏報皇后，且南必生有一子鐵蔑赤；可能南必后欲稱制而有立己子之企圖，因此伯顏等控制上都大會擁立鐵穆耳，參與其事者有玉昔帖木兒、木忽木、徹里、董文用等人，以及鎮守西北的月赤察兒，鎮守遼東的劉哈剌八都魯，衛戍京師的王慶瑞等，這些人在《元史》中都有傳記可供考察。〔註11〕

　　成宗崩時皇位又生爭奪，成宗之子德壽在 1305 年（大德九年）立爲皇太子，但在年底即死，成宗當年得病，皇后卜魯罕用事，兩年後成宗駕崩，卜魯罕召安西王阿難答入京，時有諸王明理鐵木兒（阿里不哥之子）、左丞相阿忽臺、平章八都馬辛等人，謀以皇后稱制而扶立阿難答嗣位。阿難答等之政敵爲海山與愛育黎拔力八達兄弟（眞金之孫、答剌麻八剌之子），時海山兵鎮西北，與當年鐵穆耳一樣，皆爲擁有兵權之實力派人物。愛育黎拔力八達與其母答已初則在京城，卜魯罕命其母子二人代海山就鎮懷州，懷州原爲答剌麻八剌受封懷寧王之地，海山嗣領而在西北前線，故由其弟代往出鎮。

　　海山爲西北軍團統帥，得蒙古將領支持，朝廷中亦有其舊時僚屬，故最有實力。愛育黎拔力八達到京城奔喪，他連絡黨人發動政變以擁護海山，參與其事者有其師李孟、兩城兵馬都指揮使阿沙不花，右丞相哈剌哈孫等人，他們先捕殺阿忽臺，因禁阿難答，等待海山來到。海山到上都即位爲皇（武宗），卜魯罕皇后、阿難答、明理鐵木兒等皆賜死，皇位爭奪至此終止，時爲1307 年。

　　武宗在位僅四年，他即位時已立其弟愛育黎拔力八達爲皇太子，而後繼武宗之皇位爲仁宗，這次皇位係已先定，兄弟合作取得之大位相傳繼之。

　　仁宗在位九年（1312 至 1320），立其子碩德八剌爲皇太子，以後繼皇位

為英宗。據史書記載武宗與仁宗約定將來傳位於其子和世㻋,但因和世㻋英明,使太后左右人畏懼,遂發動改立之議,後太后與仁宗決意毀約,出和世㻋為周王赴雲南,和世㻋道經陝西,有武宗舊臣與周王府常侍等共謀舉事,他們認為武宗之天下當由武宗之子繼承,不應落入仁宗家系中,於是結合陝西行省丞相阿思罕等發兵,阿思罕與太后寵信之鐵木迭兒為政敵,故助周王起事,但陝西行省平章塔察兒與行臺中丞脫歡中途變卦,這次起事就因內鬨而失敗,周王領殘眾投奔察合臺汗國,皇位之糾紛未成大亂。

英宗在位不及四年即死於南坡事變(1323 年)。御史大夫鐵失為事變主謀,他一向黨於權臣鐵木迭兒,及鐵木迭兒遭英宗疏遠病卒,丞相拜住有清算其黨人之謀,鐵失心中不安,遂勾結晉王也孫鐵木兒以行篡弒。也孫鐵木兒為甘麻剌子,嗣晉王復兵鎮北邊,但以年幼無力參與帝位之爭,因而成、武、仁三朝皆奉命如故。

晉王府之主謀為內史倒剌沙,他是西域人,有子哈散為宿衛,故得知朝廷之事。鐵失黨人頗多,包括太師月赤察兒之子也先帖木兒及宗王數人,事變前曾遣使斡羅思往告晉王,欲擁之為帝,晉王囚斡羅思並派使往上都告變,但英宗已被刺。晉王不等前來迎接的使者即在克魯倫河稱帝(泰定帝),先任命事變黨人為大臣,而後開始清除之,或殺、或流放、免官等。

泰定帝在位五年,死於 1328 年,皇太子阿速吉八在上都即位,但在大都亦有武宗次子圖帖睦爾稱帝,皇位之爭再度爆發。武宗長子和世㻋在西北,圖帖睦爾當英宗時遭疑而放之於海南,泰定帝時召還封懷王,出鎮江陵。武宗舊臣對此兄弟二人的遭遇頗為不平,掌大都兵權的燕鐵木兒(牀兀兒之子)即發動擁立事件,遣使迎懷王入京稱帝(文宗),部署對抗上都之軍事。

大都之兵力與糧餉較優,燕鐵木兒為善戰之名將,加上東方諸王之助,上都在長城沿線戰事失利,而空虛之後方為東方諸王所攻;終至失敗而降,阿速吉八下落不明,上都諸王、大臣等多被處死。與大都對抗的尚有陝西各軍,在四川之鎮西王囊加臺,在雲南諸王禿堅不花等,結果皆相繼失敗。此次兩都戰爭宗室諸王死亡頗多,而牽涉的範圍頗廣,應該是因文宗稱帝實同於叛變之故。

上都勢力瓦解後,文宗遣使往漠北迎周王,次年(1329)和世㻋在和林即位(明宗),隨後冊立文宗為皇太子,並一路返回大都,八月至王忽察都(張垣之北)將入關時暴崩,明宗之死頗令人懷疑,以文宗前後之作為來看,恐

怕難免害兄之嫌。

　　明宗有二子，長爲妥懽貼睦爾，次爲懿璘質班，文宗排擠其長子，尋找藉口徙之於高麗，復宣佈其非明宗所出，移置於靜江（廣西桂林）。次子年幼，故得養於官中，但其母八沙不皇后被謀害。文宗立己子阿剌忒答剌爲皇太子，時爲 1329 年（至順元年）底，次年初即告夭折；次子燕帖古思（古納答剌）寄養於燕鐵木兒家。1232 年文宗崩，遺命立明宗之子，燕鐵木兒請文宗皇后立燕帖古思，不從，改請立年幼之懿璘質班，以利其控制，文宗皇后允准新帝即位（寧宗），但不滿二月即崩。燕鐵木兒又度請立文宗之子，仍未得皇后允准，只有往南方迎立明宗長子。1333 年，新帝即位於上都，此即元代最後一位帝王順帝。

　　從窩濶臺到妥懽貼睦爾（太宗至順帝）以來，因皇位引起的糾紛佔了絕大多數，而因糾導致干戈相向或陰謀奪權也佔了三分之二，這在歷史上是少見的現象。〔註 12〕皇位代表集權之中央，關係天下之治亂，元代皇位爭奪如此頻繁，雖影響其國祚不長，但大體上還未因之造成全國動亂，政局尚稱粗安，究其原因約略有幾：一是皇位之爭限於少數親貴，忽必烈時代動亂遍及北亞草原，但漠南漢地只局限於少數地區，若陰謀政變亦在中央而不及地方，且時間多不長久。二是漢人極少參與核心的爭奪，漢人參政多在中、下臣僚，位於高層者無法掌兵政大權。三是地方勢力未投入爭奪戰中，尤其是握地方兵政權之行省。不過在兩都戰爭時較爲特出，其事涉及眞金太子長、次二系後人之爭，並非同一系宗王之爭。

（二）元代統治階層的結構

　　蒙古民族建國史中的元朝後，處處顯出與漢民族建立的朝代有許多差異，主要是傳統歷史的發展所致，民族多元與長城內外的隔絕，長久以來彼此之差異極不易調和。若蒙古統一南北，實是彼此融和協調之絕好機會，但由歷史之結果來看，元代並沒有成功，不及百年仍爲民族主義的口號所結束。上面所述皇位之爭突出於國史中各朝代，就是表顯出不能調和「胡漢」以轉化、開創新局，於雜綵紛歧中就勢發展的現象。當然言轉化、開創也實爲行之不易。

　　在論及統治階層結構時，也可以看出蒙古民族當時治國之特色。通常知

〔註 12〕關於元代帝位之爭，除本文所述外，另可參見李符桐，〈奇渥溫氏內閧與亂亡之探討〉，《師大歷史學報》，第二期（臺北，師大，民國 62 年）。

道元代社會有蒙古、色目、漢人、南人之四類區分，他們在各方面的待遇與地位都有差別，在政治上尤其顯著，而政治地位在傳統中國涵蓋了社會、法律、經濟等方面，故而政治層面之分析仍不得不是著眼之處。就史書所言以及中外學者之研究，都指出蒙古與色目的地位高於漢人與南人，而且是制度性的偏重「國姓」。〔註13〕現在以新、舊《元史》及《蒙兀兒史記》為基礎來作分析。〔註14〕

首先將《元史》略作分期以便考察，第一期為太祖稱可汗至太宗滅金止（1206 至 1234），第二期為太宗滅金歷定宗、憲宗二朝（1234 至 1260），第三期為世祖中統元年至成宗元貞二年（1261 至 1296），第四期為元代中期各朝始於成宗大德元年至寧宗朝（1297 至 1332），第五期為元末順帝的三十六年（1333 至 1368）。就全部五期的總括性觀察而言，統治階層的人數蒙古約佔二二‧二％，西域人佔一九‧五％，廣義的漢人佔五八‧三％，漢人官員超過了半數，而狹義之漢人在其中佔五二‧五％，可知漢人為官是不可避免之發展。

就分期的觀察來看，蒙古人在前二期及第四期較高；前二期係當時帝國重心並不在漢地，且帝國範圍不包括華南漢地之故，第四期正為皇位爭奪歷興之際，宗室諸王皆參與其間，故在統治階層中顯得突出，而西域人在此期也特高，蓋蒙古與西域聯結緊密之故。漢人在第三、第五期較高，第三期是因忽必烈引用漢人之結果，第五期與科舉較盛有關，也與元末動亂，使漢人較易得突出之機會有關。廣義的漢人始終與蒙古及西域之聯合處在平衡之地位而稍高。就官員之高低品級來看，三品以上之官員分配亦復如此，蒙古約為二六‧二％，西域為二一‧八％，漢人佔五二％。

出仕為官而能進入三品以上高階者，蒙古人有四分之三可以達到，西域人為五分之三，漢人為三及一之左右，其出身背景，蒙古與西域人多為世選、宿衛、軍功三者，狹義之漢人以吏進（三〇％）、宿衛（一五‧四％）蔭襲（一四‧七％）、軍功（一三‧四％）等較多，其餘漢人則為蔭襲（四三‧二％）、宿衛（二〇％）、軍功（一五‧九％）等較多。在高層官員中，以中書省宰執

〔註13〕參見《元史》，卷八五，〈百官志序〉，趙翼前揭書，卷三十，頁 433、434，箭內亙，《蒙古史研究》（日本，刀江書院，昭和 41 年），上卷，〈元朝社會の三階級〉，頁 263 至 360。

〔註14〕以下所作分析，論及元代統治階層之結構與特色，皆按拙作，《元代的士人與政治》（臺北，打字印本，民國 71 年），頁 95 至 115。

爲重臣，此爲政本之所在，而行省宰執地位亦與之相當，故再按此二者作一觀察，中書省在人數上蒙古爲三〇・四％，西域爲二八・五％，狹義漢人爲三七・六％，在人次上蒙古爲三〇％、西域爲三一・七％，狹義漢人爲三三・八％。行省方面，在人數上蒙古佔二五・三％，西域二三・七％，狹義漢人爲四五・六％，在人次上蒙古爲三三・六％，西域爲二八・四％，狹義漢人爲三四・五％。若將蒙古與西域聯合來看，很明顯地廣義之漢人只能佔到三分之一強。

　　若再往最高階層來看，漢人出任右丞相者僅得二人，左丞相爲三人，平章則有三十三人，其中包括後來升任左、右丞相者。他們的出身以宿衛爲多，約占三分之一，其次爲吏應與蔭襲者。行省丞相僅有三人，平章約三十五人，同樣是以宿衛出身爲多，將近三分之一，其次爲軍功。這些統計不包括元末的後面幾年，因其時官爵已濫不足憑。非漢人的最高階層，左、右丞相至少有六十人，平章則多達一百六十餘人，行省方面亦類似。雖然前面看到漢人高級官員爲數不少，但愈往上游升愈難，決策國政的最高階層非漢人佔了絕對之優勢。

　　在樞密院方面情形又不如中書省，定決策者爲知院、同知，漢人僅有三人出任，行院亦僅有三人出任，副樞密則有十七人。出身則以宿衛佔多數。若與中書決策相比，品級上只有知院與平章相當，漢人僅有一人，加上與內廷品秩相同的行院來計，又可增加三人。樞密掌兵機武政，漢人在其中權力地位自遠不如在中書了。

　　御史大夫爲臺省首長，元制是非「國姓」不授，但西域人至少有十五人出任此職，而漢人僅有一人，即後來出任中書右丞相的賀惟一。相當於中書丞一級的御史中丞，漢人出任中臺及行臺者達二十餘人。御史臺之情形如樞密院，漢人實無以與蒙古、西域人相比。

　　元代尚有一特殊機構－宣政院，其地位甚高，在典章之詔書的定制中以中書、樞密、御史、宣政等四大衙門並列，〔註15〕其「秩從一品，印用三臺」，〔註16〕可知其地位高超，與其餘三大衙門一樣設有行院，其職權與人事結構也顯得突出，掌管全國釋教僧徒，吐蕃軍、民之政，其他相關道場、佛事、宣教、治安等皆掌理之。領銜者爲國師身分，實際理政者爲院使，全爲蒙古

〔註15〕參見《元典章》（臺北，故宮，民國 65 年），卷二，〈振朝綱〉，頁 2 上、下。
〔註16〕參見《元史》，卷十五，〈世祖本紀十二〉，頁 12 下。

或西域人出任，沒有漢人出任，其資歷皆爲三臺首長轉、兼之。〔註17〕

元代政治結構上可發現下列幾個特點：

其一爲北亞民族聯盟控制政權實施決策。此點在上面的分析中面可看出，這是元代政權的基礎。

其二爲皇室與貴族形成的閥閱政治。封建的對象即皇室、貴族、勳臣等，由於世選之法，封建始終存在，除去軍職領兵外，最顯著之影響在於官選與財賦上，在《元史》的選舉與食貨兩志中可以看出來。漢人的世家也沿用世選之制，但並無多少勢力。

其三爲監察網密，而君權與權臣之權力卻無以限制。元代已將臺、諫兩系統之監察權合一，中臺與陝西、江南二行臺，加上二十二道肅政廉訪司，構成元代嚴密之監察網，人選上尚能保持漢人與非漢人之均衡，這些都只能對百官產生作用，對權臣則爲無用，元代之權臣全爲蒙古或西域人，漢人不能產生權臣，至於對君權則毫無作用，這本也是國史中歷代不能解決的問題。〔註18〕

其四爲宿衛地位高超。除去前章曾論及宿衛制度的特色外，在上面分析統治階層的結構中，宿衛出身所佔的比重甚高，其成爲特權階級，不在一般的選格之中，而全由帝王超遷。〔註19〕

其五爲入仕途雜，漢人以吏進居多。唐宋時期漢地大行科舉，正途出身即由於此，蒙古民族無科舉之制，所行爲世選、宿衛、軍功等制，故元代除用蒙古制外，也沿用漢制中的吏進、薦舉、徵舉、學校、科舉等法，因此入仕多途，而漢人高階官員以吏進出身居首位，與前朝的宋代相比，完全異趣，充分顯示出蒙古民族在政治上用人的特色來。兩宋時期漢人以科舉爲參與政治的主要途徑，在元代卻沒有多大作用，吏進爲主的方法即以文法吏事出任官僚，在士人的心理上很難接受，簿書筆吏被視爲下品，科舉始爲正途出身，士人階層又以參政爲己任，這種矛盾造成極大困擾，雖然元代中期仁宗以後採用科舉，但只不過是多提供一條入仕的途徑而已，吏進仍佔多數，由前面

〔註17〕關於元代宣政院之研究，參見札奇斯欽，〈說元代的宣政院〉，》中國歷史學會史學集刊》，第三期（臺北，民國60年），頁39至62。又收於其《蒙古史論叢》（上）。

〔註18〕關於元代之監察制度等，可參見洪金富，〈元代監察制度之特色〉，《成大歷史學報》，第二號（臺南，成大，民國64年），頁219至276。

〔註19〕參見歐陽玄，《圭齋集》，（臺北，商務，四部叢刊初編），卷九，〈魏國趙文敏公神道碑〉，頁64下。

的統計來看即很清楚。元代的士人們對此問題提出許多議論，也提出「儒術緣飾吏治」的觀點來疏解心理的矛盾，這也說明了蒙古民族與漢民族在這方面的差異。〔註20〕

其六爲統治階層與僧侶、地主、富豪結合。此屬於社會經濟史上之問題；統治階層指貴族與官僚，其營商則可爲富豪，其土地獲得又可爲地主。僧侶在元代享有許多特權，營利與田產可爲富豪及地主，而有立官署者又可爲官僚。同樣地，地主、富豪實則爲一，可因之入仕爲官，故五者間決難分別劃清，往往身兼數種且互相結引，造成政治、社會、經濟上一種上層團體。〔註21〕

二、各朝的政局

在國史中通常對元代的歷史多抱著負面的價值判斷，除去因蒙漢思想上的差距不能有客觀的研究外，實在也與以漢族爲中心的價值觀念所致。歷代有興衰，各朝有良否，何獨有元一代？今據《元史》所載，先略述各朝之內政概況：

忽必烈以漢地爲帝國重心，他得到大批漢人的支持，在立國的規模上多採用漢制，形成傳統中國式的皇朝，其重要的措施有下列幾項：（一）建立年號及國號，建元中統是開平即位之時，1271 年建國號爲元，取易經「大哉乾元」的抽象意念。（二）建立太廟，代表典型漢文化的傳統，但在儀典裏也參雜了蒙古傳統薩滿信仰在內。（三）定律令與曆法，有大札撒、金律以及糅合成的至元新格。曆法上也是由金曆到西域的萬年曆，然後用漢制的新曆頒行天下。（四）定國鈔，沿用金、宋鈔法，制定國鈔，通行元代的爲中統鈔與至元鈔。（五）治河渠海運，對於河源有實地的調查，治水以防水患外，可通漕運之利，尤以在海運上之關注最爲特色。（六）設行省，由非定制的行省轉變成全國的大行政區，表示中央的中書（尚書）省行之於地方，元代有直屬中書的腹裏以及其他十行省。（參見圖九）（七）定朝儀及官制，由夏、金之制轉成漢制，但蒙古傳統仍有保留，如「忽利爾臺」、「只孫宴」等，而巡狩兩都之習與蒙古式官制之保留，都顯出有蒙漢雜糅的特色來，這其中還有西域的

〔註20〕參見拙作，〈元代的儒吏之論與儒術緣飾吏治〉，《華學月刊》，第一三九期（臺北，中華學術院，民國 72 年），頁 9 至 20。

〔註21〕參見蒙思明，《元代社會階級制度》（燕京大學，燕京學報專號第十六種，1938 年。臺北，東方文化書局景印），頁 115 至 149。另見李幹，《元代社會經濟史稿》（湖北，人民，1985 年），頁 102。

文化思想在內。

總之蒙古民族並沒有完全排斥漢文化或漢法，但也並沒有被所謂「漢化」而放棄蒙古傳統。忽必烈已算是相當漢化的時代，實際上應是蒙漢雜糅的結果，他的開基立業以及蒙漢並用，大體上成爲元代的基本模式。不過各朝帝主在施政、用人等方面仍可以看其偏向如何。

以學術上而言，西域人有漢化、蒙古人也有。蒙古之漢學者可知有近百人，其中有儒者、文學家、藝術家等，雖佔蒙人中的極少數，但確知受漢文化之情形如此。〔註22〕

史書上對成宗鐵木耳的時代認爲是善於守成，及至晚年因病委政於皇后與宰相，然大局尙安；這是因其奉守世祖成憲之故。實際上世祖成憲仍有許多問題留下，如中央與封建之關係，蒙漢糅合之制度、用人等問題，成宗並無進一步的計畫。世祖因漠北動盪不安，必然消耗大量之軍費，故而財經之整理表現在重用西域財臣上甚爲明顯，成宗朝則局勢轉緩，軍費已然少耗，政府於財政整理上致爲寬鬆，雖無鈎考興利之名，但有府庫空虛之實，物價騰漲以致鈔法日壞，皇室費用有增無減，其中以賞賜宗王與佛事所耗爲最，加以黃河決堤，有數年之水患，災情頗爲嚴重。

世祖晚期與成宗時代的國情，還可以趙天麟與鄭介夫二人上策中窺見一般，二人論政之內容包括甚廣，其中多陳指當時的弊端，也夾有規劃性的構想。他們主張澄清吏治在於提高行政效率以及儒吏並重，即是對元初用人任官之法的意見，此外亦提出去冗官、嚴考核等。在土地上主張限田，就是對宗王貴族們與富豪的限制。在社會風俗上提出禮法之治，是對服飾、奢侈、販賣人口、私貨等社會現象提出改革，又對逃民、僧道特權等提出解決與限制等，在論財經與賦役方面，可知其時鈔法已壞，民生負擔頗重。〔註23〕

武宗在位的四年相當紊亂，母后答己干政，賞罰無常，在封爵、任官上都無制度可言，濫賞與大興土木更加重財政負擔，他曾有一次朝會賞賜達三百五十萬錠的紀錄，或許是他本人沒有受到漢文化之影響，多在軍中與蒙古、西域將領相處，作風上較爲放任而維護本族利益之故，不過財政之困難也促使他成立新的機構以實施補救，在新立的尚書省中絕少漢人參予，以乞普臺

〔註22〕 參見陳垣，《元西域人華化考》，《元史研究》（臺北，九思，民國 66 年），蕭啓慶，〈元代蒙古人的漢學〉，《國際中國邊疆學術會議論文集》（臺北，政大，民國 74 年）頁 369 至 425。
〔註23〕 參見註 14 拙作，頁 173 至 176。

濟、脫虎脫等主持，頗似世祖時阿合馬、桑哥等的作爲，重要的措施有頒行至大銀鈔與銅錢並行，鉤考財賦、輸糧任官、增加海糧以穩定物價，屯田、開酒禁、立常平倉等等，這些新財經政策到仁宗即位後看到不少效果，但是武、仁兄弟之作風卻大相逕庭，仁宗將主持尚書省的重要人物都以「變亂舊章、流毒百姓」[註24] 的罪名處死或流放。

仁宗較傾於漢化主要是受早年教育的影響，李孟是其師亦是其心腹顧問。仁宗除去反武宗之作風與廢尚書省外，他最受稱道乃是實行科舉與親近漢臣，史書上說他一遵世祖成憲，就是指他傾用漢人之故。仁宗朝政與武宗一樣同受太后的干預，尤其以庇護鐵木迭兒最著，這對仁宗的施政有很大影響，但是仁宗後期的政治表現多少平衡了漢化之傾向，他增加了宗王貴族們的賞賜與權限，封贈轉濫，縱容佛事、禮優白雲宗一次書寫佛經用去三千九百兩赤金等。政務廢弛、物價上漲，災情與流民等問題，都說明了仁宗朝並沒有走上軌道。

英宗在位不滿四年，受太皇太后答己影饗仍以鐵木迭兒爲相，及其死後始遭籍家。英宗對答己不滿而援引木華黎後人拜住（安童之孫）爲相，這年輕的君臣二人後來皆死於南陂政變之中。英宗朝的政治未見轉好，國用不足仍大興土木，尤以動用數萬兵卒勞役最爲不當，由於他篤信佛法，初即位時曾「詔各郡建帝師八思巴殿，其制視孔子廟有加」，[註25] 其他修建佛寺、賞賜僧侶的紀錄很多，可見他崇佛甚於崇儒。

泰定帝因南陂事變而得位，帝位執著於武宗系統的正統觀念，故而泰定帝沒有廟諡，所謂「英宗遇害，正統浸偏」，[註26] 若抛開這種正統觀，則泰定帝之競取帝位根本與元初憲宗之奪太宗帝系相同。泰定帝的家世久在漠北，較傾向於蒙古本位，用人多以蒙古、西域爲重，倒也相當尊重漢臣。《元史》上稱其「能知守祖宗之法以行，天下無事，號稱治平」，[註27] 大概這個時期算粗安之治，不過財用仍然不足，西南方有蠻夷、西蕃之亂，也有民變的動亂，饑民結爲「扁擔社」，或「彌勒佛當有天下」等借宗教信仰的動亂，這些社會變亂對元朝廷的統治權威有很大的影響，元末各地的起事都與此時之動亂有極大相似之處。泰定時期災害的記錄頗多，故而社會易生動亂，就

〔註24〕見《元史》，卷二四，〈仁宗本紀一〉，頁 3 上、下。
〔註25〕見《元史》，卷二七，〈英宗本紀一〉，頁 12 下。
〔註26〕見《元史》，卷四十，〈順帝本紀三〉，頁 6 下。
〔註27〕見《元史》，卷三十，〈泰定帝本紀二〉，頁 23 下。

《元史泰定本紀》所戴中國本土漢地的自然災害與賑災而言，五年間總次數約達二百十餘件之多，尤其在中間的三年，每年約五十餘件，中央朝廷對這些災害也屢次研討，但多是歸咎於宰執之過，特別是漢臣乘機對掌權的蒙古、西域大臣用災異天變的傳統說法來爭取政治權力，泰定帝不爲所動，極力救災恤民，同時派遣十八道宣撫使以興利除害，這些地方都表現出他頗盡心求治。爲防止變亂，遣親王分鎮各地，尤以長江一線與川、陝之地特別重視，這一線以南就是過去南宋的腹心，也是反元情緒最濃厚之地。

泰定帝死後爆發上都與大都間的兩都戰爭，接著武宗後人奪得勝利，不久明宗暴崩，文宗即皇位。文宗時期四年餘，局勢與泰定帝相似，災害頻仍，但賴政府賑災放糧尚能維持大局，災害與內戰引起的兵禍，照中國士大夫的傳統觀念是政治的不良所導致，漢臣自然表示不滿，文宗一則以用漢臣倡文治，一則用封賞賜爵以尊崇蒙古親貴。在文治上他本人頗通漢文化，能詩文書畫，大概是元代諸帝中首屈一指的，崇儒術、修《經世大典》與建奎章閣都代表這方面的成績，而朝廷傳統的佛事、賞賜等仍然存在，故而國庫開支不敷，中書省報告帑廩虛空之費有五：賞賜、作佛事、創置衙門、濫冒支請、續增衛士鷹坊等，〔註28〕花費的確很大，文宗一方面減汰費用，一方面以糧運調節，也用了許多朝代常施行的納粟補官之法，以增加收入。

明宗與文宗時代，有權臣二家族興起，即欽察人燕鐵木兒及蔑兒乞人伯顏，他們原都是武宗藩邸宿衛出身，在泰定帝時燕鐵木兒留守大都主持樞密院，伯顏則爲河南行省平章，他們二人對明、文之得位有極大貢獻，遂得以專權，以後立寧宗、順帝都顯示出他們的政治地位。燕鐵木兒及其弟撒敦、其子唐其勢皆賜號爲「答剌罕」，他本人則獨相兩朝，總攬政務，死於擁立順帝之初，但其弟與子仍身居要津，且唐其勢爲中書左丞相。伯顏在文宗時爲知樞密院事，封浚寧王，至順帝時權位最盛，爲中書右丞相並兼他職，又總領數衛之親軍，成爲順帝初期之權臣。

文宗之後的寧宗在位不足二月即死，順帝初即位時引發燕鐵木兒與伯顏二家之衝突，伯顏與撒敦並爲右、左丞相，伯顏之弟馬札兒台與唐其勢並爲御史大夫，兩家可謂勢均力敵，但伯顏之姪脫脫又爲同知樞密院事。及撒敦死後，唐其勢繼爲左丞相，然則人孤勢衰，並對伯顏之專權不滿，他說：「天下本我家天下也，伯顏何人，而位居吾上？」，〔註29〕遂生陰謀，後爲伯顏

〔註28〕見《元史》，卷三四，〈文宗本紀三〉，頁14上。
〔註29〕見《元史》，卷一三八，〈燕鐵木兒附傳〉，頁15上。

所平。

伯顏專政之外又倚太皇太后卜答失里（文宗后）爲援，他最跋扈自恣的事莫過於傳旨構殺郯王，貶宣讓王、威順王之事，至順帝忿恨不已，而文宗子燕帖古思尚在，伯顏似有廢立之意，君臣二人之衝突終至要到一解決之地步。伯顏弟馬札兒台、脫脫父子反其作爲，密謀於順帝，並以漢士吳直方（脫脫之師）爲參謀，遂奪伯顏之大權，伯顏貶往廣東（死於南昌），太后不答失里與燕帖古思皆在遠貶之後遇害。

順帝在位三十六年，前十年是伯顏專政時期，災害與叛亂仍如前，借宗教思想爲亂者漸多，至南、北、西蜀各地皆有，朝廷一度設了四個行樞密院以強化軍事控制，對漢人、南人的各種禁令與猜防也隨之加強。雖然順帝掌權親政後頗多更張，朝中大臣皆一時之選，其中不乏儒學各士之輩，如馬札兒台、脫脫父子，別兒怯不花，鐵木兒塔識，賀惟一（太平）等。順帝除恢復爲伯顏中止的科舉外，又頒行《至正條格》、《農桑輯要》、修《宋遼金》三史等，他本人亦好漢學；與名儒巎巎間的習授即可說明。至正初的十年是順帝求治更化的努力時期，災害與饑荒也與朝廷之賑濟都是元代中期以後不斷出現的事實，社會之動亂尚未達於不可收拾之地步，但至正中期以後，朝廷本身的敗壞遂造成往毀亡之路途。

順帝在至正中期以後淫樂腐敗對元末之政局有極大的影響，他寵信宿衛出身的康里人哈麻、雪雪兄弟等人，這些人投順帝之所好引進西番僧人，用男女邪淫之術穢亂宮廷。哈麻初黨附於脫脫，與脫脫之父馬札兒台有宿怨的別兒怯不花等另爲一黨，雙方黨爭致政潮迭起。哈麻與脫脫所信的漢人汝中栢不合而調職，乃生怨望，於是向皇后奇氏及后所生皇子愛猷識理達臘進讒，以脫脫曾有阻立皇太子之意，脫脫與其弟也先帖木兒皆被被劾而罷去，其時脫脫正總兵討據高郵稱誠王之張士誠，所戰皆捷，然高郵未下，遂削去官爵，而後詔命飮鴆而死。

皇太子不滿順帝之荒淫，急謀帝位，朝臣分爲帝黨與太子黨，太子已居要職控文武二柄，又復有母后奇氏之支持，勢力極大。宦官朴不花與奇皇后同爲高麗人，因之而受寵信，曾諭使左丞相太平奏請禪位皇太子，太平未允而罷相，御史也先帖木兒、老的沙等劾朴不花，於是政潮大起，順帝遣老的沙走依駐大同的將領孛羅帖木兒，這時朝政又與駐外將領結合，使局勢變爲日形複雜以及惡化不已。

　　駐外將領原有爭地盤及糧區的衝突，先是起義軍的察罕帖木兒在陝西，與在河南之孛羅帖木兒相爭，察罕死後其義子擴廓帖木兒繼之。朝廷黨爭則各倚二將為後援。1364 年（至正二十四年）孛羅帖木兒與禿堅帖木兒領兵攻京師，皇太子定依擴廓帖木兒。孛羅一度掌權，後為順帝密令刺殺而死，其黨人亦相繼伏誅。順帝召還皇太子，擴廓因而拜相並掌兵權，但以其出身低微且為漢人，朝廷忌之，擴廓乃請總兵外出征討。然關中諸將與察罕同起義兵，不服擴廓節制，於是雙方構兵不已，朝廷不能制。

　　元軍將領內鬨之際，朝廷以擴廓未奉詔出征江淮，反而發兵攻陝西元軍，乃下令削其官、奪其兵權。皇太子更欲去除擴廓而後已，原來皇太子出奔時欲自立於軍中，妨唐肅宗靈武故事，但未得廓擴支持，及返京師時，皇后令廓擴以重兵擁皇太子脅順帝退位，也未得支持，故母子二人深恨之。皇太子立大撫軍院掌全國兵權，征討廓擴，此時南方的明軍已準備北伐了。

　　1368 年（至正二十八年，洪武元年），明軍北伐，而北方元軍正自相攻戰。當順帝罷大撫軍院，詔復廓擴官職時，明軍已逼通州，為時已晚矣！順帝與皇太子等出奔往開平，八月，明軍入京城。次年，明軍克開平，順帝走應昌（內蒙達里泊地）。次年，順帝崩於應昌，皇太子走和林；此後遂與明軍轉戰於漠北。蒙古所建立的元朝從退出大都北走即告結束。

第二節　元代的國際關係及四大汗國

一、國際關係

　　自成吉思可汗以後，蒙古帝國不斷擴張，形成跨亞、歐二洲的大帝國，其對外關係除去軍事上的征服戰爭外，交通往來與文化交流等也隨之並行。中外關係無論在亞洲之間都是國史上以及世界上的大事，蒙古民族在這些方面都留下不少的記錄。

　　1218 年（太祖十三年），由於契丹人流竄入高麗，蒙古發兵往討，開始與高麗發生關係，〔註 30〕初雖名為結盟，約為兄弟，但高麗要遣使輸貢，且蒙

〔註 30〕元代與高麗之關係，參見《元史》，卷二〇八，〈高麗傳〉，頁 1 至 18，另見王儀，《蒙古元與王氏高麗及日本的關係》（臺北，商務，民國 62 年），箭內亙，〈蒙古の高麗經略〉，《蒙古史研究》（東京，刀江書院，昭和 41 年）頁 451 至 508。鄭麟趾，《高麗史》（臺北，文史哲）。

古也屯兵督納貢賦。1231 年太宗擊降高麗高宗，此後爲臣屬，蒙古以達魯花赤七十二人監鎮之。由於高麗內亂，對蒙古臣服無常，致屢引起戰爭，高麗自非蒙古敵手，遭虜掠達二十萬人，多販爲奴婢。大體上高麗之內政要受到蒙古之干涉，至 1283 年，元世祖定高麗內亂並改之爲征東行省，成爲中國之版圖，以其王爲行省左丞相，世守王爵復與元室通婚。然此行省廢置不一。

高麗許多地方皆受元代影響，辮髮胡服、蒙古姓名、婚姻、佛塔建築、儒學（理學）、圖書流行、雕版印刷等都可見文物之流傳，高麗之服飾如「高麗靴」、飲用食譜等亦入於中國。

東方高麗之外，元對日本也有所經略，據《元史》所載其事始於高麗的中介，元世祖有意與日本交通而命高麗王遣使導引，〔註 31〕日本拒絕通好達六次之多，世祖乃有意討伐。1274 年，元與高麗聯軍出征，由忻都及洪茶丘（高麗將）、劉復亨等統兵攻日本，所謂「文永之役」（日皇龜山文永十一年），日兵大敗，元軍以矢盡，又以風雨大作，兵艦多觸礁，終於撤退。1280 年，元軍第二次征日，除忻都等東路軍外，又有范文虎、李庭之江南軍（新附軍）協同會攻，日本史上「弘安之役」（宇多天皇弘安四年）即指此戰。元軍先勝，但南軍失期，復遇颶風，死傷五之四，征日之戰只有撤軍作罷。〔註 32〕

元對日戰後，日本除增強防備如築石砦、增船艦、緊戍守之外，又對高麗實行報復，以海船擾沿邊，致高麗忠烈王奏請元軍勿罷合浦之戍軍，以爲助守倭寇。日本對中國沿海也間有掠奪，但大部份是利用通商機會來刺探情報。元朝並未阻止日商之來，但世祖仍作第三次征日之準備，將甫罷去的征東行省恢復，備糧鈔、練水軍，又往高麗徵兵糧、閱兵器等，其間雖有朝臣之諫止，仍不能打消世祖之念；東北乃顏、哈丹之叛也曾延緩征日之軍，直至世祖病歿，征日之事乃止。成宗時朝臣有議征日者，爲丞相完澤所阻，成宗遣使僧寧一山（一山一寧）往日通好，但無日本官方之回覆。故終元之世，日本並未與元廷有正式官方往來。

元代中、日關係以民間往來爲盛，如前述寧一山使日，居留二十年，傳揚佛法，深受天皇及幕府之敬重，佛教高僧赴日者又有正澄、楚俊、梵仙等，而日僧亦有至中國者，如泰定帝時日僧瑞興率四十名僧人前來修禪學、習漢

〔註 31〕參見《元史》，卷二〇八，〈日本傳〉，頁 20 上、下。
〔註 32〕元軍二次征日，除見前註外，另見王啓宗，〈元軍第一次征日考〉、〈元軍第二次征日考〉，《宋遼金元史研究論集》（臺北，大陸雜誌，史學叢書第二輯，第三冊）。

文化等。至於商業往來也頗爲頻繁，慶元（寧波）、博多間商舶不斷，日本輸入者多手工藝品如刀劍、扇、繪畫等，亦有硫磺、黃金，中國輸出者如銅鐵、書畫、香藥、文具、綾緞、茶、佛等雜具、瓷器等。

　　元對中南半島及南洋一帶也有經略。〔註 33〕忽必烈之前兀良哈台征雲南時曾召諭安南，也曾入侵該地，迫安南國主陳日煚撤離京城升龍（河內）。世祖即位，遣使召諭，安南繼任國主陳光昺遣使報聘，元封之爲安南國王，並派有達魯花赤訥剌丁監督之。元滅南宋後開始對安南採積極之態度，責其國主陳日烜「不請命自立」，是干涉其內政甚明。1283 年皇子脫歡率軍攻安南，但得不償失而還；1287 年脫歡再征安南。元軍雖二次戰爭皆攻下其京城，但都不敢久留而返。在安南之南的占城於 1280 年即遣使稱臣，元封之爲王，立占城行省以爲控制。元軍征安南時亦以占城「復叛」之名而攻之，後因元軍中伏而退兵。元成宗時遣使宣慰安南，使安南、占城皆遣使通好。

　　緬國在蒲甘王朝統治下曾進犯雲南行省邊境，元軍將之擊退。1283 年元軍攻緬，欲使之降服，後緬王求和，但不久即生內亂，雲南王忽哥赤乘機進攻，以頗有損失而返。此後在緬國內爭中，有臣服於元者，元即設宣慰司以治之。雖然新立之緬王向元表示臣服，但成宗時有實權的撣族酋長阿散哥也政變，1300 年元軍出征，戰爭尚無結果，元軍將領受賄而退兵，阿散哥也同時上書請罪，表示臣服。元即罷征緬之役；設有宣慰司都元帥府監鎮。

　　暹國始終與元通好，1292 年，暹國使者由廣東而至，世祖於次年即遣使通好，暹國在其國主敢木丁（Khamheng）父子時代皆與元朝廷有良好關係，中國陶瓷技術也由之傳入。當時羅斛國也曾遣使通貢。而後二國遂合併爲一。

　　南洋各國在元世祖時與中國通好，其始於江南平定之際，史稱：「帝（世祖）以江南既定，將有事于海外，……招諭南夷諸國」，〔註 34〕前述對安南等地之經營也都在此得到說明。其中以阿拉伯人蒲壽庚之降元特別令人注意，原來蒲氏爲南宋泉州市舶官員，掌海泊及國際貿易大權，也有足夠的海外知識及航行技術等，故史稱「壽庚素主市舶，謂宜重其事權，使爲我扞海冠，誘諸蠻臣服」。〔註 35〕1279 年元世祖的海外詔諭開始，大約到 1286 年七年間，由唆都、楊庭璧、哈撒兒海牙等招諭通好之國有占城、馬八兒、俱藍、蘇木

〔註 33〕元對南洋各國關係，主要參見《元史》，卷二○九，〈安南傳〉，卷二一○，緬、
　　　　　占城、暹、爪哇、瑠求、三嶼、馬八兒等列傳。
〔註 34〕見《元史》，卷一二九，〈唆都傳〉，頁 12 下。
〔註 35〕見《元史》，卷一五六，〈董文炳傳〉，頁 8 上。

都剌（蘇門達臘）、須門那、僧急里、南無力、馬蘭丹、那旺、丁呵兒、來來、急蘭亦等；其中馬八兒、俱藍皆在印度半島南端。

爪哇在杜馬班（Tumapel）王朝治下曾通好於元，嗣以其王拒親自來朝，復以黥辱元使孟琪，世祖乃下詔進討。1292 年以史弼、亦黑迷失、高興等領兵二萬出征，而此時爪哇內亂，元軍參與其內戰之中。受元軍支助之新王土罕必闍耶仍不願隨軍至中國朝貢，突襲元軍，元軍兵力已在內戰中有所損耗，故不敢戀戰而撤退返國；可謂得而復失。成宗初，爪哇新王遣使通好，雙方保持良好關係，貿易頻繁。

眞臘（柬甫寨）即《元史》所稱干不昔（察）者，也曾受招諭來貢，唯史書欠詳。成宗時遣使有周觀達者隨行，歸國後有《眞臘風土記》一書，所載航行路程、風土人物甚詳，爲極佳之原手史料。元晚期又有汪大淵者，屢出南海游歷，有《島夷志略》一書，由書中所記可知元代國人在南洋各地皆有踪跡，貿易及文化亦遍及南洋。〔註36〕

印度之交通除陸路外尙有海路，元初西征已至印度北部，上述楊庭璧等出使即至印度半島南端，此爲往阿拉伯必經之地。《島夷志略》及《馬可波羅遊記》中皆記載中、印間商業之往來，以及商品貨物等，《元史》中也載有中、印間通使達數十次之多，往來亦兼及於錫蘭（僧加刺）。在《島夷志略》中曾記載非洲東岸之層拔羅國，居大食（阿拉伯）之西南海邊，對其地之地理、物產皆有準確敘述，可知當時之海外知識進步。

由於西征及四大汗國之建立，元代勢與各國有所往來，汗國之間及汗國與元朝廷之往來不在此敘述，今舉歐洲與中國本土元廷之關係略述之。〔註37〕由於蒙古西征，西方頗爲震恐，教皇因諾森四世（Innocentius IV）爲此召集會議，欲以宗教力量勸阻蒙古之西侵，方濟各會教士義大利人柏郎嘉賓（Plano Carpini）等攜教宗信二封往中國。次年經基輔往見拔都汗，至和林時正值貴由（定宗）登基之際，貴由覆信（今存梵蒂岡檔案室，爲翻譯成波斯文之原件）拒絕教皇之指責，並勸其率西方各國來朝。1247 年柏郎嘉賓返回里昂，其出使經過寫成一遊記（或謂爲《蒙古史》）。〔註38〕此外，教皇另派多明我會之西蒙（Simon，或謂 Anselmus，原名亞旭林 Ascelin）往波斯，晉見該地統帥拜住，然爲拜住所訓斥而返，亦有遊記一書（或謂即《韃靼史》）。

〔註36〕參見方豪，《中西交通史》（臺北，華岡，民國 72 年），頁 475 至 481。
〔註37〕本文多據前註書所論，見頁 512 至 533。
〔註38〕參見耿昇、何高濟譯，《柏朗嘉賓蒙古行紀》（北京，中華，1985 年）。

　　1248 年法王路易九世率十字軍駐賽浦魯斯，波斯蒙古繼任之統帥野里只吉帶遣使二人來見，其攜來之書信中表示願助戰以攻回教徒。次年，法亦遣使三人由波斯至和林，時爲海迷失皇后攝政，使者所攜回之信件與貴由之信類同，可謂無功而返。

　　1253 年，法王遣方濟各會之魯布魯克（G. de Rubrouck，或爲 William of Rubruk）至薩萊城見拔都，而後至和林見蒙哥可汗，亦攜帶類似貴由可汗之書信返國，並將出使過程之報告寫出。〔註39〕

　　馬可波羅（Marco Polo）之來華素爲世人所知，而其遊記在西方流傳甚廣，致西方對中國之了解也都透過此書。1275 年波羅至上都開始，在中國居留十七年之久，曾奉使至南方及占城、印度等地。1291 年護送濶濶眞公主下嫁伊兒汗後返國。波羅由古絲道往東來；由海道返國，路途所見皆在遊記中記述，對中國各方面記載頗詳，但不免有誇張或失實之處，他的遊記至今仍引起國際間的研究。〔註40〕

　　1289 年教廷以孟德高維諾（Monte Gorvino）往伊兒汗國傳教，攜有致阿魯渾、元世祖等書信，1294 年至大都，時成宗初即位，允其留大都傳教。孟氏曾寄二信回國報告在中國之情況，1307 年教廷任命他爲汗八里（大都）總主教，轄區爲全中國；同時遣主教三人至華協助，此三人相繼爲泉州主教。1328 年孟氏去世。

　　元末來華之傳教士爲馬黎諾里（Marignolli），與上述孟氏同爲方濟各會士。1338 年領五十人之傳道團至大都，1346 年南下杭州、泉州西返。馬氏後奉日耳曼大帝查理四世之命著波希米亞史，書中附記來華見聞等，即後來被輯出之《奉使東方記》。

　　1316 年（或 1318 年）元仁宗時，方濟各會士和德理克（Odoric）來華，由伊兒汗國向印度、錫蘭、爪哇等南洋一帶至廣州，路途泉州、杭州、揚州、走運河至大都，傳教三年後西返，由西藏返威尼斯，其遊歷過程經人筆錄成書，影響僅次於馬可波羅遊記。〔註41〕

　　由上簡述可知元代時中國甚爲西方所重，除教廷遣使外，亦有法王之遣使，其遣使目的不外通好以阻蒙古之西侵，也有聯結以抗伊斯蘭教勢力之企

〔註39〕參見前註，《魯布魯克東行紀》。
〔註40〕參見楊志玖，《元史三論》（北京，人民，1985 年），頁 89 至 134。另見余士雄編，《馬可波羅介紹與研究》（北京，書目文獻出版社，1983 年）。
〔註41〕參見何高濟譯，《鄂多里克東游錄》（北京，中華，1981 年）。

圖；此外傳教於中國也是其積極目標。在通商方面多爲民間行爲，但東西文化之交流頗盛，伊斯蘭教、印度、歐洲文明之傳入皆可歷數。就經濟、文物、宗教而言，元代時之中國乃爲國際性之帝國，而非局限於本土之發展，也非亞洲大國之形態所能包容者。

二、四大汗國概述

在十三世紀中期左右，蒙古民族所建的四大汗國陸續成立，這是民族擴張的成果，除後建的伊兒汗國外，其餘欽察、察合台、窩濶合三汗國都是成吉思可汗之遺產的分封，在此對四汗國之歷史略作述要。〔註42〕（參見圖十）

窩濶台汗國約在額爾濟斯河上游及巴爾喀什湖以東之地，由於汗位爭奪的派系關係，窩濶合汗國不及百年即亡。窩濶台及其子貴由皆相繼爲大汗，所受封之汗國在蒙哥即位時加以分割，有眾建而分其勢之意，使窩濶台子合丹處於別失八里之地，滅里處於額爾濟斯河之地，窩濶台孫脫脫處於葉密立（新疆額敏一帶），海都處於海押立（伊犁、巴爾喀什湖一帶）。忽必烈時期有海都之亂，前文已述及。其末代汗察八兒爲察合台汗怯伯（Kebek）所敗，此後嵩濶台汗國爲察合台所併，時約在元仁宗晚期，即十四世紀的二十年代晚期。

察合台汗國有「西遼舊壤」，包括天山南、北路及中亞河中之地，以阿力麻里（伊寧）爲中心，通常視之爲中亞的統治者，自併吞窩濶台汗國後，勢力甚強，其統治之地自古來即有多民族及各種政權的歷史，故其統治背景頗爲複雜，如契丹之西遼，畏吾兒，葛邏祿的喀喇王朝，塞爾柱土耳其，花剌子模等，每個民族及政權都曾留下其統治的文物制度及其文化。察合台汗國是游牧蒙古族所統治，在定居的中亞城市及複雜的治理背景之下，難免不受到影響，若其吸收伊斯蘭教文化與元朝之受漢文化影響當視爲相似的情形，但對察合台汗國而言，這也是內戰之主要原因；對方指責違背大札撒精神及

〔註42〕四大汗國之歷史除根據《元史》、《新元史》、《蒙兀兒史記》、《元史譯文證補》、《多桑蒙古史》諸書外，Rashidal-Din, The Successors of Genghis Khan, trans. J. A. Boyle, Columbia Univ. 1971：H. H. Howorth, "History of the Mongols"成文，1970，拉施特編，余大鈞、周建奇譯，《史集》，第一、二卷（北京，商務，1983、1985）。Juvaini, The History of the World Conqueror. 2 Vols. trans. J. A. Boyle, Harvard Univ. 1958.，張中復，《蒙古察合臺汗國游牧封建體制之研究》（臺北，政大，邊政研究所碩士論文，民國76年）。余大鈞譯，《金帳汗國興衰史》（北京，商務，1985年）。

游牧傳統，則引起戰爭與分裂。

察合台汗國曾與窩闊台、欽察二汗於 1269 年在塔剌思舉行會議，一方面對彼此間之衝突謀求和解，一方面也宣稱結盟以抗忽必烈及伊兒汗國，這是北方汗國脫離帝國走向獨立之先聲。長期的宗王戰爭使中亞的商業備受影響，對大汗之臣服通好，可恢復受摧殘之商業利益。但察合台向印度、阿富汗之擴張，引起與伊兒汗國的長期戰爭，後來元朝大汗的支持，伊兒汗國逐出察合台在呼羅珊之勢力；而印度之擴張只有掠奪性之攻佔，最後也退出該地。

怯伯汗是推行定居政策及接受伊斯蘭教文化者，使原來宗王之戰中曾出現的分離例子，更有理由擴大為內戰及分裂的意識。十四世紀的二十年代，也先不花（Eese Bukha）在東方各部王支持下，離開中亞之布哈拉到達阿力麻里以傳統的保護者自居，控制著東方領土。到 1326 年答兒馬失林（Tarmashirin）即汗位時，東、西對峙異烈，遂至汗國分裂為二，東方之國有稱之為蒙兀兒斯坦（Mongolistan）。分裂之兩方皆有其內部問題，西方有由貴族集團組成之「哈剌兀那斯」（Khara'unas）勢力，以及「四巨族」（阿魯剌、巴魯剌思、札剌亦兒、速勒都思四部）之興起，又以汗位之爭，致內戰頻仍，1369 年帖為木兒所取代。〔註43〕東部亦有強權的杜格拉特部（Dogholang，當即朵豁剌惕 Dukhulat）興起，1347 年擁立禿格魯克帖木兒（Toughloukh Timour）為汗，他就是攻進西部汗國統一全察合台之人，時為 1360 年；然而實際上還是有各勢力半獨立的存在，而後東汗國也陷入汗位爭奪之內戰中，成為分裂局面。帖木兒曾統一察合台汗國，但形勢仍如舊。十五世紀中期以後，受到瓦剌及哈薩克之壓力，至十七、八世紀由準噶爾及滿清所統治。

1264 年，旭烈兀正式受忽必烈封為伊兒汗國之汗，其地約阿姆河至地中海，北與欽察汗國在高加索一帶為鄰，南可至印度洋。忽必烈還認可其國境到敘利亞及埃及邊境之地。但 1262 年起旭烈兀即與欽察汗別兒哥爭奪地盤，而其子阿八哈也與敘利亞、埃及相戰；復加強與歐洲之關係，與東羅馬帝國公主通婚。阿八哈死後，其弟帖古迭兒繼立為阿合馬汗，但阿八哈之子阿魯渾起而爭位，遂生內戰，1284 年阿魯渾取得汗位，並受到忽必烈遣使之承認，頒付「輔國安民之寶」，這是自旭烈兀以來始終對元朝大汗效忠關係發展的結

〔註43〕關於帖木耳事蹟及其歷史，可參看布哇作、馮承鈞譯，《帖木兒帝國》（臺北，商務，民國 58 年）。

果，他也繼承了旭烈兀親基督徒之作風；旭烈兀曾派使往教廷及英王連絡，似有通好結盟之意，而阿魯渾也有遣使與法王通好之書信。

　　阿魯渾以後爲其弟海哈圖繼立，但爲權臣所殺而迎立庶出的拜都，阿魯渾之子合贊起兵得汗位。合贊爲伊兒汗國之名王，推行許多改革，定稅率、整驛站、統一幣制，提倡文治，尤其以推行伊斯蘭教文化與過去之傳統大異其趣，他除去本人信伊斯蘭教外，也推行至全國。與元朝仍保持良好關係，元成宗也曾頒「王府定國理民之寶」，以及頒「眞命皇帝和順萬夷之寶」給繼立的合兒班答。約當元仁宗時期年幼之阿不賽德繼位，由於攝政之權臣不合，引起內亂，國勢漸衰。1334 年，阿不賽德死後，內亂日趨嚴重，汗位幾乎年年更替，汗國也分裂成許多獨立勢力，至 1388 年爲帖木兒所攻取。

　　伊兒汗國一則與中國之元朝保持長久之親密關係，二則地處東、西交通要地，三則其國有高度伊斯蘭教文明，故而在中、西文化交流與貿易上扮演極重要之地位，聞名世上之拉施特丁（Rashidal-Din）《史集》，即在伊兒汗國編成，而由元朝廷派去的字羅丞相，對此史書之編寫貢獻甚大。

　　欽察汗國原朮赤之封地在額爾濟斯河以西、鹹海及裏海以北，經拔都西征後，領地擴大，西可至多瑙河，南至高加索，控有全俄羅斯之地。薩萊城爲汗國之中心，通稱金帳汗國係指拔都本支，他將裏海東北之地（哈薩克斯坦 Kazakistan）分與其兄斡達爾，通稱白帳汗國；將裏海北方分與其弟昔班，通稱藍帳汗國。

　　忽必烈與阿里不哥相爭時欽察汗爲別兒哥，他以伊斯蘭教爲國教，故與旭烈兀不合，雖未助阿里不哥，但對後來忽必之拉攏也置之不理，這與繼立之忙哥帖木兒相似；未助忽必烈攻海都，反而拘禁那木罕皇子。只到 1282 年繼立之脫脫蒙哥時，始有改變；由於白帳汗有爭位之亂，脫脫蒙哥與元成宗聯盟，向敵對一方的支持者海都與篤哇展開攻擊。事後武宗封脫脫蒙哥爲寧肅王，其後繼者月即別亦得到元仁宗之承認。當欽察與元廷關係恢復後，中國與俄羅斯、東歐等地之文物、貿易也因之得到大量之發展，尤以驛站制度有極大貢獻。

　　十四世紀初月即別時是欽察汗國之盛世，營建之新薩萊城爲國際人文薈萃之地，又特命莫斯科大公爲徵稅代理人，造成其日後在俄羅斯之地位。在十四世紀中晚期以後，國內陷於戰亂之中，俄羅斯普遍之抗稅，對蒙古之統治權威是嚴重之挑戰，而復敗於莫斯科大公所領導之軍隊，則統治之名與實

更為低落。白帳汗的脫脫迷失先由帖木耳之支持取得汗位，繼之又攻敗衰微之金帳汗，暫時恢復了欽察汗國之統一，同時將抗稅之俄羅斯各封建勢力擊敗。由於和帖木耳之間的勢力衝突，雙方爆發戰爭，為帖木耳所敗。至十五世紀時分裂為喀山（Kazan）、阿斯特拉（Astra），克里米亞（Crimea）及其他割據之汗國。1480 年以後俄羅斯逐漸控制蒙古人在該地的勢力。

第五章 十四世紀晚期至十七世紀初期的蒙古

第一節 北元、韃靼及瓦剌

一、北元的抗明

1368 年元順帝倉促由大都〔北京〕撤走，結束了自忽必烈建「元」國號以來九十七年之政權，傳六世十一君，自成吉思可汗的 1206 年以來則有一百六十二年，共傳九世十六君。順帝出亡之際，後人曾留下感悔之歌，詞語中充滿了懷念兩都之情，但仍挽回不了流亡塞外的事實。〔註1〕

在達里泊東方的應昌府〔舊熱河經棚，昭烏達盟〕政權，是由大都中央的蒙、漢族人以及在該地與皇室有世姻的弘吉剌部所組成。順帝死時應昌政權所諡為惠宗，蒙古語為烏哈噶圖（Ukha-ghatu）可汗。皇太子愛猶識理答臘繼位是為必里格圖（Biligtü）可汗，年號宣光，他後來死時得到昭宗的諡號，同時也是有漢式廟諡的最後一位蒙古大汗。

順帝北走時，在山西尚有擴廓帖木兒，陝西有李思齊，遼東地區有木華黎的後裔納哈出（Naghachu），雲南有梁王等蒙古的勢力。明軍採取摧毀元室中央之策，全力攻北，雖然在右翼的擴廓有牽制作用，也曾進兵大都，但明

〔註1〕後人所寫順帝出亡之歌，可參見小薩囊撤辰，《蒙古源流》（沈曾植箋證、張爾田校補，臺北，文海，民國五十四年），卷五，頁 2 上、下。另見札奇斯欽，《蒙古黃金史譯註》（臺北，聯經，民國 68 年），頁 180 至 184。

軍乘虛攻其基地山西，擴廓返兵援救，爲常遇春所敗，退往甘隴塞上，而李思齊軍亦遭明軍擊潰而降，於是晉、陝盡入明軍之手。1370 年，明太祖以徐達、李文忠領大軍攻破擴廓，在定西（甘肅定西）的擴廓受迫退往和林。此時正順帝去世新可汗繼立之際，李文忠乘機急攻應昌，弘吉剌族全軍盡沒，極其悲壯，應昌於是失陷；明軍俘獲甚鉅，其中包括皇孫買的里八剌（Maidari-bala）。新可汗愛猷議里達臘以數十騎逃往和林，李文忠追之不及，至慶州而還；漠南爲明廷所控制。

應昌之臨時政府雖然被毀，但在漠北之和林仍有蒙古可汗及大將擴廓之勢力，明廷欲撤底擊潰之。在 1372 年，命徐達統大軍北征，明兵分三路：徐達、藍玉領中軍出雁門，李文忠領東路兵出居庸關，馮勝、傅友德由西路出蘭州。西路軍攻下元朝在漢地的甘肅行省，獲得大勝。中路軍攻到土拉河一線，爲擴廓所敗，東路軍進至克魯倫河的沙狐城（Bars Khotan 虎城、殺胡城）爲蒙古可汗擊敗，這兩路主力軍的大敗，迫使明廷十餘年間不再大舉出征漠北，也因而再修正了對蒙古的戰略。

通常將順帝北走以後的蒙古正統皇室所建之政權稱爲北元，在《明史》中稱之爲韃靼，本章所述即爲明代時期蒙古之史，故《明史》與《明實錄》成爲主要根據，另參用《蒙古源流》、《蒙古黃金史》等書。諸書記載不盡相同，如北元之世系即生分歧，要之，大體以《明史》爲主，缺則補入他書。現據以接述蒙古與明廷之關係，以及蒙古自身之問題。

明廷自 1372 年北征失利後，較注重穩紮穩打之策略，並致力於招降安撫工作，其實這是再修正的政策，如固邊防以利攻守，在 1370 年時太祖已分封西安之秦王、太原之晉王、北平之燕王，即是以諸子出鎮華北要地以爲攻防，同時配合衛、所之設置，如在甘肅東南設鞏昌、平涼二衛以及蘭州衛以控制陝甘，山西置朔州衛，次年又有河州、東勝二衛及若干千戶所，以控制河套一帶，這是對蒙古右翼之攻防，左翼之東方有寧東衛所之設立。像這些衛所之設，戰後又逐步增加，也隨著以後的每次戰爭而增加。至於招撫的工作也始於順帝退出大都之後，一時文武將臣、宗王等降者不少，降者也都有妥善之照顧，貴族、官僚們則待遇優渥，其餘軍民則安置或耕或牧，這些都無非是希望能招致更多人的來降。

出征、固邊、招撫是明廷自 1372 年後並行之策，但十五年間並無大戰發生，明軍雖曾在漠南有所攻獲，但蒙古兵也常出沒於應昌及塞下。必里格圖

汗與擴廓、哈剌章（丞相脫脫之子）等極力經營，但隨著擴廓之死（1375）、可汗之崩（1378），蒙古的勢力似乎沒有增長多少。

繼可汗位的爲脫古思帖木兒（Tegüs-Temür），稱烏薩哈爾（兀思哈勒 Uskhal）汗，年號爲天元，他可能就是應昌之戰被俘的皇孫買的里八剌，在1374 年被放歸，作爲招降之用；但顯然明廷是失算了。

自 1380 年後，形勢逐漸有明顯之變化，在漠南出沒的元軍多戰死或被俘，而白石江（雲南曲靖東北）之戰，明軍傅友德、藍玉、沐英等大敗元軍，梁王把匝剌瓦爾密自殺以殉。長期稱雄遼東的納哈出丞相，雖然屢敗明軍，但不能得到蒙古本土的大力配合，1387 年，明太祖以馮勝領大軍出擊，納哈出苦於無援，受迫於孤立而降，這對蒙古而言，是極大的損失。明軍解除了右翼的威脅，乃乘勝直攻蒙古本土，次年，雙方戰於貝爾湖一帶，北元軍大敗，可汗領數十騎走脫，此役被俘者七萬餘人。敗走的可汗及太子天保奴至土拉河時，爲阿里不哥的後人也速迭兒所殺，餘眾則投奔明軍而去。北元應到此結束，蒙古以韃靼之號繼續抗明。

貝爾湖戰後的三年中，失去可汗領導的蒙古宗王、將臣們，有的降明，有的仍在奮戰，也有降而後反的北元舊臣，但多爲明軍所平服。明軍甚至攻破哈密，威脅東察合臺汗國。這一系的戰果，由遼東往西的漠南、甘肅、哈密都在明廷控制之下，使其國防線又往前推進一大步，接著來的就是增設衛所的鞏固，及分封皇子的鎮守。

明廷不斷地北伐、固邊，蒙古卻因大汗權威的衰微而走向分裂《明史》中說自脫古思帖木兒後，部帥紛挐，五傳至坤帖木兒，皆爲臣下所弒，不復知帝號，而鬼力赤篡立，號稱可汗。但又說自順帝後，愛猶識里達臘至坤帖木兒，凡六傳，〔註2〕而《明史》中又未明言各代可汗之名，如此北元之世系發生問題，以其他史料所載也不盡相同。大概順帝之後爲必里格圖可汗，再傳爲烏薩哈爾可汗，三傳爲卓里克圖（Jorightu）可汗，四傳爲恩克（Engke）可汗，五傳爲額勒伯克（Elbeg）可汗，六傳爲托歡（Toghon 即坤帖木兒）可汗，其後爲鬼力赤之稱號。〔註3〕

明史所稱之鬼力赤爲瓦剌部（斡亦剌惕 Oirad）人，當爲《黃金史》及《蒙

〔註 2〕 參見《明史》，（臺北，鼎文，新校本），卷三二七，〈韃靼傳〉頁 8467。
〔註 3〕 參見黃彰健，〈論明初北元君主世系〉，《史語所集刊》，第卅七本，上冊（臺北，中研院史語所，民國 55 年），頁 313 至 322。

古源流》所稱之烏格齊哈什哈（ügechi-Khashagha），額勒伯克可汗即死於其手，此次事件兩書記載略異，但都記載了另一瓦剌強人巴圖拉丞相（Batula Chingsang），此人即後來與東部蒙古抗衡受明冊封爲順寧王之馬哈木（Mahmud）。〔註4〕《明史》稱鬼力赤去元之國號稱韃靼可汗，即額勒伯克可汗被弒後，蒙古局勢紛亂中，鬼力赤稱汗之事，但蒙古本身在亂局中也有托歡（Toghon）可汗，此即爲額勒伯克之長子坤帖木兒（Gün-Temür）在位三年中亂局未定而死，他的事蹟不詳，卻已是十五世紀開始的時候。大約在這三年中蒙古各部漸組成在阿魯臺（Arughtai）領導下的反瓦剌勢力，阿魯臺攻殺鬼力赤，迎坤帖木兒之弟兀雷帖木兒（Uijei-temür，額勒錐帖木兒），或稱完者禿爲可汗，他就是《明史》中的本雅失里（Buyan-Shiri），原來他依中亞之帖木兒，後由撒馬爾干經別失八里返回蒙古。阿魯臺與本雅失里可汗共同統治東部蒙古，爲黃金氏族系的正統皇室，即明人所稱的韃靼。這以後蒙古面臨的問題除去南方的明朝外，更重要的是內憂；西部瓦剌勢盛，有統一蒙古的野心。

二、韃靼及瓦剌

在西蒙古的瓦剌是乘北元力拒明朝的長期戰爭中崛起，當順帝北走之際，瓦剌之領袖爲猛可帖木兒，他死後部眾分成由馬哈木、太平（Taibang）、把禿孛羅（Batu-balad）等領導的三個部份。前述鬼力赤也是瓦剌部中的一個族長，由於他的擊殺蒙古可汗，也導致了蒙古與瓦剌間長期的爭戰。自十五世紀開始雙方競戰不止，而給明朝好利用的時機，得以分化以圖削弱北疆之威脅，進一步可摧毀蒙古及瓦剌之勢。故此後蒙古歷史之發展就擺脫不了與明朝及瓦剌的三角關係了。（參見圖十一）

1408 年，阿魯臺與本雅失里西征瓦剌，但爲馬哈木聯軍所敗，退回克魯倫河本土。先是明成祖初立時，阿魯臺、馬哈木等都曾遣使通好，雙方皆欲避免受到明軍之攻擊。鬼力赤稱汗時，成祖遣使招撫，也賞賜蒙古及瓦剌之當權者。當本雅失里受擁立時，成祖仍用招撫之政策，但蒙古置之不理，而馬哈木則遣使通好。本雅失里在西征瓦剌之次年又殺掉明使郭驥，以示決裂，如此促成了明軍之出征以及與瓦剌之聯合。

〔註4〕此次事件參見前揭《黃金史》，頁194至197，《蒙古源流》，卷五，頁4下至6下。

　　1409 年夏天，明成祖封馬哈木爲順寧王、太平爲賢義王、把禿孛羅爲安樂王，接著在秋天發兵，以淇國公丘福爲大將軍，領王聰、火眞、王忠、李遠等四侯共十萬大軍北征。明軍先勝，蒙古佯敗誘其深入，丘福貪功輕敵，諸將勸阻無功，結果明兵全軍覆沒，五將皆死。

　　次年春，明成祖決意親征，動員五十萬大軍往漠北。本雅失里欲西聯瓦剌與阿魯臺意見相左，二人各率所部走奔東、西兩方向，明軍情報迅速，動員能力極強，在斡難河截擊本雅失里，蒙古軍既分裂爲兩部，實力不強，遭遇即大敗，本雅失里僅以七騎西奔瓦剌，明軍追之不及而班師轉東，往討阿魯臺，阿魯臺初欲受招降，終因部眾之反對而出戰。及蒙古軍戰敗撤走，阿魯臺受形勢所迫，乃於是年冬遣使貢馬以通好。

　　阿魯臺遣使通好之時，又指出瓦剌乃不足推信，而瓦剌正積極發動促明軍出擊戰敗的韃靼，明朝則是對兩方面都敷衍安撫，就明朝來說，決不希望兩者聯合或統一形成強大的蒙古，也不希望兩者之一方過強，最好是兩者成均勢以收制衡之效；而且是衰弱的均勢則更佳。明成祖此時的策略可說是漢人傳統的老套－以夷制夷。

　　瓦剌見無法誘使明朝出兵，乃自恃強大，先弒殺投奔去的本雅失里可汗，但受限於非黃金氏族血胤，只有擁立新可汗而無法自爲，受到瓦剌擁立者爲本雅失里之子答里巴（Delbeg，德勒伯克），時爲 1412 年。兩年前與明通好的阿魯臺，此時更積極結好成祖，以表爲可汗復仇之決心，成祖適見於瓦剌之漸囂張，乃扶持阿魯臺，封之爲和寧王。

　　1413 年明朝封阿魯臺爲王，馬哈木則拘留明使，並以甘、寧地附韃靼者爲其部眾而要求明朝歸還，成祖遣使切責之。是年冬瓦剌果然聚兵於飲馬河（臚朐河），揚言出擊韃靼，實則伺機侵邊。次年成祖親征，雙方大戰於忽蘭忽失溫（Khalan-Khuskhuin 庫倫一帶），明軍武器較優，以火槍出擊，瓦剌大敗，損失王子十餘人及部眾數千，馬哈木等沿土拉河而走。

　　馬哈木潰敗，阿魯臺則乘機興起，瓦剌與韃靼是交替興衰，其間明朝又有極大的影響力。1416 年阿魯臺出擊敗於明軍之瓦剌，因使馬哈木潰走，旋即死去；他所擁立的答里巴可汗似在稍早或前一年去世，而繼之有稱斡亦剌臺（Oyiratai）可汗者，也就是瓦剌可汗。〔註 5〕在阿魯臺這方面也擁立了合

〔註 5〕此瓦剌可汗名字未能確定，或爲鬼力赤之子額色庫（Esekü）、額森庫（Esenkü），和田清以爲係明人所稱之也孫臺（臺爲古之訛，也孫古爲其對音），詳見前揭《黃金史》，頁 203、204 註文。

撒兒後人阿岱臺吉（Adai Taiji）爲可汗，他就是《明史》中的阿臺王子。蒙古的東、西兩大集團，仍是各擁其主，繼續爭戰不已。

阿魯臺擊敗瓦剌後，聲勢復振，但他不願屈封於明朝之下，展開對南方邊境的攻擊。1422 年攻入興和（河北張化），明成祖力排儲糧不足之議，決定親征。阿魯臺採堅壁清野之策以誘明軍，而明軍亦不敢深入，是以雙方並無大戰，也無何戰果。接著以下的兩年，明軍皆出塞攻擊，但情形不變，成祖在 1424 年死於榆木川（多倫西北）回師途中。

韃靼與明朝攻戰則瓦剌又得恢復的時機，1418 年脫歡（Toghon）襲其父馬哈木之順寧王爵，其勢力稍復後則入侵哈密，同時乘機攻擊正應付明軍之阿魯台，阿魯台受困於兩面作戰之中，頗有損失，此正說明了阿魯台之不智。

脫歡與阿魯台的戰事歷二、三年之久，1426 年阿魯台兵敗於脫歡所支持之脫脫不花（Togto Bukha）手中，撤退往母納山（烏拉特前旗）一帶。1434 年，脫歡襲殺阿魯台、失捏干父子，另一子阿卜只俺等內附於明朝。阿魯台勢力瓦解後，爲其擁立的阿岱可汗及朵兒只伯等又受到脫脫不花的攻擊，流竄到亦集乃路（額濟納旗），一方面與明通好，一方面又常侵擾邊境，明軍也多次出兵攻擊。阿岱可汗受到明及瓦剌等的夾攻，終於不支。1438 年，脫脫不花攻殺阿岱可汗等，於是東部蒙古首次在瓦剌勢力之下被統一起來。

脫歡在攻滅阿魯臺之後，接著也展開瓦剌內部的統一工作。他收集阿魯台的部眾以至勢力強大，不久就襲殺賢義、安樂二王，控制全部瓦剌，打算進一步稱蒙古可汗，但仍受限於非黃金氏族的血胤，而得不到各部族之贊同，只有擁立脫脫不花爲可汗，自稱丞相，實際上脫歡並不奉承可汗的號令。脫脫不花號爲岱總（Daitsung）可汗，他是阿塞台吉（Ajai-Taiji）之子，祖父爲哈爾古瑟克・鴻・台吉（Kharghuchugh-Khong-Taiji），伯祖爲額勒伯克可汗。

1439 年也先（Esen）繼其父脫歡之霸業，稱太師、淮王，《明史》上說：「北部皆服屬也先，脫脫不花具空名，不復相制。每入貢（明），主臣並使，（明）朝廷亦兩敕答之」，[註 6] 可知也先仍如脫歡之故，陽奉可汗，實則自雄而不甘臣服，於是遂展開他的擴張政策；而他的擴張不止在於蒙古地區，也和明朝的防衛體系直接有了衝突。可見也先欲建立的瓦剌帝國，除去大漠南北外，尚有南下攻明的企圖，直欲恢復元朝的舊觀。

以地理上而言，瓦剌本部的勢力在西，故其擴張與西域有直接關係，而

〔註 6〕見《明史》，卷三二八，〈瓦剌傳〉，頁 8499。

瓦剌在西域的擴張也直接威脅到明朝的左翼邊防。明初勢力控有嘉峪關以西，在敦煌一帶接管元朝的勢力，設置安定、阿端、曲先等衛，又有作為屏蔽西陲的哈密、沙州、赤斤、罕東諸衛，而也先的擴充就在於上述諸衛。在鬼力赤時代即與明朝爭奪哈密，其地即漢代的伊吾盧，故類似匈奴與漢的西域控制權之爭，鬼力赤曾毒死受明冊封的哈密王（忠順王），明朝立即扶立忠順王侄子脫脫，脫脫自幼即被俘，在中國受明成祖特意培養，哈密國人懾於明朝勢力而接受脫脫為王，但其國內仍有反對的勢力，明成祖在永樂四年（1406）立哈密衛，設官府，並派漢人出任忠順王府的官員，以為「輔導」，顯然明朝是要將哈密置於確實的控制之下。明初對哈密的控制相當成功，因為其地為西域要道，可以達到迎護朝使，統領諸蕃為西邊屏藩的目的，事實上哈密王並不能有效地控制其國，以致眾心離散，國勢日衰，同時又與鄰居各衛、及瓦剌、土魯番等構怨，戰亂遂起。當也先時期，哈密已遭到罕東、沙州、赤斤等侵擾，頗受損失，也先乘機進行威逼。俘哈密王倒瓦答失里之妻與弟，迫使其親往瓦剌會談。哈密於瓦剌與明兩大之間，造成其「王外順（明）朝命，實懼也先」的形勢，〔註7〕在實質上也先扭轉了明初以來對哈密的控制。

在哈密東南的赤斤蒙古衛對瓦剌之擴張頗為憂懼，也先則以聯姻為其和平攻勢，不但欲娶赤斤衛指揮使且旺失加之女為子婦，也同時欲娶沙州衛指揮使困即來之女為弟婦，但此二地的領袖皆不欲與也先結親。而後也先不斷逼迫繼立的且旺失加之子阿速，其居心正如明朝兵部尚書于謙所說：「赤斤諸衛久為我藩籬，也先無故招降結親，意在撤我屏蔽。」〔註8〕也先兼併赤斤蒙古的野心未及達成就發動對明朝的戰爭了。

沙州衛原即與鄰近之赤斤、罕東、哈密等屢有糾紛，又見懼於瓦剌，不能自立，其領袖困即來投靠於明，走附塞邊，而後遷居苦峪，對沙州僅能「遙領」而已，困即來死後，其子喃哥、克俄羅領占相爭，明朝乘勢收服其眾，並徙之於關內甘州之地，沙州遂為罕東左衛的班麻思結所據，而班麻思結暗中與也先通好，明朝對沙州、罕東左二衛都失去了控制。沙州部眾被遷徙之時，喃哥之弟鎖南奔投靠瓦剌，也先封之為祁王，但不久為明軍所俘。

〔註7〕見《明史》，卷三二九，〈哈密衛傳〉，頁8514。
〔註8〕見《明史》，卷三三○，〈赤斤蒙古衛傳〉，頁8557。

　　明朝所設屏蔽西北的四衛，至少一半在也先的控制之下。在東方明朝的右翼也受到瓦剌的控制，首當其衝的是兀良哈三衛－朵顏、福餘、泰寧，這些兀良哈人在元朝敗亡北走之時也順服了明朝，1389 年被設成三衛作爲東北邊的屏障。朵顏衛居左，由宣府到山海關、廣寧前屯一帶，泰寧衛居中，往東向義州、廣寧一帶，福餘衛居右，在鐵嶺至女眞之界。原來三衛稍北，當也先之時則已南移至大寧都指揮使境內，更居於東北邊關之要地。初設三衛時尚有全寧、應昌二衛的設立，也無非是羈縻之意。當阿魯台興起時，兀良哈則夾於兩大之間，明成祖親征阿魯台，並再度征服兀良哈，以防其加入敵對的陣營。同樣地，在蒙古這方面，亦有此種考慮，也先發動了在西北擴張的故技，以聯姻誘降繼之以武力控制，並且利用三衛與女眞之衝突，出兵攻擊，結果福餘衛部眾往腦溫江（嫩江）〔註9〕一帶退避，朵顏，泰寧二衛則降順了瓦剌，自此三衛益衰，而不敢背叛瓦剌。

　　兀良哈三衛與明朝的關係不夠穩固，雖一直受明朝之羈縻，但目的在求賞賜以滿足其物資上的需要，窺伺掠邊仍時常發生，明朝也屢次出兵征討，雙方怨隙日深。也先控制三衛後，東北邊防遂生危機。在三衛之東爲女眞各衛，也先兵威所致各部不敢相抗，同時令各部誘使朝鮮背叛中國，但朝鮮拒絕並告知明朝；也先未徹底控制女眞，也未進兵朝鮮，是東北邊區不全在瓦剌聯盟勢力之中。

　　蒙古自退出大都以後再度形成的統一聯盟是由瓦剌的也先所領導，其勢力西至新疆哈密，東至遼東女眞各部，南臨長城一線，這時期距元順帝北走已八十年左右。也先於 1449 年（明英宗正統十四年），發動對明朝的總攻擊。

　　蒙古大軍分四路攻向明朝所設「九邊」中的四個地區，東面由脫脫不花與兀良哈攻遼東，西面攻甘州，北面由阿剌（Alagh）知院攻宣府、赤城，也先親自領軍攻大同。初期接戰明軍不利，參將吳浩戰死貓兒莊（山西高陽北），京師震動。當時明廷攬權者爲司禮宦官王振，力主英宗親征，朝臣力爭不得，英宗以皇弟郕王留守，自領五十萬大軍出征。此時大同地區的戰場是明兵全軍盡覆，出擊的守將宋瑛、朱冕戰死，監軍太監郭敬、都督石亨逃歸。

　　英宗至大同時軍心已不穩，郭敬密告王振恐不能敵，王振始與英宗還師

<hr />

〔註9〕也先攻擊兀良哈三衛事，見《明史》，卷三二八，〈朵顏等三衛傳〉，頁 8506。
　　　福餘衛避走之腦溫江，蒙古語爲碧諾尼江，即今之嫩江，參見方式濟，《龍沙紀略》（明清史料彙編初集，臺北，文海），頁 9 下。

撤退。明軍撤往宣府，蒙古軍在後追擊，形勢頗為險惡。明軍大將接連戰死，士卒死數萬，戰況極為激烈。英宗至土木堡（河北懷來附近），將臣們建議入保懷來，但王振為顧輜重而停止，於是為也先所追及，英宗遂被圍困於土木堡。土木地勢高而掘水不得，汲道又為蒙古軍控制，造成外圍敵騎益增，內圍焦渴不安之局。也先偽退誘敵出動，果然明軍移兵向南，蒙古軍則奇襲衝殺，明軍大潰，死傷數十萬，王振及公侯將臣們五十餘人皆死，英宗遂被俘，此即《明史》上之「土木堡之變」。

也先南下俘獲英宗，可謂對明朝戰爭的大勝，但其後的發展並不順利：一方面是明朝實力仍強，未必可以輕取，尤其朝中將臣應變能力頗佳，足以應付大局。二方面是蒙古聯盟基礎不固，戰略錯誤，未能乘勝全面大舉進攻，而其內部意見又有分歧。明朝自英宗被俘後，人心浮動，加上京師兵力不足，造成不安之局，當時兵部尚書于謙等力主穩定天下根本的京師，不止要儘快確立全國的領袖，而且要積極備兵鞏固，他反對朝臣的遷都避難之議。後來的歷史發展證明了于謙的見解是正確的，先是皇弟郕王由監國到為帝（景帝，年號景泰），遙奉英宗為太上皇，其子見深為皇太子。接著下詔調兵馬、糧草、軍器入京備戰守，而于謙也成為這一時期的主政者；他除去調派關內外重要據點的守臣戰將外，又在華北地區廣召兵馬往京師備戰，同時趕工製作大量之兵器以備，起用待罪於獄中的石亨總領京營兵馬等，這些措施都表現出明朝堅守京城的決心。

也先挾持英宗在邊關脅取不少財物，接著詭稱送其歸國直逼北京。于謙布置二十二萬兵力於九門，各門皆有主將及督軍，背城而陣。蒙古軍見明朝有備不敢輕犯，但在勝德、彰義、西直、安定等門皆有戰事，明兵勇猛，又有火器攻敵，也先乃引兵撤退，脫脫不花也因之未帶兵入關，明軍在追擊之中頗有收獲。這次京師保衛戰雖安然渡過，但明朝廷知道欲確保中國仍在於固邊，於是加強邊關戰守成為當時要務。

也先攻明不能順利得逞，明朝國本已固，挾持英宗的意義已失，於是媾和於明，並將英宗送返。英宗返國後退居南宮為太上皇，但兄弟間及其子姪間的皇位問題正醞釀成政權的風波，1458年明史上有「奪門之變」，造成英宗復辟。

蒙古聯盟自身的問題是雙重的，一是正統汗系的脫脫不花既與也先意見不一，深受疑忌，復又以黃金氏族的傳統繼承限制，使也先難於忍受，而脫

脫不花則要恢復其大汗之實權。二是瓦剌部族中的權貴，未必全在也先有效的控制之下，他們同樣地成爲其潛在的對手。對外而言，也先有求大元統一天下之志，但其基礎不固，內部問題沒有解決，對四周的擴張也嫌忽促，如前所言，東北之女眞、朝鮮及西北的哈密以西之地都沒有納入其聯盟的組織之中，不能利用這些地區的人、物資源，如此欲南攻基礎尙固而國力尙強的明朝，其不易得逞，固可知也。總之，也先沒有再建造一帝國來求大元統一天下之志，只以軍事上的才略稱雄於漠北。

明朝原已厚賂脫脫不花，不論是用分化或以夷制夷之策，都「比諸蕃有加」，國書中稱其爲達達可汗，這是在也先攻明前之事；及南下攻明時，脫脫不花持反對意見，頗令也先不滿，而他攻略東方的兀良哈三衛，等於將其勢力伸進可汗的範圍之中。脫脫不花娶也先之姐爲妻，所生之子也先欲立爲汗位繼承人，但遭可汗之拒絕。加上英宗回國後，可汗是「修貢益勤」，使也先認爲可汗與中國通，且「將害己」，雙方的戰爭乃終不可免。可汗與其弟阿噶巴爾濟（Agbarjin）有隙，復受人挑撥，因而背叛，遂與瓦剌聯盟向可汗進攻，脫脫不花敗退至兀良哈，爲其前岳父撒卜登（Chebden）所殺。瓦剌又誘殺阿噶巴爾濟及其諸顯貴百餘人，至此蒙古正統所屬勢力完全瓦解。〔註10〕

也先消滅了可汗兄弟之勢力後，乘勝又威服兀良哈、建州女眞，以及赤斤蒙古、哈密等。1453 年自稱大元田聖（天盛）大可汗，建元添元，明朝國書稱之爲瓦剌可汗，似乎不公開承認他爲全蒙古之可汗。也先恃強不顧法統，雖暫時壓住汗位繼承的問題，但原來基礎不固，權貴極易擁立黃金氏族之後人爲爭雄的號召，而可汗之親人也願結合權貴們來推翻瓦剌之領導。在瓦剌本部之權貴爲要獲取更高的權勢也會與其領袖反目成敵。

也先稱可汗後，分領右、左翼最有權勢的阿剌知院及哈丹帖木兒（Khadan-temür），因要求「太師」的名號被拒，心中忿怨，終至聯軍攻擊也先，也先不敵，走死於逃亡途中。瓦剌內部的戰亂使東部蒙古有參與的良機，喀喇沁（Kharachin）部的孛來（Bolai）出兵攻殺阿剌，奪也先母妻玉璽等。也先之子姪弟兄們都退往西北哈密以西之地，其餘瓦剌部眾不是被兼併，就是分散各地不知所終。總之，自瓦剌內戰，也先死後，蒙古本土爲韃靼各部所控制，瓦剌不再有其影響力了。

〔註10〕阿噶巴爾濟背叛脫脫不花，以及與瓦剌間之戰事，另可參見《黃金史》，頁 216 至 222，《蒙古源流》，卷五，頁 14 至 18。

第二節　達延汗及阿勒坦汗

一、達延汗前後時期

也先殺脫脫不花自爲可汗後不久，瓦剌亦陷入內戰之中，東部韃靼乘機興起，脫脫不花次子麻兒可兒（Maghagürgi 馬嘎古兒乞）受孛來及土默特部之多郭郎台吉（Dogholang Taiji）等擁立爲可汗，此即爲《明史》所稱之小王子。而後韃靼擊殺阿剌知院，瓦剌勢力全毀，殘眾逃奔西北，東、西蒙古復爲韃靼所有。

當時蒙古之可汗徒具空名，實權在貴臣（Sayid 賽依德）手中，他們多爲部族長，或有丞相、太師、台吉、太傅、太保、王等稱號，大概自脫古思帖木兒可汗以後，貴臣們就漸漸能左右政局之演變，從鬼力赤、阿魯台、馬哈木等，至於孛來，以及翁牛特（Ongniúd）部的毛里孩（Molighai）皆是，可汗勢小權衰，依附貴臣之支持，則兩者間極易產生如脫脫不花與也先間的形態，而且這種情形很可能延續一段時期。《明史》說孛來殺麻兒可兒汗後「韃靼部長益各專權」，正說明了這種情形。

麻兒可兒時代孛來似頗有擴張之野心，一面與明朝遣使通好，一面又掠諸邊，戰事上雙方勝負互見，明朝始終用守勢，孛來則屢屢攻入邊內。大約在 1465 年明天順、成化之際，麻兒可兒汗爲孛來、多郭郎等所攻殺。毛里孩則攻殺孛來，擁立摩倫（Moulun）可汗。

摩倫爲麻兒可兒之異母兄弟，徹卜登殺脫脫不花，但留養了外孫摩倫，而後，爲克木齊古特（Kemchigüd）及郭爾羅斯（Ghorlas）部之貴臣們迎送往權勢極盛的毛里孩處。摩倫可汗在位約二年，因受人挑唆恐毛里孩將對其不利，憤而出兵，結果爲毛里孩所攻殺。

接著稱蒙古可汗者爲滿都魯（Mandughuli 滿都固里），他與脫脫不花、阿噶巴爾濟皆爲阿寨台吉之子，因分居在東方吉蘇特山坡（Jsüd-un Jon）而未受也先之害。滿都魯受到兩位岳父的支持而稱汗，他們皆爲貴臣身分：一爲土默特恩古特部（Enggüd-otogh）的特穆爾丞相（Temür Chingsang），一爲永謝布（Yüngshiyedüü）領主畏兀兒的伯格埒遜台吉（Begersün Taiji，即《明史》上之乩加思蘭太師）。滿都魯之汗庭在河套，此地自天順以後成爲蒙古攻明之據點，據《明史》所載先後有阿羅出、孛來、毛里孩、孛魯乃、斡羅出、乩加思

蘭、孛羅忽等入據該地，〔註11〕使得榆林、延綏、寧夏、固原等北邊備受侵擾，原來在遼東、宣府、大同、甘州、寧夏等地去來無常的戰事逐漸轉移住河套一帶。明成化初的九個年頭屢有攻戰，到 1473 年，滿都魯後方遭明軍突擊，又戰敗於前線，損失慘重，因而退出河套，接著蒙古內爭，使明的北邊暫得安寧。

孛羅忽（Bolkhu，即巴顏蒙克）為滿都魯之從孫，其祖為阿噶巴爾濟，其父為哈爾固楚克（Kharghuchagh），皆為也先所殺。孛羅忽母子在瓦剌營中，後為人所救出，送至兀良哈部照顧。孛羅忽後與滿都魯、科爾沁部的諾顏博羅特（Noyan bolod）聯兵攻殺毛里孩。滿都魯授孛羅忽以「濟農」（Jinong）之號，二人共同統治蒙古。祖孫二人合作不久即受到貴臣之挑撥，孛羅忽出走避難，為永謝布人所殺。

滿都魯受貴臣之擁立，又因貴臣之挑撥而致孛羅忽之走死，可知蒙古之可汗仍擺脫不了貴臣們的影響。伯格埒遜併吞孛羅忽部眾後勢力日強，專恣日甚，引起同族的亦思馬因（Ismail）及蒙古勒津（Mongholjin）之脫羅干（Tölögen）等不滿，〔註12〕二人聯手擊殺之，但亦思馬因也繼之為太師，成為蒙古有實力的貴臣。不久，滿都魯去世，時約為 1479 年（成化十五年）左右。

滿都魯可汗無後嗣，繼承權即歸於孛羅忽之子巴圖蒙克（Batu Mongke 伯顏猛可），此即為達延汗（Dayon Khaghan）。達延汗是孛羅忽出走時與兀良哈之錫吉爾（Sigir）夫人所生，當年收養孛羅忽的忽圖克圖實固錫（Khutughtu Shigushi）即為錫吉爾之父。達延汗出生於患難之中，自幼即交由巴勒嘎沁（Balgha Chin 巴剌合臣）部人扶養。錫吉爾後為亦思馬因所俘，孛羅忽則死於逃亡之中；達延汗成為黃金血胤的遺孤，最後被送至滿都魯之可敦－土默特的滿都海（Mandukhai）夫人處。

滿都海夫人一則扶養作為汗位繼承人的達延汗，一則也強化領導的權力。《明史》中沒有關於她的記錄，《黃金史》與《蒙古源流》都對之讚譽有加，說她養育幼主，甚至為延續黃金民族之血脈及汗位，毅然下嫁了低她兩輩的達延汗。同時滿都海夫人收撫散失的部眾，出兵攻討瓦剌等，奠定了達延汗統治的基礎。

〔註11〕按《明史》〈韃靼傳〉中所述諸人，阿羅出、斡羅出、孛魯乃等難與其他史料對比，今暫依之記此。

〔註12〕《明史》〈韃靼傳〉以達延汗時與脫羅干之子火篩「相倚日強」，見頁 8475，火篩為蒙古勒津部，即滿官嗔部，見《蒙古源流》，卷五，頁 27 下，沈增植箋證。

達延汗以克魯倫河為基地，開始重振可汗的威權，各部的貴臣們就成為其首要之目標。脫羅干之子火篩的蒙古勒津部與永謝布、鄂爾多斯、土默特等同屬右翼之強大部族，達延汗征服此部後即進討亦思馬因，至少有八個以上部族的貴臣們參與此役，亦思馬因不敵敗死；達延汗也迎回了母親錫吉爾夫人。不久，展開與右翼三萬戶的戰爭，以期統一全蒙古。

達延汗以兀良哈、科爾沁攻擊由勒古錫（Legüshi）及阿克拉忽（Aghlakhu）所領導之鄂爾多斯部，以喀爾喀攻擊由賽因郭錫（Sayin Ghosai）所領導之土默特部，以察哈爾攻擊由伊巴哩（Ibarai《明史》稱亦卜剌因王、亦卜剌）所領導之永謝布。雙方大戰於荅蘭特里溫（Dalan Terigün 七十山頭）之地，結果右翼大敗。其後一面受達延汗之追擊，一面又自相攻殺。伊巴哩等逃往西海（青海）竄擾明邊烏斯藏，至「洮、岷、松潘無寧歲」，一度進駐賀蘭山，後死於哈密。勒古錫則死於柴達木一帶。〔註13〕

達延汗到此將東西蒙古再度置於可汗的統一勢力之下，故而蒙古史上稱他為中興之主，他將子嗣們都封為各部宗王，而將功臣們封「答兒罕」，或免除稅役等，但似乎不見有分封土地之事。至於被征服之右翼。當時有合撒兒後裔科爾沁部之「諾顏」鄂爾達固海（Ortaghukhai）建議將之瓜分於左翼三萬戶中，達延汗未予同意，並命其三子巴爾斯博羅特（Bars Bolod）為「濟農」駐轄右翼，自己則駐臨察哈爾萬戶兼統左翼，如此東、西蒙古六萬戶分為二部統轄遂成為後來盟旗制度之基礎。此前權勢逼人的貴臣們不復出現，太師等名號也被取消，雖然各宗王成為本部最有權勢之領導者，但對蒙古「帝國」而言，卻無異於各邦，倒有分裂成各獨立的單位之意，不能組成如皇帝君臨的帝國，只是黃金氏族的各宗王共同分別地統治著蒙古國。

達延汗的生卒年並沒有定論，故而《明史》所載「小王子」入寇等諸多事蹟，無法斷定是否即指達延汗而言，大體上自成化十五年以後至正德末期，甚至嘉靖初年間，約有四十年左右。此期間蒙古對明的攻略頗多，1488年（孝宗弘治元年）《明史》說「小王子奉書求貢，自稱大元大可汗」，此「大元」即「達延」汗。蒙古來和盟自為明廷所樂意接受，但雙方的貿易或通貢維持不久，遼東、河套間常受蒙古攻略。1500年的戰事使雙方都有極重的損失，明軍五路夜襲河套，「驅孳畜千餘歸」，蒙古則以十萬騎大舉報復，致「三輔

〔註13〕達延汗征服右翼三萬戶，《明史》失記，僅間述右翼三部戰敗後之流竄寇邊等，見於〈韃靼傳〉中。此役大要依《黃金史》及《蒙古源流》所記。

震動，戕殺慘酷」。達延汗前後時代對明朝之攻守居於主動地位，常發動五萬、七萬等軍的攻勢，不過收獲似乎不大，但也說明了此時期的蒙古可汗較以往能掌握的部族要強大，不再是依附於貴臣的勢力了。

達延汗死後，右翼的「濟農」成為當時最有權勢者，左翼可汗之位因長子早死而由長孫博迪阿拉克（Boodi Alag）繼立，但以年幼，汗位曾落入為右翼「濟農」的叔父手中，後博迪稍長，遂受擁立為卜赤汗或稱亦克汗（Yeke Khan、大汗）。〔註14〕右翼「濟農」巴爾斯博羅特，明人稱為賽那赤，其七子中以居河套的吉囊（濟農）及居大同塞外之俺答（Ander）為雄。右翼各部之強大不是卜赤汗所能控制者，可汗移帳東遷，號為「土蠻」。明史上雖說卜赤汗「控弦十餘萬，……稍厭兵，乃徙幕東方」，其實卜赤汗實力恐位不比右翼強大，東遷原因正在此。〔註15〕《明史》上又說蒙古大汗之東遷是在卜赤汗之子打來孫（Dalaisun）時期，原因同樣是恐俺答強盛，故東遷於遼，並收福餘衛等女眞各部。〔註16〕雖然所記時間有異，但總是俺答右翼的勢力強盛之故。

打來孫可汗之後為札薩克圖圖門可汗（Jasaghtu Tümen Khghan），此前已東遷，故《明史》上皆稱土蠻，當與圖門有關。時為嘉靖後期，而右翼之俺答汗（阿勒坦）因勢力最盛成為明朝廷所重視之對象，也因之記錄的資料最多，東部的正統可汗反而視為蒙古之一部份－土蠻來看待。從這裏來看達延汗本身雖然統合了東西蒙古，但卻分封各宗主，又以東西二部治理，造成名義上有統一可汗的蒙古，實際上為各部自治之局面。圖門可汗有意聯結東、西蒙古共治國政，希望借此可加強連繫，以免分裂成各獨立之國，他邀集了察哈爾部的阿穆岱鴻台吉（腦毛太），喀爾喀部的衛徵索博該（速不孩），鄂爾多斯部的庫圖克徹辰洪台吉，阿蘇特部的諾木達喇古拉齊諾顏，土默特的楚嚕克鴻台吉等五人共同執政，並臣服東方之女眞人，使之納貢賦，〔註17〕其中右翼三部皆有宗王參加，阿蘇特即阿速，屬於永謝布（應詔不）。〔註18〕

〔註14〕 《明史》〈韃靼傳〉未載巴爾斯博羅特濟農曾為汗之事，可參見尤侗，《明史外國傳》，卷八（臺北，學生，民國66年），所記卜赤年幼，阿著為小王子，此阿著即巴爾斯博羅特。頁8上、下。

〔註15〕 此事除參見《明史》〈韃靼傳〉外，另見《蒙古源流》，張爾田補證及其所引錢謙益文。卷六，頁11下。

〔註16〕 參見〈韃靼傳〉，頁8491。

〔註17〕 上述事蹟及人名可參見《蒙古源流》，卷六，頁12下、13上，蒙文對音有難以確定者，故一律省略之。

〔註18〕 參見前註，頁4下，沈增植箋文。

這些人史蹟不詳，總之是東、西蒙古五萬戶的大結合，〔註19〕不過是否爲所有各部的代表或僅這五部參與則無資料可知，其共理國政的情形也難明，至少西部的俺答汗即未參與其事。

圖門可汗死於1952年（萬曆二十年），繼之者爲布延撤辰（Buyan Sechin 即明史之卜言台周）可汗，有關他的資料極少，僅知其宏揚佛法，獲得岱總可汗失去的印璽，以及對明朝邊境的攻略等，他在位約十年，其長子莽和克台吉（Mongkhagh Taiji）已先去世，因此繼立者爲長孫林丹（Lindan），時爲1604年，而此時滿洲的努爾哈赤正已興起。

二、阿勒坦汗及東、西蒙古

俺答爲蒙古史中的格根阿勒坦（Gegen Altan）汗，雖然他只是西方右翼的宗王，但在漢文及蒙古史料中的記錄卻超過了當時的蒙古大汗，這說明了他在蒙古民族史上的地位，也說明了那一時期蒙古的重心所在。

右翼巴爾斯博羅特死後，長子袞必里克墨爾根（Gün-bilig Mergon）爲濟農，即前所言明史稱之爲吉囊者；阿勒坦爲其弟。當打來孫可汗時，阿勒坦要求小汗之號「索多」（Sodo）爲濟農之副汗。原來巴爾斯博羅特有七子，各有其封建之地，袞必里克統鄂爾多斯，阿勒坦統十二土默特，拉布克台吉統土默特之烏古新（許兀愼、兀愼），巴斯哈勒統永謝布之七鄂托克喀喇沁，巴顏達喇統察哈爾之察罕塔塔爾，博迪達喇統阿蘇特、永謝布二處，末子塔喇海早亡。〔註20〕

袞必里克死於1542年，其子諾顏達喇繼之爲濟農，《明史》說：「吉囊死，諸子狼台吉等散處河西，勢既分，俺答獨盛，歲數擾延綏諸邊」，〔註21〕可知西部蒙古以阿勒坦爲領袖，他對外頗有擴張。約在1552年攻破瓦刺，殺其領袖札拉滿圖魯（Jalaban-Törü），並收其部眾，控制瓦刺四萬戶之地，〔註22〕又出兵攻甘、青、藏等地以及西康一帶之安多（Amdowa）、喀木（Kham）藏族，西藏地方的沙喇衛郭爾（Shirghor，撒里畏兀爾）亦被征服，如此明所設

〔註19〕東部左翼三萬戶，其中兀良哈於達延汗時因叛變而被征服，並將其部眾併入左右、翼五萬戶中，事見蒙古源流，卷六，頁10上。

〔註20〕以上參見《蒙古源流》，卷六，頁15下至16下。

〔註21〕見〈韃靼傳〉，頁8479。

〔註22〕《黃金史》所述僅攻殺札拉滿圖魯，收服其表兄之百姓，見頁296，《蒙古源流》指出所攻殺者爲「奈曼明安輝特之諾顏瑪尼明阿圖，……佔據四衛拉特」，見卷六，頁21上、下。

之安定四衛以鞏固西域門戶，至此落入蒙古手中，西北瓦剌四部之破敗，使其勢力不踰阿爾泰山以東，因之在北方之喀爾喀也向西擴張。對西南藏族之經略，迎接其喇嘛至蒙古，不但使阿勒坦受到佛法之影響，也開啟蒙藏民族進一步之交通以及迎佛之關鍵。〔註23〕

　　阿勒坦對南方明朝的關係多半是建立在經濟基礎上，初期其兄吉囊屢攻明邊，宣府、大同、涼州、甘肅一線皆有戰事，而阿勒坦似未採取與其兄的共同行動，反在 1541 年（嘉靖二十年）遣使石天爵至大同交通，明廷不止於拒絕，並懸賞刺殺阿勒坦。此年，阿勒坦遂與吉囊一致行動，對明邊出擊。次年，石天爵再度為貢使至大同，為明朝磔殺；於是阿勒坦出兵，明軍頗有損失。而後的三年之中，《明史》皆有蒙古犯邊的記錄，到 1546 年，阿勒坦所派遣之貢使遭到殺害後，又再度遣使，但仍為明廷所拒，戰事遂起。

　　由 1541 年至 1571 年（隆慶五年）阿勒坦與明朝和談為止，三十年間雙方的戰爭是無歲不有；長期的戰事自是雙方皆有損失，但明朝以防禦為主，而損失較重。蒙古掠邊不惟次數頻繁，如 1552 年曾四犯大同，三犯遼陽，一犯寧夏，對明廷的威脅也重，如「畿甸大震」、「警報日數十至，京師戒嚴」、「京師震動」等。蒙古方面阿勒坦勢力最強，而其初期政策是求交通互市，然為明世宗所拒，世宗對西部蒙古的策略頗為奇特，《明史》中有段記載說：

　　（曾）銑議復河套，大學士夏言主之。帝方嚮用言，令銑圖上方略，以便宜從事。明年（嘉靖二十五年）夏，（翁）萬達復言：敵自冬涉春屢求貢，詞恭，似宜許。不聽，責萬達罔瀆。銑鳩兵繕塞，輒破敵。既而帝意中變，言與銑竟得罪，斬西市。敵益蓄忿思逞，廷臣不敢言復套事矣！〔註24〕

這種反覆無理又使臣下受禍的作風，自無法解決問題，至於夏言、曾銑之死與明廷內閣之爭權有關，嚴嵩即借復河套之議乃召引蒙古入侵之因而傾陷夏言等，世宗昧於時勢，明廷又無統籌之長遠計畫，對蒙古的策略難免搖擺不定了。

　　1550 年發生的「庚戌之變」是蒙古與明朝自「土木之變」後最緊張的一幕。阿勒坦求通貢不得後以奇兵深入內地，欲迫使明廷達成城下之盟，事變

〔註23〕　阿勒坦與西藏喇嘛之交通及迎佛之重要關鍵，可參見札奇斯欽，《蒙古與西藏歷史關係之研究》（臺北，政治大學，民國 67 年），頁 409 至 414。
〔註24〕　見〈韃靼傳〉，頁 8480。關於明代對河套地區之政策，可參見伊志，《明代棄套始末》（明史論叢之六，明代邊防，臺北，學生，民國 57 年），頁 189 至 204。

之經過詳情且勿論，明朝臨事時暴露的弱點則皆一覽無遺，舉凡將領的懦弱不敢戰，軍紀的敗壞，君臣及民間的倉皇等，尤其防衛京師的京營，幾至無用武之地，幸而阿勒坦無志於中國，焚掠之際未有久留；否則結局將不止如此，清初谷應泰說：「當時俺答實無志中國，縱掠而歸，不然，幸則奉天、梁州，變且晉愍、宋欽矣！」〔註25〕不棄京出走則亡國，並非危言聳聽之論。

　　事變後接著開馬市，爲時不出一年又閉市，其間雖有漢人誘使蒙古掠邊，究竟其原因應是經濟利益不足之故。蒙古所求較多，欲擴大貿易，並索求封賞，皆不得滿足；武力威逼則爲達到目的之手段，開市之後的戰事乃更不能免。東部土蠻的蒙古也間或攻略遼東，不過沒有什麼結果。

　　蒙古與明朝長期的戰事，終仍以通貢的達成而暫告結束。阿勒坦奪其孫把漢那吉之妻，把漢憤而投明，明朝利用此偶然的機會厚待把漢那吉，因之獲得阿勒坦息兵議和的決心，通貢開市將可達成。明朝主持其事者爲總督西邊的兵部侍郎王崇古，他以爲封貢若達成，邊區將有數年安寧，可乘時精修武備，一旦蒙古背盟來犯，可以蓄養之兵財從事攻守之戰，總比終年疲於奔命，仍難免自救不暇爲佳。王崇古又條陳議件八項，其一爲封號官爵授與阿勒坦及其弟姪子孫等。其二爲定貢額，通計歲貢馬不過五百，可以馬價市買繒布等物並給酬賞。其三爲議訂貢期、貢道等。其四爲立互市，陝西三邊、大同、宣府、山西等地設市。其五爲互市的撫賞。其六爲不得收納降人。其七爲審經權，其八爲戒狡飾等。〔註26〕議和通貢雙方皆有其利，明人說俺答之通貢可以自壯門面，驕示小王子，又「入搶之利散歸於眾，而進貢之賞賫，多爲己有」，開馬市尤爲有利，〔註27〕這是相當正確的。不過當時朝中對通貢的議論是「言利者十一、言害者十九」，又賴尚書郭乾之議，以結束三十年之兵戰，因而促成和議的決定。〔註28〕

　　授官爵、通貢、互市是明朝羈縻蒙古的手段，一如過去傳統中國對邊區民族的和平政策一樣。結束戰爭是雙方都企求之目標，明朝以經濟利益換來西部蒙古之和平應該是值得的，「順義王」即爲阿勒坦受明廷的封號，其餘宗

〔註25〕關於此次事件之經過等，可參見谷應泰，《明史紀事本末》（臺北，華世，民國65年），卷五九，「庚戌之變」，並見其評論，頁627至635。

〔註26〕王崇古所議通貢八事，詳見〈韃靼傳〉，頁8486至8487。

〔註27〕參見史道，〈題北虜求貢書〉，《皇明經世文編》（臺北，國聯，影印崇禎平露堂刊本），卷一六六，頁8上至11下。

〔註28〕參見馮時可，《俺答志》（中華文史叢書，臺北，華文，民國58年），卷下，頁284。

王有都督、指揮、千戶、百戶等號。不論《明史》中說封貢、賞賜予蒙古，或在蒙古史料中，認為明朝因畏懼蒙古而納貢，以及尊稱阿勒坦為王，這種雙方的說辭就是經濟之利可以息止干戈的事實。

阿勒坦晚年與明朝達成和平所帶來的利益，留給他的後人繼續享有，而其妻三娘子也率子孫們奉守與明朝之約。她歷配三王，先配子輩的黃台吉，使之襲封順義王，《明史》稱她為「哈屯」，就是阿勒坦的夫人（Khatun）；而後又配孫輩的搗力克。由於她主持大政，力保明朝邊塞之安寧，明乃封之為忠順夫人，史稱：「自宣、大至甘肅不用兵者二十年」。

至搗力克時西部蒙古各宗王漸不受拘束，原來在名義上順義王替代了濟農來號令右翼，實際上右翼又分成所謂河套之部與河東之部。1607 年（萬曆三十五年）明朝西邊總督徐三畏對當時右翼蒙古之形勢有所分析：河東為阿勒坦一系，仍與明朝相約誓，河套之部細分達四十二枝，各相雄長，其宗王卜失兔為搗力克之孫；是「徒建空名於上」，而西方又有火落赤，中部則有擺言太。河東雖有順義王及忠順夫人之控制，但有宗王沙計、炒花等爭享開市之利。〔註29〕總之，右翼蒙古漸生紛亂之局。

搗力克死後無嗣，河東一系更無法控制右翼。1613 年，河套部卜失兔與忠順夫人聯婚，因之順義王的封號就落入卜失兔之手，但他所控制之勢力僅山、大鎮十二部，而其中一些部長的實力也與之相當。右翼部長往往結聯東方左翼攻略明邊，左翼林丹汗（《明史》稱為虎墩兔）漸有雄長之勢，兵鋒轉向右翼，卜失兔等皆非敵手，但這一時期不論左、右翼蒙古的對手將不再是南方的明朝，而是起自東方的滿洲。

〔註29〕徐三畏對蒙古右翼之形勢分析，其詳可見〈韃靼傳〉，頁 8490。

第六章　近三百年來的蒙古

第一節　清代的蒙古

一、蒙古各部的內附

　　滿清興起直接與東部蒙古發生關係，清太祖努爾哈赤正進行女眞族的統一戰爭，蒙古因之捲入其中。今據《清史稿》所載敍述蒙古民族與滿清的歷史關係。1593 年（清太祖癸巳年，明萬曆二十一年），科爾沁部參與女眞葉赫部組成之各部聯軍；聯軍進攻赫濟格城與努爾哈赤作戰，而後葉赫等聯軍爲努爾哈赤所敗，科爾沁部頗有損失。1608 年，努爾哈赤攻烏拉部，科爾沁蒙古援助烏拉部，復遭擊敗，於是科爾沁部開始遣使通好。至 1624 年，科爾沁部在部長奧巴（Oboo）領導下歸附了滿清（後金），這是蒙古部族脫離其可汗而依附他族的開端，也是孛兒只斤後裔與滿清合作的先聲。科爾沁部同時策動了杜爾伯特（Dorbed）、札賚特（Jalaid）、郭爾羅斯（Gorlos）、等哈撒爾（Khasar）後裔各部的歸順，這對蒙古可汗而言是極大的打擊。科爾沁附清後屢立戰功，從征察哈爾、喀木尼堪、朝鮮、喀爾喀、索倫，以及攻明邊、入關、定江南等，加上後來西征準噶爾，對滿清的武功有相當的貢獻，於清皇室復有姻親外戚之關係，故《清史》上說：「以列朝外戚，荷國恩獨厚，列內札薩克二十四部首，有大征伐必以兵從」，〔註 1〕可知滿清對科爾沁部之優遇，這也說明科爾沁的附清，在北疆的政治上有相當的意義。

─────────────

〔註 1〕見《清史稿》（臺北，坊印關外本），〈藩部傳一〉，頁 3 上。

　　察哈爾部之林丹汗雖爲蒙古大汗，但其勢力始終局限於東部左翼，這是自打來孫可汗以來即造成的形勢。達延汗統一東、西蒙古，但未重建一新帝國，雖然壓抑了貴臣，將統治權全由汗室宗王們掌握，但究竟仍是東、西分治的組合，無法構成統一的強權。至阿勒坦雖稱雄於右翼，其擴張皆在西方，儼然與東方可汗所在之土蠻不相屬。就對南方明朝之進展而言，亦不如前此之也先與脫脫不花之聯合，故東、西兩面與明之關係，雖同在侵攻邊區上之目的一致，但卻不相屬或關連。阿勒坦以後蒙古與明朝之關係，幾乎是散漫之各部的個自行動，間有數部的聯手，蒙古的領袖正如史稱「徒建空名於上」，明朝可分其勢進行和、戰不同的政策；而際此之時，明朝與蒙古都要面臨新興的滿清勢力之發展。

　　林丹汗與西部蒙古各部同樣攻略明邊，欲得「撫賞」，及後金立國（1616），明朝欲利用蒙古以抗後金，而滿清亦爭取鄰近的蒙古部族。據清太祖老滿文檔所載，可知滿清立即採取外交之行動，與漠南喀爾喀五部成立對明朝的攻守同盟；〔註2〕亦即部份蒙古部族並不贊同林丹汗的親明政策。至於林丹汗與明的聯合乃建立在經濟利益之上，他一面向西攻略各部，擴張勢力，一面又侵明邊、急於得到明朝之歲幣。就《明史》所載，林丹汗似乎陷入經濟困境之中，當時大同巡撫張宗衡說：林丹汗的蒙古軍近駐大同，飢餓窮乏，恃撫金爲命，已兩年不得安撫之金，目前是「資用已竭，食盡馬乏，暴骨成莽。插（察哈爾部）之望款不啻望歲」。〔註3〕這是滿清興起向西擴張時，蒙古大汗所處之境，隨著經濟上之困窘同時發生蒙古各部之離心行動，這兩者之間的關係雖無由明證，但確是造成蒙古大汗爲滿清擊潰的主要原因。

　　蒙古諸部之逐次附清多與林丹汗之統治有關，奈曼（Neimen）敖漢（O'Khan）兩部於 1627 年歸附，原因是「林丹汗不道」，巴林（Barin）、札魯特（Jarud）兩部初與滿清訂盟，札魯特且與清室有姻親關係；而後又助明反清，爲清軍所敗，此時林丹汗非但沒有援助，且乘機攻掠，致兩部都投靠同族的科爾沁，因之歸附了滿清，時爲 1628 年。同年喀喇沁（Kharachin）也歸附滿清，原因是「林丹汗虐其部」。接下來數年皆有蒙古部族相續附清，土默特（Tümed）、四子部（Dörber-Keüked）、阿嚕（北）科爾沁（Aru-Khorchin）、

〔註 2〕 參見李學智，〈檢討明代對蒙古、滿州（女眞）民族的得失〉，《三民主義與蒙藏學術研討會論文集》（臺北，政大，民國 74 年），頁 154 至 155。
〔註 3〕 見《明史》，卷三二七，〈韃靼傳〉，頁 8493。

翁牛特（Ongniud）、茂明安（Mingghan）、烏喇特（Urad）等。這些說明林丹汗在與滿清決戰前已失去不少同族人的支持，而往往是因其統治無道之故。各部除去附清外，就去依附喀爾喀，如烏珠穆沁（Ujumuchin）、浩齊特（Kháuchid）、蘇尼特（Sünid）、阿巴噶（Abagha）、阿巴紹納爾（Abkhanar）等部。總之，離心勢力成爲蒙古大汗崩潰的最佳寫照，而不幸這些離心勢力有大半都歸附了滿清。

1633 年，清太宗皇太極親征察哈爾，林丹汗敗走，次年死於青海，漠南蒙古遂在滿清控制之下，林丹汗之子額爾克洪果爾額哲（Eje-Khongghor）亦降，蒙古大汗之系至此告終，隨著克什克騰、鄂爾多斯等部前後歸附，而原先依附喀爾喀各部，也在以後的幾年內，多相率南來，內附於清。

1636 年，漠南蒙古十六部的大會中，正式承認清太宗繼蒙古可汗之正統，並上博克達徹辰汗之號（Bogda-Sechin Khaghan）。漠南地區的附清是蒙古史上的大事，不惟黃金氏族的汗統轉入滿清帝王之手，且使分裂的東、西蒙古又再統一；對明朝而言，面臨的壓力則更日甚一日。明史上說：「明未亡，而插（察哈爾）先斃，諸皆析入於大清。國計愈困，邊事愈棘，朝議愈紛，明亦遂不可爲矣！⋯⋯邊境之禍，遂與明終始云。」〔註4〕漠南蒙古東、西部的動向，對滿清而言是莫大的成功，對明而言，則是危機存亡之秋了。

明朝對退出塞外的蒙古政權始終存有心理上的威脅，明初的北進政策大抵是此心理之反映。雖然不斷出塞攻擊，但沒有底定塞北與擴張疆域之決心，只求擊弱蒙古，不使構成威脅，似乎有以長城爲國防及國界之傳統觀念。太祖初猶於城外設鎮爲外圍國防線，成祖靖難後棄大寧，兀良哈三衛則南移近邊，外圍防線盡失，成爲守勢國防。蒙古三衛雖受明之羈縻，但終究蒙古民族在塞外仍有廣大的生聚之地，其活動之空間亦仍有汗系及各族之勢力，三衛難免依違於明朝與蒙古之間。

蒙古內戰紛爭，明初用以夷制夷之策尚能保持優勢，但始終未徹底瓦解蒙古，故蒙古內部一旦有強權興起，則不免生英宗北狩之事。此後明朝與蒙古形成均勢之兩「國」，故嘉靖晚期明人說韃靼是「非勍寇乎，我勝國也，盛衰之運，中國有安危焉」。〔註5〕

明代視蒙古之寇邊仍無法擺脫傳統之看法－貪殘劫掠之本性，故和平共

〔註4〕　見前註，頁8494。
〔註5〕　見鄭曉，《皇明四夷考》序（中華文史叢書，第三輯，臺北，華文），頁457。

處、互通有無之貿易難以達成，通貢只是傳統的政策，不是自由之貿易。如此，以武力為後盾來達成貿易之目的，也是北亞民族常常採用之手段，〔註6〕而明代之於蒙古更有「復興大元」的心理威脅，局部之通貢只為籠絡之手段，但並無其效。固邊以攻守復弊端叢生，人為因素使九邊之防毀於衛所都司官員之手。〔註7〕及至滿洲興起後蒙古與明大體維持之均勢遂告轉變。

達延汗時代將六萬戶分左右兩翼，其中左翼之喀爾喀又漸形成兩部份，往南移的內喀爾喀（內札薩克）成為漠南蒙古集團之部份，包括後來的敖漢、奈曼、巴林、札魯特、克什克騰、烏珠穆沁、浩齊特、蘇尼特、鄂爾多斯等九部。仍舊留在當地的為達延汗之季子格呼森札賚爾（Girsen Jalair），依然以喀爾喀為號，是漠北蒙古集團，此即為今外蒙古之主要部份。格呼森將其地分成七旗，由七子掌管，形成游牧於土拉河一帶的左翼及留居杭愛山一帶之右翼。晚明時漠北蒙古的三大汗為土謝圖（Tushiyetn）汗、車臣（Sechen）汗、札薩克圖（Jasaghtu）汗，清太宗晚年又有賽音諾顏（Sayin-Noyan）汗由土謝圖汗中分出。此外，尚有阿拉坦（Altan）汗由札薩克圖汗分出，其地在烏布薩（Ubsa）湖一帶，鄰近俄國而與沙皇有來往。〔註8〕

1635年漠南蒙古歸附滿清，車臣汗碩壘（Shorui）即表示通好，隨著土謝圖汗袞布，札薩克圖汗素巴弟等皆相繼通好於清。清太宗以其攻破察哈爾之威，使喀爾喀各部不敢與明朝間有互市之行為，同時以九白之貢奠定其崇高地位。大約在準噶爾東侵之前，五十年間喀爾喀的漠北蒙古與滿清之間並無主從之附屬關係，而是應有的敬意與尊重；故如滿清要求車臣汗不得與其仇敵的明朝市馬，車臣汗既通好於清，自當絕市馬。又如1646年（順治三年），土謝圖、車臣、賽因諾顏助蘇尼特部長騰機思（Tenggis）之叛，遭到清廷之警告，結果三汗部皆遣使入謝。這說明滿清有強大實力為後盾，喀爾喀以九白之貢表其敬意，但滿清也表現對漠北蒙古相當的尊重。不過若細述其間之關係，仍可見喀爾喀並不全聽任滿清之意；如土謝圖汗曾掠奪附清之巴林部人，清廷既指責其助騰機思之叛，要求謝罪之外另需遣子弟來朝，又要求歸

〔註6〕 關於北疆民族南侵與經濟關係，可參見札奇斯欽，《北亞游牧民族與中原農業民族之和平貿易與戰爭之關係》（臺北，正中，民國61年），其中第六章即論明代與蒙古之貿易關係。

〔註7〕 參見李學智前揭文，頁135。關於明代之九邊，可參見魏煥，《九邊考》（明史論叢之六，明代邊防，臺北，學生，民國57年），頁33至112。

〔註8〕 參見 H. H. Howorth, History of the Mongols, Cheng Wen, Taipei 1970. Port I, p. 456.

返所掠之巴林人畜，土謝圖汗除入謝外，皆未聽從，反而取消九白之貢。1653年土謝圖汗內部糾紛，木塔爾台吉依附滿清，雙方交涉失敗，一時斷絕往來；兩年後繼任的部長察琿多爾濟始重新修好與清廷之關係。當騰機思事件發生時，札薩克圖汗以清廷與三汗之調停人自居，清廷以爲其書中詞語悖慢，可見雙方絕無從屬關係。

　　漠北如同漠南沒有統一之聯盟，各部自行發展，又有內爭，如上述土謝圖汗之木塔爾，其附清後之千餘戶形成喀爾喀右翼部。1662年，札薩克圖汗發生內亂，額璘沁以私仇擊殺部長旺舒克，而後投奔厄魯特蒙古，其叔衰布依勒登則避難附清，形成喀爾喀左翼部，這兩部即爲清代所稱之喀爾喀，前述南移的九部則爲舊喀爾喀；而車臣汗等四部即外喀爾喀。〔註9〕札薩克圖汗內亂事件之後遺症以表現在蒙古之內爭上爲最著，額璘沁部當年因戰亂投奔往土謝圖汗之部眾，成爲事後兩汗部長期爭執之問題，衝突時起，雖然在1684年清廷調解成功，但二十餘年之積怨，正好給準噶爾挑撥之良機，而喀爾喀之內亂也使其無法抵抗準噶爾之東進。

二、厄魯特蒙古及反清戰爭

　　《藩部要略》說：蒙古有強部三，曰察哈爾，曰喀爾喀，曰衛拉特（厄魯特），〔註10〕這是指漠南、漠北、漠西三大集團；漠南已附清，漠北內爭不合，漠西厄魯特則乘時而起。厄魯特原有四部，一爲烏魯木齊河流域之和碩特（Khoshod），二爲伊犁河流域之準噶爾（Jeün-ghar），三爲額爾濟斯上游之杜爾伯特（Dörbed），四爲塔爾巴哈台一帶之土爾扈特（Torghud），而後土爾扈特部受準噶爾之壓力乃西遷至俄國伏爾加河下游，此中也有其餘二部之眾。輝特（Khoid）部即補充入空出的牧地，使厄魯特仍維持四部之分。土爾扈特部的移牧歷盡艱難，周旋於諾海人（Nogays）、阿斯脫拉汗（Astrakan）、俄國及其他當地民族之間，也曾與清廷通好，但也遭到哥薩克人之侵擾，尤其沙皇以保護者自居，徵兵徵稅，致土爾扈特部備受壓迫。1761年渥巴錫（Ubasha）繼敦杜克大石（Donduk-Taishi）爲土爾扈特之汗，他與敦杜克奧博（Donduk-Ombo 1735～1741）汗之孫策伯克多爾德石（Zebek Dordshi）發起

〔註9〕三種喀爾喀之分見《清史稿》（臺北，中文，民國53年），〈藩部二〉，頁9下。但外喀爾喀之四部爲外蒙古之主要部份，《清會典》，卷六三，理藩院説：「大漠以來曰內蒙古，踰大漠曰外蒙古，喀爾喀四部，附以二：額魯特部，輝特部」。
〔註10〕參見祁韻士，《皇朝藩部要略》（臺北，文海，民國54年），卷之一，頁2。

回歸故土運動，於 1771 年率領七萬戶部眾展開了長途行軍，沿途且戰且走，約半年後回到伊犁。清廷封渥巴錫爲卓里克圖汗，餘皆有爵賞，並安置其部於準噶爾盆地一帶。居留俄國未歸者約萬五千戶，形成後來之卡爾馬克（Kalmuks）蒙古之自治州。〔註11〕

和碩特部曾在阿勒坦汗西征時遷移至宰桑（Tzaisang）湖一帶，其餘部眾則留居原地，也有牧於西套、阿拉善一帶之部。這支合撒兒後裔的和碩特部，最令人注意者爲移居青海的部份。青海蒙古有厄魯特各部，也曾爲阿勒坦所控制。或是受迫於準噶爾之故，1636 年和碩特部由顧實（Güüshi 固始）汗領導進入青海，同時擊敗喀爾喀蒙古在當地之勢力，但漠南蒙古已歸附滿清。次年顧實汗遣使通貢於滿清，也不斷往四川、西藏發展，結果藏巴汗被殺，蒙古控制了西藏，據《勝教寶燈》所載，其中也牽涉了藏巴汗奉紅教（卡爾瑪宗）而壓迫黃教（格魯宗），顧實汗則爲支持達賴、班禪之黃教保衛者。〔註12〕顧實汗任命長子達延（Dayan）及六子多爾濟監治西藏，但給達賴五世自治的權力，他本人則退往東部青康藏交界處游牧，而多在達木（Adam）平原。據印度學者達思（Das）所言，顧實汗雖定黃教爲至尊，但對反對派各宗也予以容忍，並在拉薩設立有十三個學院的學府，使印度邊境諸小國都遣使通好。〔註13〕顧實汗在 1652 年引達賴入覲於順治帝，使西藏黃教與清廷建立關係，故次年，清廷封之爲「遵文行義敏慧顧實汗」。三年後顧實汗卒。

西藏爲免於和碩特的獨佔勢力，援引準噶爾以牽制，準噶爾也正有擴張的企圖，加上清廷之干預，於是四者的關係複雜。達延死後的繼任者爲朋素克（Pungsugh），接著爲拉藏（Lha-bzan）汗，他受清廷支持殺死西藏權臣第巴桑結，但因達賴六世之問題，失去青海和碩特之支持，又受到西藏各寺院之反對，準噶爾乘機出兵將之擊敗，拉藏汗戰死於西藏，清廷亦接著兩次出兵；先敗後勝，終迫使準噶爾軍北撤，西藏乃爲清廷順利接收，其時爲 1720 年。

〔註11〕關於土爾扈特移牧俄國及其與當地之關係，後來回歸故土之經過等，又參見 Howorth 前揭書，pp.534-589.。其與清朝之關係，略見於《清史稿》,〈藩部六〉,頁 14 上。其餘留居俄土之卡爾馬克族人可參見海中雄,《一七七一年之後喀爾瑪克蒙古在俄國之分布及遷徙》（臺北，蒙藏會）。

〔註12〕參見札奇斯欽,《蒙古與西藏歷史關係之研究》（臺北，正中，民國 67 年）,頁 588。

〔註13〕參見前註，頁 589、590。

　　青海蒙古自顧實汗死後，其子達什巴圖爾於 1697 年領各部台吉受清廷招撫，在此前各部並未統一，偶或侵擾清朝邊境，似乎生活頗爲匱乏，武力亦不強，準噶爾曾攻殺在西套和碩特之鄂齊爾圖汗，使青海蒙古大爲震懼，而後遂願受清廷之保護。羅卜藏丹津襲其父達什巴圖爾之和碩親王爵位，隨清軍入藏，他有稱汗於西藏之企圖，除北結準噶爾外，又召青海各部恢復舊稱，不用清廷封爵，但反對者告變於清廷，清廷知青海各部並不一致行動，乃以年羹堯、岳鐘琪等領軍攻入青海，羅卜藏丹津敗走準噶爾，時爲 1724 年。

　　準噶爾在巴圖爾鴻台吉（Batur Khong Taiji）時代開始強大，稱雄厄魯特蒙古，通過一部厄魯特法典，他死於 1653 年。繼立者爲其子僧格（Sengge），由於內鬨的關係，僧格死於異母兄車臣汗及卓特巴巴圖爾之手，而其弟噶爾丹（Ghaldan）正在西藏甘丹寺習佛，達賴遂遣返這位黃教高級弟子。噶爾丹返回後成功地擊毀政敵，成爲準噶爾部長，接著四處擴張，既擊殺西套和碩特之鄂齊爾圖汗，復東窺喀爾喀，號令厄魯特四部，勢力及於天山南路之察合台汗國，及吐魯番、哈密。當喀爾喀內爭之際，1688 年噶爾丹乃出兵東進。

　　在噶爾丹東進前，清廷曾遣使調停喀爾喀之紛爭，於伯勒齊爾會盟，與會者有清廷、達賴、準噶爾等專使，以及出身土謝圖汗之哲布尊丹巴活佛，會盟並未解決爭端，但使哲佛地位大爲提高，也使噶爾丹指責喀爾喀及哲佛不敬達賴之罪，《清實錄》中載有數條這類資料，遂成爲噶爾丹東進之藉口，同時也有沙俄之慫恿。〔註 14〕

　　噶爾丹領兵三萬由杭愛山出擊，先大破土謝圖汗，繼分兵土拉河、克魯倫河、攻掠車臣汗之地，喀爾喀各部大潰之餘，乃有南投清廷之舉，其中居領導地位者爲哲佛，所謂「率七族喀爾喀等來歸，最有功」；〔註 15〕但哲佛倡投清之議，背後還是有清廷多年對漠北之籠絡關係。〔註 16〕

　　清廷對噶爾丹之東進初仍以調停政策，但無結果。1690 年二萬準噶爾軍隊南下追擊喀爾喀部眾，直接威脅清廷塞外之國防，清聖祖乃決意親征，雙方大戰於烏蘭布通（內蒙赤峯縣西方），清軍以火砲擊敗準噶爾之駱駝陣。1695 年，噶爾丹兵鋒指向東北，次年，聖祖再度親征，雙方大戰於昭莫多（Junmode，

〔註 14〕　參見《清實錄》（臺北，華文，民國 53 年），康熙卷一三六、一三七。另見準
　　　　　噶爾史略編寫組，《準噶爾史略》（北京，人民，1985 年）。
〔註 15〕　見張穆，《蒙古游牧記》（臺北，蒙藏委員會，民國 48 年），卷七，頁 5。
〔註 16〕　參見黃金河，《哲布尊丹巴與外蒙古》（臺北，嘉新水泥公司文化基金會，民
　　　　　國 57 年），頁 49 至 52。

庫倫之南）之地，準噶爾軍復爲清軍砲火所敗，噶爾丹向西退去。準噶爾雖敗於清廷砲火，但未獲其他蒙古部族之支持也是值得注意之處，在西藏與準噶爾爭勢的和碩特則守中立，既未助同族的噶爾丹，也未助清廷攻擊；反是西藏權臣第巴桑結有連絡噶爾丹之嫌，〔註17〕但卻沒有出兵的實際行動。

策妄阿拉布坦（Tsewang Alabtan）乘其叔噶爾丹戰敗之際自立爲汗，同時通好於清。在背腹受迫的流亡之中，1697 年噶爾丹死於阿拉善之地。策旺阿拉布坦成爲準噶爾帝國之領袖，他雖然與清廷保持和平，但擴張的聲勢並不亞於噶爾丹；由中亞延伸至西藏的勢力，使清廷深爲戒懼。前已言及雙方在西藏的競爭，結果是準噶爾勢力之退出，在這段時間中，準噶爾是介於清朝與俄國之間，清廷既防堵於東，俄國正由西向東擴張，對準噶爾言是兩面的負擔。面臨此種局勢之發展，策旺對帝國之經營頗爲不凡，在中亞臣服吉爾吉思、哈薩克等族並攻占塔什干，東方之據點則推至哈密，在西北曾兩度抗拒俄國之東侵。由於準噶爾東進之企圖，終使清廷聯合喀爾喀共同出擊，準噶爾勢力被迫退出哈密、吐魯番、烏魯木齊等區，戰事隨著 1722 年康熙帝之逝乃止。五年後，策旺隨之去世。

繼策旺爲準噶爾汗者爲其子噶爾丹策零，他即位後即展開對清廷的戰爭，清廷亦部署出征，南路以岳鐘琪進駐巴里坤（新疆鎮西），指向烏魯木齊，北路由傅爾丹往科布多，指向準噶爾之心腹。策零遣使謊言和議，遂使傅爾丹軍幾遭殲滅，岳鐘琪亦失利。由於賽因諾額部策凌（Tsereng）之奮戰，準噶爾軍兩度受挫，科布多復爲清軍所取，如此雙方勝負及實力相當，準噶爾擴張未成，乃於 1733 年遣使向雍正帝提出和談，但疆界－阿爾泰山至杭愛山一線要到 1739 年始達成協議，其時已爲乾隆之四年。

自 1745 年策零死後，準噶爾陷入汗位之爭，國勢大衰，接著是部眾陸續地大批降清。1754 年策旺之外孫阿睦爾撒納（Amurtsana）降清，清廷乃於次年出兵助其攻回本國，衰微的準噶爾自無法抵抗而降。阿睦爾撒納借清兵之助的目的乃在於奪取領導權，而清廷久患於西北之威脅，正欲乘此一舉瓦解準噶爾，打算分之爲四部以弱其力，故阿睦爾撒納請封爲汗之願爲乾隆帝所拒後，乃舉兵反清。戰爭歷時二年左右，清軍先敗後勝，1757 年爲兆惠所敗的阿睦爾撒納走死於俄國，準噶爾完全被征服；並遭到清軍大量之屠殺，同

〔註17〕參見《皇朝藩部要略》，卷十七，頁 10 下。另見《清史稿》，〈藩部八〉，西藏，頁 4 上。

時唐努烏梁海之地也爲清軍所降。

　　由噶爾丹開始至阿睦爾撒納止、準噶爾的反清戰爭歷時近七十年，東方爲鼎盛的滿清帝國，蒙古族漠南集團皆已附清，漠北蒙古之歸附也可說是清廷安撫策略的結果。準噶爾勢力無法逾哈密一線，青海蒙古雖爲中間勢力，但大體傾向清廷，乃至爲清廷所收服。西藏則爲清廷、和碩特、準噶爾競取之重心所在，但控制西藏的和碩特仍是親清者，唯有西藏內亂時準噶爾曾入據，清廷自極力驅逐之。蒙古民族及其控制且關係至深之西藏，多未支持準噶爾之反清戰爭，這不得不說最重要的關鍵，但自西方擴張來的俄國勢力也使準噶爾頗受壓力，清廷亦見於此，乃從事於外交上多方的努力，主要目的即孤立準噶爾，以至於助其摧毀此西北強敵。〔註18〕清廷之努力顯見是成功達成，準噶爾處於兩強背腹之中，這說明了清初的國際外交眼光與戰略之考慮的卓越，也說明了準噶爾抗清事業的艱難。

三、盟旗制度及清代治蒙政策之基本原則

　　清代對蒙古民族實行盟旗制爲眾所知之事，故此處僅述大要以明其建制，主要根據爲《清代邊政通考》。〔註19〕（參見圖十二）自漠南蒙古逐漸歸附時，清廷亦逐漸進行劃定游牧區、戶口等限制，亦開始調查諸部戶口以編建爲旗。漠南蒙古的二十四部建制爲六盟、四十九札薩克旗。1. 哲里木盟：包括科爾沁六旗，札賚特旗、杜爾伯特盟、郭爾羅斯二旗等十旗，有佐領二三四，其會盟地在科爾沁右翼中旗境。2. 卓索圖盟：包括喀喇沁三旗、土默特二旗等五旗，有佐領三二○，其會盟地在土默特右翼旗境。3.昭烏達盟：包括敖漢旗、奈曼旗、阿魯科爾沁旗、克什克騰旗、喀爾喀左翼旗、巴林二旗、札魯特二旗、翁牛特二旗等十一旗，有佐領二九八，其會盟地在翁牛特左翼旗境。4. 錫林郭勒盟：包括烏珠穆沁二旗、浩齊特二旗、蘇尼特二旗、阿巴噶二旗、阿巴哈納爾二旗等十旗，有佐領一一三，其會盟地在烏珠穆沁左翼旗境。5. 烏蘭察布盟：包括四子部落旗、茂明安旗、喀爾喀右翼旗、烏拉特

〔註18〕 參見李齊芳，〈清雍正皇帝兩次遣使赴俄之謎〉，《中研院近代史研究所集刊》，第十三期（中央研究院，民國73年），頁39至62。

〔註19〕 《清代邊政通考》據《大清會典》編成，搜覽便易。本書爲蒙藏委員會編印（臺北，民國48年四版）。蒙旗制及區劃等，參見蒙藏會編，《蒙古盟旗行政區劃表》（臺北，民國51年），張興唐，《蒙古盟旗制的意義和沿革》（臺北，蒙藏會，民國43年），田山茂，《清代蒙古社會制度》（北京，商務，1987年）。

三旗等六旗，有佐領五十二，其會盟地在四子部落境。6. 伊克昭盟：即為鄂爾多斯部的七旗，有佐領二七四，其會盟地在左翼中與右翼前旗交界處。

盟的名稱即依會盟地點而定，有二旗者多分左翼旗、右翼旗，其餘多數之旗皆加以中、前、後等名，旗數多者尚有加上末、特等字為別。

喀爾喀蒙古初附清時建旗三十二，及清廷敗噶爾丹後，喀爾喀返回漠北故土，復整編為五十五旗，而後雍正帝時編為七十四旗，乾隆時又編成四盟八十六旗。1. 汗阿林盟：即土謝圖汗部的二十旗，有佐領五十七。2. 齊齊爾里克盟：即三音諾顏汗部的二十二旗以及附牧的厄魯特部二旗，有佐領三十九。3. 克魯倫巴爾和屯盟：即車臣汗部的二十三旗，有佐領四十八。4. 札克必拉色欽畢都爾諾爾盟：即札薩克圖汗部的十八旗及輝特部附牧之一旗，有佐領二十四。

青海蒙古之編旗為雍正時代，包括和碩特部二十旗、八十佐領，綽羅斯部二旗、佐領六、輝特部一旗、佐領一，土爾扈特部四旗、佐領十二，喀爾喀部一旗、佐領一等，共二十八旗。青海蒙古初未設盟，但由西寧辦事大臣召集於察罕托羅海會盟，故無盟長之置，至 1823 年（道光三年）分河北之二十四旗為左、右翼，始置正、副盟長。

西套蒙古為和碩特的一支，設有西套厄魯特旗，又稱阿拉善旗，不設盟，有佐領八。額濟納土爾扈特旗亦不設盟，原為厄魯特舊土爾扈特的一支，有佐領一。杜爾伯特部分別在賽因濟雅哈圖左、右翼兩盟之下會盟，左翼盟共十一旗、二十一佐領，右翼盟有三旗及輝特部的二旗，共五旗、十七佐領。土爾扈特部返回故土後，乾隆帝編建盟旗，分成三大部份，其一以烏納恩珠克圖盟為名，再以南、北、東、西分設四盟，南路包括四旗、五十四佐領，北路包括三旗、十四佐領，東路包括二旗、七佐領，西路僅一旗、四佐領。上四盟為舊土爾扈特各部建成；至於新土爾扈待（烏隆古土爾扈特部）也建成二旗，設青塞特奇勒圖盟，有佐領三。和碩特部則建為三旗，設巴圖塞特奇勒圖盟，有佐領十一。此外尚有哈弼察克和碩特部的一旗，不設盟，有佐領一。

其他尚有不設盟旗的各部，統轄於清廷所設的各都統、將軍、大臣等。

旗（Hosho）以札薩克旗居多，另有總管旗、喇嘛旗之不同，旗具有地方區劃、地方行政、封建等單位性質，也兼有軍事單位之義。清代經歷一百五十餘年將旗全部劃分完成，其札薩克旗有內、外之分，前者之札薩克及盟長

有統率軍隊之權，後者則無，而旗之單位以部為基礎，也有分部為旗，或析部合併成旗者。札薩克以有功於清廷者出任，其餘地位再高亦只是閒散王公；札薩克依法管理旗內各行政，並不能佔有本旗。札薩克之下有佐理臺吉、章京、梅倫、筆帖式等官員為其僚屬，其下的單位為「佐」（蘇木、箭），初領軍隊，後亦負責行政，每佐男丁百五十人（箭丁），其中五十人為披甲（常備兵），佐之首長為佐領，其因功得職而世襲者為世襲佐領，其選任者為公中佐領。佐領之下有驍騎校、領催官等協助治事，單位上又在佐之下設戶，每十戶有什長，但旗中貴族則不編入戶中。佐為蒙古族在清代的基本軍事單位，若綜計設佐各旗之兵力，漠南蒙古共一二九〇佐，員額十九萬三千五百名，其中披甲為六萬四千五百名，漠北蒙古共一六八佐，總額二萬五千二百名，披甲佔八千四百名，厄魯特蒙古共一四一佐，總額二萬一千一百五十名，披甲佔七千五十名，青海蒙古共一百佐，總額為一萬五千名，披甲佔五千名。綜計其兵力可達二十五萬四千餘。這些編入丁冊之箭丁即十八至六十歲之男丁。

盟（Chigholghan）非封建單位，主在監督旗政，故無行政機構，其盟長、副盟長由本盟之王公貴族兼領，為會盟之召集人，會盟主在「比丁」，即審查旗丁、武裝等，並行閱兵、巡邊等事項，清廷派欽差大臣監臨之。盟長可會審重大旗政，但不得干涉旗政或發令指揮，其監督或處理之事務須上呈中央之理藩院或其他上級單位。

總管旗是為叛亂部族而設，也有為寡小部族而設者，由清廷派總管、副總管統治，無異於清廷之直轄領地。喇嘛旗即上層喇嘛之封建領地，通常以大寺廟領地設旗，由住持之活佛為旗長，獨立行使治理權。

滿清初興時就有一套對付蒙古的基本構想，這個構想是建立在對於草原民族結合的特性上，也就是說敵體如何能產生勢力，而構成對己方的威脅這一方面來考慮。早在清太祖努爾哈赤時就指出了這點，他認為蒙古人有如雲一般，雲聚合則致雨，若蒙古部落聚合在一起，就可成為強大的勢力，但當部落各自分散時，就如同雲收則雨止，這時期就可將之一一收服了。所謂「合」與「散」之原則，不只是作戰、擊破對方的策略，也是統治對方的基本概念。〔註20〕清初收服內蒙古，就是很能「散」去敵對的勢力而成功的。

〔註20〕參見《太祖東華錄》（十二朝東華錄，臺北文海，民國56年），卷一，頁35，天命八年五月末條：「蒙古之人猶比雲然，雲合則致雨，蒙古部落合則成兵，其散猶雲收而雨止也，俟其散時，我當攝而取之耳！」。

　　以下再舉數例來看清初所秉承的這個原則。在康熙中葉時期，我們從對於蒙古各旗的設立所採之基本態度中可以看出，當時蒙古若欲分立成旗，清廷無不允准，康熙帝認為蒙古人要各自為旗而不相統屬，正合「散」的原則，他說：「伊等若各自管轄愈善」，〔註21〕就是愈散離、分立則愈好。

　　乾隆帝有幾句話講得更為清楚，當時正值經略西北的強敵準噶爾，他在對軍機大臣們的論政中說出朝廷「辦理始意，亦惟欲按其四部分封四汗，眾建而分其勢，俾之各自為守」，〔註22〕這正是「散」的原則。

　　再如同治年間，西北回亂平服後，由於厄魯特蒙古曾有族人參與其事，使得同治帝再度重申了這個「散」的原則，他說：「厄魯特人眾，聚之一方，不如散之各處」，〔註23〕這個厄魯特蒙古原就是準噶爾所屬者。

　　「散」的基本原則自是防止其「合」，封建是最好的方式，盟旗制度也就應運而生，康熙中葉時有一條上諭說道：

　　　昔太祖太宗時招徠蒙古，隨得隨即分旗、分佐領，封為札薩克，各
　　　有所統，是以至今安輯。〔註24〕

如此封建可得安撫之效，分散為各旗，實力自然亦分散，「各有所統」也就是號令不一，但重要的是在土地上的限制，令彼此有一定的界域，「倘有越此定界者，坐以侵犯之罪」，〔註25〕使得蒙古民族原來不受土地限制，可以自由交往、聚合的傳統，於此有了固定的限制，同時易於造成彼此的糾紛，很難再有「合」的機會了。故而以盟旗制度就是一種分化政策，應該不是言過其實的。

　　旗界的嚴格規定不僅限於平民，上至王公亦不得越界，雍正七年就曾處罰過一個越界的蒙古郡王，他遭到降爵處分。〔註26〕這種在土地上的限制，就是要加強地方的分裂性。旗是地方區劃單位，也有地方行政單位的性質，同時是封建的基本單位，其封建的規定中，強調了領主與屬民之從屬關係，旗內的人民永為其領主之臣民，不但不得改隸他旗，更不能在他旗出任公職，〔註27〕如此，旗幾成為地方上一個獨立的小領地了。

〔註21〕見《康熙東華錄》，卷十三，頁491，康熙三六年十月乙亥條。

〔註22〕參見《乾隆東華錄》，卷十三，頁479，乾隆十九年五月壬午條。另見卷十五，頁590，乾隆二一年十一月庚申條。

〔註23〕見《同治東華錄》，卷七七，頁1032，同治八年二月壬戌條。

〔註24〕見同註21。

〔註25〕見《太宗東華錄》，卷二，頁102，天聰八年十一月壬戌條。

〔註26〕參見《雍正東華錄》，卷七，頁308，雍正七年四月辛巳。

〔註27〕參見札奇斯欽，《蒙古之今昔》（臺北，中華文化出版事業委員會，民國44年）

就旗的地方行政與權力而言，倒是有相當高的自治權，中央朝廷概不過問，這種蒙人治蒙的政策很得好感，滿足了統治階層的政治慾望，冲淡了平民的「亡國」之感，民族的自尊心也獲得相當的安慰。

清廷對盟旗還有其控制之手段。旗主札薩克是以世襲爲原則，但由中央直接任命，也就有革職之權力，不過此例甚少。盟長監督旗的行政與軍事，權位較重，因之不得世襲而由皇帝簡派，人選則是本盟內各旗之王公貴族兼領。這樣一來，旗與盟之首長，清廷中央仍有多少不同的影響力，但清廷也的確極力保持盟旗之內的自治權，就此而言，皇帝派任個盟長，對旗界之限制，還有下面即將提到的軍事駐防之措施等等，蒙人對之也都成爲可以忍受的了，換言之，自治權懷柔了蒙古民族。

軍事駐防也是清廷對盟旗的另一種控制手段，主要是防範措施，可以監視又可鎮守。但要在蒙古地區屯駐軍隊必須運用得當，否則刺激蒙古人反而造成敵對態度。例如熱河都統之設，是爲了護衛熱河行宮，察哈爾都統之設，是爲了鎮撫叛變之故，綏遠將軍之設，是爲鎮撫土默特叛變之眾，烏里雅蘇台將軍之設，是爲了對付準噶爾之變，庫倫辦事大臣之設，是爲了辦理對俄國之交涉事務。這些衙門之設立，看來都不是爲了監視與防範蒙古而作，都有它們特定之目的，自然也不會去干涉盟旗之自治，因此最初的設立似與控制蒙古絕對無關，事實上恐非如此，不但權力逐漸擴張，往往就成爲監督盟旗的上級單位，以及奪取蒙古王公權力的執行單位了，如此，盟旗之地位也就漸漸低落，就其中以庫倫大臣的情形最足以說明，看似決不與蒙古權力有任何相關，實則到後來已完全打破乾隆年間的一再申令；以所設將軍大臣們不得過問盟旗事務之規定。〔註28〕清廷以漸進之方式來達成奪權之目的，以障眼之手法做到鎮守之任務，這不能不說是治蒙政策之所以成功的要點。

盟旗制度也並非一律照章實行，蒙古民族也有逢到懲罰性的遭遇，例如前面說到的察哈爾都統之設置，就是在元代宗室之後裔布爾尼的叛變平服後，取消其自治權，沒有設立盟旗而另立察哈爾八旗，以都統（先設總管，後改升爲都統）治理。厄魯特蒙古與清廷長期的抗戰，當失敗的命運到臨時，蒙古人受到嚴厲的懲罰，悲慘的遭遇終不可免，例如在乾隆二十年，將其領袖阿睦爾撒納的部眾分賞給喀爾喀部爲奴，二十二年又兩度下了屠殺的命

頁 190。

〔註28〕參見李毓澍，《外蒙政教制度考》（臺北：中央研究院近代史研究所，民國 51 年），頁 105 至 184，〈庫倫辦事大臣建制考〉。

令，使得厄魯特蒙古人民嚐盡了因爭取自主而得到的痛苦。〔註29〕

清廷對蒙古之政策，盟旗制度只是其中之一，但卻是最重要的一項，以之爲基礎再加上其他的措施來配合，就治邊政策而言，它達到了歷代少見的盛況。盟旗之建立如上文所述，其原則亦有三點可言：其一爲內蒙各旗，臣服於清廷，接受中央行政之分配，打消原來「部」之組織，重新予以旗之分配。其二爲外蒙各部，臣服於清廷，但仍有潛在的敵對勢力存在，中央之政令未必能行之如內蒙，於是乃承認其原有之組織、名號等，以爲籠絡之手段。其三爲反抗諸部族，則取消其自治權，另編旗改隸，直接受到中央之控制，如察哈爾即是。〔註30〕由此看來，盟旗制並非清廷爲蒙古民族所設想周到之制度，至少其初意並非如此，如內地設省置縣一般；它本身有長久演進的歷史，由各朝代的發展而完成，可以說聚結了歷代政治家們的思考以及學者專家們的反覆研討的結果，決不同於清初治蒙之便而採取的三個原則，這對清廷而言是相當成功的政策，也安定了邊疆二百餘年，但對蒙古民族而言，雖然維持了長期的安定，不過卻要失去其自主的地位來換取，尤其在「散」的基本構想下，至少蒙古民族之實力是日趨減弱，此固不足以威脅清廷，但是同樣地也不足以抗衡來自俄國的侵略了。

清廷治蒙政策除去盟旗制爲基礎以及中央之理藩院外，還有其他一些措施來配合，由於這些措施的實施，又可以反觀盟旗制之本質何在，故而在此暫不討論清廷治蒙政策之各部細節，僅作些提示性之參考。

根據各家的研究，大體上還有下面幾點清廷的治蒙策略：一是宗教政策，崇奉蒙古對喇嘛教的信仰以籠絡之。二是封爵政策，分封蒙古王公以拉攏其統治階層。三是互婚政策，借通婚爲姻婭之親。四是懷柔政策，包括年班制、圍班制、俸賜制等。五是隔離政策，包括蒙族本身、蒙藏、蒙漢等民族之間。六是愚民政策，禁止學習漢地語文、知識，並沒收蒙古文獻等。七是限制經濟發展，由「借地養民」到破壞蒙古之經濟。〔註31〕

〔註29〕參見《乾隆東華錄》，卷十四，頁 533，乾隆二十年九月戊戌條，對厄魯特蒙古降俘部眾的屠殺令，見卷十六，頁 600。乾隆二十二年二月戊辰條，頁 631，同年八月癸酉條。

〔註30〕參見方範九，《蒙古概況與內蒙自治運動》（上海，商務，民國 23 年），第四章，蒙古編制之原則。

〔註31〕關於清廷治蒙政策可參看敘述較詳者，如陶道南，《邊疆政治制度史》（臺北，中華叢書編審委員會，民國 55 年）。柏原孝久、濱田純一合著，烏尼吾爾塔

　　上述各政策若簡要綜合之，不外懷柔與隔離二策。懷柔之策，宗教上係「用示尊崇，爲從宜從俗之計」，〔註32〕亦即「興黃教所以安眾蒙古，所繫非小，故不可不保護。」〔註33〕封爵上爲「錫之王爵，無非柔遠至意」，〔註34〕亦即「朕世世爲天子，爾等亦世世爲王，屛藩百世」。〔註35〕「互婚上是「我朝與蒙古世聯姻好，其王公臺吉等多係公主格格瓜葛之親」，〔註36〕以至於「有清蒙部，實多勳戚，天崇開國，康雍嚮準，咸同之間，蕩定粵捻，均收其助」。〔註37〕圍班制是「所以肄武習勞，懷柔藩部者，意至深遠」，〔註38〕年班制雖有考核作用，但賞賚優厚，是中國朝廷歷代待外藩之傳統，俸賜制在於額高量鉅，以滿足蒙古王公養尊處優之生活，自爲達到懷柔之目的。

　　隔離之策在蒙族本身即遵循「散」之原則，蒙藏之隔離清廷特別注重，以兩民族長遠之歷史淵源與共同之宗教信仰關係，在清初乾隆至清末光緒，都可見明令規定不得私相往來，足見此爲清廷之基本國策，〔註39〕蒙漢之隔離主要在於文化上，如規定「王公臺吉等不准延請內地書吏教讀」，〔註40〕至於其他沾染漢習、蒙漢雜居、蒙漢通婚等，亦都在禁止之內。愚民之策又與禁止蒙藏、蒙漢相通有絕大關係，既禁止私相往來，自不易提高文化、知識之水準，故有研究之結果指出：清代治邊政策，約言之即對蒙古在於備用，

譯，〈清朝對蒙政策之研究〉，《中國邊政季刊》，第二三期，（臺北，民國 57年 10 月）頁 16 至 20。田村實造著，宋念慈譯，〈清朝統治蒙古政策〉，《中國邊政季刊》，第四四至四七期（臺北，民國 62 年至 63 年）。另有札奇斯欽，前揭註十二書。何耀彰，《滿清治蒙政策之研究》（臺北，東吳大學中國學術著作獎助委員會，民國 67 年）。王琦，《清太祖太宗時代之滿蒙關係研究》（臺北，政大邊政研究所，民國 70 年）。鐘月豐，《清聖祖與外蒙古之內屬》（臺北，政大邊政研究所，民國 72 年）。

〔註32〕見《乾隆東華錄》，卷四七，頁 1689，乾隆五八年四月辛巳。
〔註33〕見前註。
〔註34〕見《康熙東華錄》，卷三，頁 83，康熙十一年八月丁未。
〔註35〕見魏源，《聖武記》（臺北，世界，民國 51 年），卷三，〈國朝綏服蒙古記一〉頁 67。
〔註36〕見《道光東華錄》，卷八，頁 269，道光十五年正月戊寅。
〔註37〕見《清史稿》，卷二一五，〈藩部世表序〉，頁 1 上。
〔註38〕見《嘉慶東華錄》，卷五，頁 159，嘉慶七年七月甲午。
〔註39〕參見《高宗實錄》（臺北，華文影印清實錄，民國 53 年），卷二〇六之二三，乾隆八年十二月癸亥，頁 3034。另可參見〈欽定大清會典事例〉（臺北，中文，民國 52 年），卷九九三之十一，頁 17009。關於蒙藏之密切關係，可參見札奇斯欽，《蒙古與西藏歷史關係之研究》。
〔註40〕參見前註《清會典》，卷九九三之五，頁 17006。

故而欲塞其智而保其力，〔註41〕結果智在愚民之策下是塞了，但力卻未必保有。在限制經濟發展上，由於爲實施隔離政策，故而對蒙古與外界的貿易往來限制甚嚴，使得蒙古處於一個封閉的經濟區，而後復因「借地養民」與「移民實邊」之策，又破壞這個封閉的經濟區，嚴重影響了該地人們的生活。〔註42〕其經濟之落後，到二十世紀時都難以開發。

上面簡述了清廷治蒙政策之大要，約略以懷柔與隔離二大方面的諸種策略相互運用而成，然其基礎還是要在盟旗制的確立上，就是先決定「散」之根本原則，而後其他政策即易於推行成功。直到清末的學者，仍然公開稱讚清廷之治蒙政策的成功，如陳澹然在爲姚錫光的《籌蒙芻議》一書所寫的序文中說：「朝之御蒙古，眾建以分其力，崇釋以制其生，一絕匈奴回紇之禍，其術可謂神矣！」〔註43〕眾建即隔離，崇釋即懷柔，所言不虛！

1219年（天命四年）察哈爾的林丹汗致書努爾哈赤說：「統四十萬眾蒙古國主巴圖魯成吉思汗，問水濱三萬人滿洲國主英明皇帝安寧無恙耶」，〔註44〕這是清人初起時，林丹汗以蒙古之國對滿洲之國的平行態度，雙方是兩國間的外交關係。及至林丹汗敗亡，皇太極收服察哈爾，終而成爲內蒙的保護者。臣屬關係建立後，陸續施行的盟旗制度爲清廷之民族政策，外蒙「內」屬亦自不例「外」。

透過盟旗制可以看出清廷所行北疆政策之基本原則，即以懷柔與分離之原則而含有監視與防衛系統之建立，從歷史上的淵源來考察，這也是國史中許多時代裏所用之策，不論是在兩「國」對立之外交關係，或對內屬民族所採用之民族政策，這兩個原則始終是經常地展現。

由歷史中探究以往的民族政策，或以清代的蒙旗制而言，皆有其政策建立的時代背景與因應之考慮，若以制度本身屬於「事」的一面來看，傳統夷夏觀念有內外、親親之義，極不易視其時之「外族」爲國內臣民，〔註45〕故而在構想整個制度時即不能眞正以之爲「內」。在實行制度人事的「人」來看，

〔註41〕 參見楚明善，〈清代之治邊制度與政策〉，《邊政公論》（四川巴縣，民國30年9月），一卷，二期，頁1至3。

〔註42〕 參見同註27，頁196、197。另參見註31，何耀彰書，頁143、144。

〔註43〕 見姚錫光，《籌蒙芻議》（臺北，文海影印光緒戊申刊本）頁1下。

〔註44〕 見《太祖東華錄》，卷一，頁117，天命四年十月辛未條。

〔註45〕 參見拙作，〈論上古的夷夏觀〉，《邊政研究所年報》（臺北，政大，民國72年10月），第十四期，頁1至30。收在拙作《中國民族與北疆史論——漢晉篇》（臺北，丹青，民國76年）。

若不視爲一家，又有不當舉措時，則更易引發民族情緒上之糾紛。

　　歷史上所見之外藩都有相當程度的自治權，各族與中國組成聯盟式的關係，這與部族聯盟的形態有相似之處。國家可不斷包容擴大，中國即不斷包容擴大，滿清入關與蒙古內屬，即可由此視之。

　　清代時蒙古已內屬中國，爲中國不可分割之部份，盟旗制度在理藩則例之中，是國內的特別法，既內之就不宜外，初期建立的基本原則應改弦易轍。蒙古成爲邊疆之地，但不宜視爲傳統之外藩，主動積極對之開放、建設，培養共識，不分內外，使蒙古屬於中國，而中國亦屬於蒙古的，則清末蒙古之動盪不安庶幾可免。

第二節　近代的蒙古

一、變動之序幕

　　以蒙古之歷史而言，傳統上的威脅是來自南方，但近代以來形勢漸有巨大之改變。北方出現強大的壓力，此即帝俄向東發展所造成，而後又漸有來自東方日本之壓力，另外還有隨著整個中國受到西方列強之壓力，就中國本身而言，蒙古與清廷間關係也有改變。如此，近代蒙古的歷史不免曲折而多災難。晚清以爲中國面臨數千年來之大變局，這對蒙古民族的歷史發展而言也正適用。

　　帝俄向東的擴張及西伯利亞的佔領，直接與蒙古民族及中國發生關係。就蒙古民族而言，欽察汗國崩潰後留下之勢力逐漸爲帝俄所征服，移居西伯利亞各部也相次爲其擊敗，帝俄在蒙古民族生聚空間的擴張隨著對中國之侵略而日甚。帝俄之東進，除去經濟因素外，尚有其歷史、地理之背景，而其殖民運動復獲得沙皇之支持，加之基督教的使命感，使東進形成熱潮。從十七世紀晚期的尼布楚條約開始，到十八世紀的恰克圖條約，除去北京、庫倫、恰克圖互市外，﹝註 46﹞主要的是在貝加爾湖一帶的布里雅特蒙古爲帝俄所奪。到十九世紀中期以後，帝俄侵華之行動再度積極起來，這正配合了鴉片

﹝註46﹞清初之中俄貿易可參見李毓澍，《論早期外蒙地區中俄互市》（臺北，蒙藏委員會，民國 76 年）。帝俄之東進可參見陳藍雲，《俄羅斯的東進與早期中俄關係之研究》（臺北，政大邊政研究所，民國 76 年）。另見武漢大學外文系等譯，《征服中亞史》（北京商務，1980 年）。

戰後列強之侵華。自 1851 年中俄「伊塔通商章程」到 1896 年李鴻章的「中俄密約」，近半個世紀以來，除去土地的淪喪外，帝俄獲取了免稅貿易、內河航行、合資經營郵政、設領事、領事裁判、最惠國待遇等等；使東北、蒙古、新疆等都成為帝俄染指之首衝地區。在貿易上最顯著的是經濟侵略，蒙古輸出者盡為毛皮、牲畜等原料性物資，輸入者則多為近代工業之成品，帝俄商品逐漸在蒙古取得優勢，各種形式商業銷售行為大批進入，貿易的背後為強權，故財與勢二者代表帝俄對蒙古的新威脅。

英美列強也以貿易關係伸入蒙古地區；天津作為通商口岸之發放，更有助於此種形勢之發展，各種皮毛尤以駝毛及羊毛的輸出急劇增加，其輸入品如同帝俄為近代工業之產品。英美的經濟勢力大體在內蒙地區，也逐漸對內地的商品市場產生競爭，同時進入外蒙與帝俄相爭。至於西方列強之宗教活動則無多大成就，雖然在中法「北京條約」中列強取得傳教自由，但蒙古民族傳統之薩滿及喇嘛教極獲信仰，民族信仰的保守性排斥西方宗教，列強只能以不平等條約為護符，建立其教區內幾個特權的據點。

新興之日本自甲午戰後即積極由東北擴張，其滿蒙侵略基本上與帝俄衝突。日本對蒙古民族活動的主要對象是拉攏王公貴族，誘使其赴日參觀或留學，並提供教員給蒙古學校等。日俄之衝突終不可免，但日俄戰後雙方卻透過協約劃分各自的勢力範圍；帝俄之地盤為外蒙、北滿及東蒙之北部，日本之地盤為南滿及東蒙之南部。日俄間的「諒解」帶來中國北方土地之瓜分，也帶來蒙古民族更深的痛苦，日本以「滿鐵」（南滿洲鐵道株式會社）為其侵略之大本營，公開地掌握當地經濟之命脈，暗中地則仍如前一樣，收集各種情報以及誘結王公貴族們。

外力之入侵固然對蒙古尤其是外蒙古逐漸產生作用，但蒙古內在變動的因素，也是造成其近代歷史發展的主要考察對象；在這方面而言須從清廷之政策及蒙古社會經濟的轉變來看。內外兩面的敘述乃為便於觀察及探討，實則兩者間往往有互動的關係存在，而蒙古地方所生的變化，也在整個中國大局的變化之中。若以十九世紀後半世紀以來蒙古的變動愈為明顯，則中國當時亦正臨劇烈變動之際，而清廷對蒙古政策的改變，也正隨著同光的自強新法而愈明。

前文言及清初所設的治蒙政策在懷柔與隔離，前者偏似手段，後者究為目的。變動即打破隔離，清廷欲將「封閉」二百餘年之地急於開放，可知其問題必多無疑。開放政策實迫於形勢以與外力相抗，但基於時代的需要也宜

及早開放；故基本上開放之構想實無可厚非，但結果卻非始料所及。清初滿蒙之聯盟以攻明，接著聯手治中國，然時勢推移，當年所倚重者不足應付新時代的來臨。十九世紀以來滿漢融合爲中國之主體，原來爲北方聯盟之重的蒙古已成邊陲之區，在清廷政權的心理上也漸有轉變。蒙古亟待開發及強化，而主持其政者已爲滿漢的聯合，故而在蒙古長期獨特的狀況下，於心理上及實際情形上皆不免有怨拒之望。

　　開放政策中在禁令的鬆弛最易得見，原來內地商人走私蒙古貿易以及蒙古王公私召流民墾植等屢有禁令，逐漸變爲取消內商的天津關稅於同治年間。而 1884 年（光緒十年）時歸化土默特已經是「以耕牧爲生者十之二三，藉租課爲生者十之七八」。〔註47〕礦藏之開放也在咸豐以後由蒙旗招商開採。這些例子皆在清末對蒙古行新政前即存在者，其中較爲重要的即開墾問題。

　　官方首創墾荒之議起於 1897 年（光緒二十三年）黃思永的奏章，其時以內蒙伊克昭、烏蘭察布二盟之地。〔註48〕山西巡撫胡聘之主張蒙民生計在租不在牧，朝廷可達到充裕租稅而實邊防；〔註49〕但爲陝甘督撫及伊盟長之反對未行。至 1901 年自強變法之議大起，蒙地墾荒論亦隨之再起，是年底即派貽穀往西蒙督辦墾務；此後十年至清亡皆未中斷。西蒙墾務設有專責衙門（行轅、公所等），其餘各地則以將軍、大臣等兼辦。開放的墾地，西蒙約八萬頃，東蒙幾全丈清放墾，約有二四五萬頃，青海約六萬餘畝，外蒙則放墾最晚，亦多未辦成。清廷墾荒政策並無財利成就，在移民實邊上也不見有效，唯改變其人文景觀如州、縣設置、農村社會等則可立現，或時日不長尙難見結果，然而墾荒的負面表現卻在極大之衝突中可知。這其中也夾雜著蒙古反漢化的情緒在內。〔註50〕

　　墾荒未見成效卻帶來在表現蒙古民族的不滿及反抗事件之問題。蒙古人傳統觀念即排斥漢人去「侵佔」其土地，清初隔離政策更助長了蒙地爲蒙人所擁有的觀念，開放墾地造成民族傳統不能適應，不免有土地將淪於漢人之手的心理。原來存在之私自租墾成爲官方行政，州縣設置用以管理漢人兼治蒙人，蒙旗則不治佃農，人與土地分割爲二，也造成與傳統抵觸。而墾務的

〔註47〕見《光緒朝東華錄》，頁 1672。
〔註48〕見《德宗實錄》，卷四一五之四。
〔註49〕同前書，卷四〇六之十。
〔註50〕關於清末蒙古之墾荒政策可參見註31，何耀彰書，頁 145 至 155。關於反漢化問題，參見札奇斯欽，〈清季蒙古統治階層之漢化〉（國際中國邊疆學術會議論文集，臺北，政大，民國 74 年），頁 517 至 542。

廢弛乃「放荒者只計荒價之多寡，不問墾植之興衰；攬荒者只求壟斷以居奇，不恤領戶之艱窘」。〔註51〕對蒙人而言，清廷既收其地，又從中分租利，自生不滿之情。墾荒與移民實邊二者是一致的行動，帶給蒙古的衝擊也最大，其他新政的措施亦有助長其不滿之情。

十九世紀末期倡行新政以強化蒙古者大有人在，可謂其時的潮流，蒙古王公也有這種看法。大體上以 1906 年肅親王善耆往東蒙考察所定的八條：屯墾、礦產、馬政、呢氆、鐵路、學校、銀行、治鹽等為其時施政的主要內容；〔註52〕又有改變盟旗為行省之議，但未果實行。新政各項措施雖有其積極意義，也有些許作為，阻力亦正不小，緣由於保守之傳統及長期的封閉，一旦急於改變則自非易事。如清帝退位前主持新政之庫倫大臣三多，一年餘時間即開辦十餘處機構，但多虛設添冗，經費復由盟旗籌集，自加重蒙人負担，羣情洶亂，其時已為辛亥革命之前夕矣！〔註53〕可知清廷官僚機構自身的缺點，新政官員望風承旨的強行，皆影響蒙人的權益，造成民族間的對立情緒，在實質上卻仍未改變蒙古王公階層的特權，也沒有促進原有畜牧的經營方式及生產技術等。雖然開放目的在抵制外力的入侵，而清廷與外力在蒙古發展，使其社會經濟都有一定程度的轉變；如商業行為的增加，帶來商業城市的繁榮，但也產生不平等的貿易及高利盤剝。農業區的擴大相對地使牧場減少，清廷及外國的括購，加上喇嘛的增多致勞動力缺乏，皆使蒙古傳統的畜牧不振。租佃式的牧業及牧工出現，受雇的各類勞工也出現，但都造成財勢之家的地主或牧主，這些多數仍為舊日的王公。通常外力的進入往往透過清廷及蒙古王公，清廷的開放及內商的進入也往往與王公們結合，因之，蒙古近代社會之變動，多與王公發生密切的關係。

近代蒙古動亂的先聲固不始於清廷之開放政策，但自開放解禁後動亂則日劇。若以反開墾而言，州縣代表開墾進入的機構，於是產生反州縣；由經濟因素成為政治因素的民族情緒。以王公與州縣結合而圖利，於是王公成為出賣民族利益者，反王公則帶有民主色彩。這些動亂依其性質簡述之如下：

其一為反封建動亂。1. 卓索圖盟土默特右旗的八蘇木（八枝箭）事件，起於反對勒派及征兵等，由於清廷對八蘇木代表的屢次呈控不理，八蘇木在

〔註51〕見《大清宣統政紀》，卷一八之二，轉引自前註何耀彰書，頁 155。
〔註52〕見《德宗實錄》，卷五六四之九，頁 5167。
〔註53〕關於清末蒙古之新政，參見註31，何耀彰書，頁 156 至 167。三多之新政，參見陳崇祖，《外蒙古近世史》（臺北，文海，民國 54 年），頁 5。

福泰、常明等領導下，據村寨而守，拒服封建義務如比丁、從征、差遣等，至 1870 年共十餘年間，事件始爲清兵所平撫。2. 伊克昭盟的「多歸輪」〔註54〕（Doghuilan，圓環形之意，指參加者於會議及簽名時，環列成圓圈，則無法找出領導者）運動。此種運動有多起，1858 年烏審旗由潘吉領導的事件，1866 年鄂托克旗事件，1879 年烏審旗由伊得木札布等領導的事件；上述各旗在以後都仍有此種形式的運動。總之，在於反苛捐、濫派、占地、欺勒等，其成員都是爲平民。3. 卓盟土默特左旗的「老頭會」（兀博格德，指老年人們），由於旗札薩克不法欺壓，引起老人代表赴京請願，在無結果情況下而引發數千人之動亂，其事約起於 1860 年，止於 1865 年。〔註55〕4. 白凌阿事變，此次事變，基本上是反清變亂，由敖漢旗的白凌阿，彌勒僧格舅甥二人爲主要領導人，於 1860 年集結蒙、回、漢民起事於朝陽，其前後活動範圍遍東部三盟及東三省，共歷時約九年。5. 漢民抗加租事件，發生於哲里木盟科爾沁左翼後旗，1850 年有吳保泰、王柏齡領導，1853 年由孟玉齡、霍義領導，兩次墾民事件皆爲清軍所鎮壓。6. 金丹道事變，由召烏達盟敖漢旗墾民楊步雲（或爲白蓮教徒），齊寶山等創金丹道，以紅巾爲誌（紅帽子）於 1891 年起事，其口號爲「掃胡滅洋」，對蒙古王公及外國教堂等爲攻擊目標，使蒙人頗受燒殺，但不久即爲清兵所平、此事件不單爲反封建王公之亂，還帶有濃厚的義和團色彩以及民族之情緒在內。

　　其二爲反開墾（放）的動亂。1. 瓦木皮勒事件，起於車臣汗部中前旗的札薩克，以旗民代償所欠漢商的債款，引起瓦木皮勒領導民眾拒償，並搗毀漢商舖舍、焚燒帳目、驅逐漢商等，又引起附近各旗驅逐漢商之風，清廷乃派兵鎮壓。2. 阿尤希事件，仍是拒償王公債款之變，起於札薩克圖汗部中右翼左旗，阿尤希經過上訴反遭囚禁，終導致其組織牧民的相抗。3. 色旺諾爾布桑保事件，1900 年左右科爾沁右前旗的屬吏剛布、桑布兄弟，因不滿王公之招墾享樂，乃聚數千羣眾自立於旗南方的圖合木。此事件震撼各旗王公，科右中旗的札薩克兼哲盟之長的色旺諾爾布桑保親王，在投奔承德途中，爲其王府官兵等所殺。圖合木起事終爲王公們及其所召的帝俄軍所平。殺哲盟長諸人也爲清廷所處死。4. 烏審旗反墾，1905 年白音賽音等領導已組成的「多

〔註54〕「多歸輪」譯名係據札奇斯欽，〈二十年代的內蒙古國民黨〉（三民主義與蒙藏學術研討會論文集，臺北，政大，民國 74 年），頁 208。
〔註55〕關於「老頭會」，可參看多爾濟麒慶，《蒙古律》（中華文史叢書，臺北，華文，民國 58 年）。

歸輪」反墾，以二千人之眾驅走墾務官等。5. 杭錦旗反墾，亦透過許多「多歸輪」形態阻礙放墾。6. 準噶爾旗反墾，1905 年由協理台吉丹丕爾集合各反墾集團，以對抗該旗的放墾，除武裝抗爭外，又連絡各旗的反墾組織，但次年即為清兵所平。7. 蘇魯克旗反墾，由白音大賁等領導，8. 郭爾羅斯旗反墾，其一由白音吐斯領導，其一由陶克陶領導，9. 科右前旗反墾，由牙什領導，10. 札賚特旗反墾，由綽克大領導，上述四旗皆為武裝反墾，且流動各地，彼此間亦有合併，其中以陶克陶轉戰最久，而後逃往帝俄，也參加了外蒙古的獨立運動。四旗的反墾為清廷稱為「蒙匪」而痛剿，其反墾戰亂中，也波及漢人遭致不幸，民族感情上籠罩了濃厚陰影。

二、由外蒙的獨立到「蒙古人民共和國」

外蒙古今已獨立成國，故而對其歷史的研究較多，茲綜合各研究的成果，加以己見略述之如後。〔註 56〕清廷對喇嘛教的態度自中葉以後漸趨嚴厲，自光緒初庫倫辦事大臣志剛廢止晉見哲佛的跪拜禮，為近代以來對蒙古宗教領袖漸輕的最明顯表現；而後大臣桂賦已與哲佛議事常相左。光緒末又以西藏達賴喇嘛涉附英人之事，後遭降旨革去名號，此於哲佛心生疑懼。大臣延祉為剿陶克陶向哲佛借槍之事，亦引起哲佛大為不滿。大臣三多出身蒙古八旗，

〔註 56〕本文主要參考之著作有札奇斯欽，《蒙古之今昔》及《外蒙古的「獨立」「自治」和「撤治」》（臺北，正中，民國 53 年）。陳崇祖，《外蒙古近世史》。張遐民，《帝侵略下之外蒙古》（臺北，蒙藏委員會，民國 53 年）。李毓澍，《外蒙古撤治問題》。（臺北，中研院近史所，民國 50 年），〈民八外蒙撤治問題癥結的探討〉（中華民國建國史討論集，第二冊，民國 70 年），〈民國初年的外蒙問題〉（蒙古研究，民國 57 年，中國邊疆歷史語文學會），《從蒙共六十年來演變對外蒙現況的探討》（臺北，蒙藏會，民國 74 年）。林唯剛，〈俄蒙交涉始末〉（民國經世文正編，大陸印書館）。呂秋文，《中俄外蒙交涉始末》（臺北，成文，民國 65 年）。張大軍，《外蒙古現代史》（臺北，金蘭，民國 73 年）。楊汝舟，《外蒙共黨之今昔》（臺北，黎明，民國 63 年）。茲拉特金著，陳大維譯，《蒙古人民共和國發展史》（北京，時代出版社，1953 年）。蘇聯科學院、蒙古人民共和國科學委員會合編，巴根、余錦繡合譯，《蒙古人民共和國通史》（北京，科學出版社，1958 年）。鐵瑞夫‧杜畢著，扁舟、若如譯，《外蒙共黨之真相》（臺北，黎明，民國 64 年）。藍美華，《外蒙與中共關係之研究》（1952～1984）（臺北，政大邊政研究所碩士論文，民國 75 年）。Iwan J. Korostovez，高山洋吉譯，《蒙古近世史》（東京，森北，昭和 16 年）。Charles R. Bawden, The Modern History of Mongolia, New York：Frederick A. Praeger, 1968. Robert A. Rupen, Mongolos of the Twentieth Century. Indiana：Indiana Univ. 1964. 其餘不在上述諸作之資料，則另加註釋。

是庫倫最後一任大臣，爲德義湧木廠案捕辦肇事喇嘛等，深令哲佛難堪，益使蒙人以三多仇視黃教，加諸其屬行新政，致蒙情激動。故獨立之時活佛送交辦事大臣衙門的札飭中明言：爲保護土地宗教起見乃宣布獨立。至於俄國則更思乘機誘誘，蒙古赴俄求援之事於是發生。

求助於外力是蒙古尋找新方向的一種方式，也有的在清末時頗能配合新政，求自身的振奮圖強，如喀喇沁王貢桑諾爾布（Gungsanghorbu 即貢王）的革新風氣。但大部份仍是思想保守者，以維持舊制爲準，不同的思想與見解造成蒙古內部的結合與分離。當時又有革命思潮的流行，成立於日本的同盟會亦在內蒙有所活動，吸收蒙古黨員；而貢桑諾爾布派赴日留學的青年，後來也帶著新思潮返國執教於北京蒙藏學校。〔註57〕辛亥革命前夕的全國請願運動之際，奉天省即有 蒙古學生參加；北京蒙古學生也有參加反清的活動。上述受新思潮洗禮的蒙人畢竟少數，作用極微，但思想的傳布雖未必作用於一時，對往後蒙古歷史之發展仍有其重要的地方。蒙古甫開放未久，新思潮的影響甚微，雖然開放帶來對清廷的怨憤，但對革命黨的認識更淺，故辛亥革命時蒙古並未有何響應，而同盟會揭示之「驅逐韃虜」恐怕也是一個重要的因素。

1911 年 7 月哲佛召開王公、喇嘛會議，並有帝俄駐庫領事參加，此次會議即密商蒙古走向獨立自立的可能。月底由杭達多爾濟、察克多爾札布、車林齊密特、棍布蘇倫等爲蒙古方面的欽差赴俄，動身前數日駐庫俄領事已電告回其國。八月中旬欽差代表們至彼得堡，帝俄已準備好了對策，允作調人，但未明示支援獨立；然則帝俄曾電清廷嚴申對新政之關切，並恐嚇將謀對策。及庫倫大臣三多知情後，遂與哲佛交涉，原以停辦新政及免治赴俄諸人之罪可爲緩衝之機，但帝俄早處心積慮以求擴張，遂照計畫進行，不容中國方面有礙其陰謀的改變。

帝俄不理哲佛打消原意的阻電，藉口保護領事館派騎兵駐庫倫，並輸槍械、彈藥以及陳兵數千於恰克圖邊界。辛亥革命爆發時，杭達等人回國，獨立運動則臻高潮。十一月二十八日庫倫密集附近蒙兵，並已取得俄援的軍火；三十日正式通告獨立爲大蒙古帝國，以哲佛爲帝，同時限期三多離境。俄蒙軍隊共五千人，駐庫清軍僅百餘人；在實力懸殊之下，三多乃由俄領事館取

〔註57〕參見 Sechin Jagchid "Prince Gungsangnorbu and Inner Mongolian Modernization"
（中華民國建國史討論集，第二冊，民國 70 年）。

—177—

道西伯利亞返北京。烏里雅蘇台將軍奎芳也於十二月底撤離外蒙，科不多參贊大臣傅潤，以兵力稍厚堅守至次年八月，始爲俄蒙軍所敗。外蒙獨立以「共戴」爲年號，車林齊密特爲總理兼內務大臣，杭達多爾濟爲外務大臣，察克都爾札布爲財政大臣，棍布蘇倫爲司法大臣，那木薩賴爲軍事大臣，又有由王公與喇嘛組成其上、下議院。

　　原來哲佛倡獨立之際，有包括內蒙古共組其國之意，此時各地有存觀望者，也有響應獨立者。呼倫貝爾地區額魯特總管勝福、陳巴爾虎總管車和札、索倫旗總管成德等，也與帝俄駐在的領事合作，以帝俄之軍火援助組成千人的部隊，迫降呼倫城而宣告獨立；哲佛以皇帝之名任勝福爲參贊大臣。帝俄背後的支持是呼倫政權主要的依靠，除去軍火之援外，又有俄官兵加入的軍隊，以及訓練蒙古軍隊，道勝銀行的貸款，俄商湧入簽約而控有該地之資源及經營的特權等等，可知其與帝俄之關係要超過與外蒙的關係。呼倫政權直到民 4 年中俄「恰商八款」成爲自治區，迨帝俄革命時中國的主權乘勢恢復，至民 9 年初遂取消其自治特區。〔註58〕而後內蒙革命份子郭道甫、富明泰組成蒙古青年黨，於 1928 年宣布獨立，但因二人路線不同而分裂，激進之富明泰往外蒙。次年，由俄共支持又一度返回並宣佈獨立，成立蘇維埃政府，由於中蘇和解，富明泰失去支持，乃再度逃亡，呼倫貝爾地區仍爲舊勢力所控制，以貴福、凌陞父子爲代表。

　　烏蘭察布、察哈爾、錫林郭等盟，曾部份響應外蒙獨立，但都沒有成功，一則以境內並未得到大部的支持，二則與外蒙向南發展形勢未能達成關連。如科布多之戰即有蒙古守軍之抵抗庫倫軍隊，勝福進攻臚濱（滿州里）時也遭到該地之蒙古軍抵抗。外蒙於民元年冬發動南進，欲將內蒙六盟全部征服；出兵進至昭烏達、錫林郭勒二盟北部，後爲國民政府所擊退，其中也得到當地的蒙古軍之助。外蒙南進前數月，哲盟科爾沁札薩克烏泰、右後旗拉喜敏珠爾等響應外蒙獨立，並遣使求援，集結近二十萬人，於八月間宣布東蒙古獨立，發兵往洮南、開通。由於哲盟大部份王公並未實際行動，故爲奉天督軍趙爾巽所敗，烏泰及拉喜敏珠爾投奔外蒙，餘眾爲昭盟札魯特旗協理臺吉官保札布所併。官保札布是以反開墾而起事於十一月間，曾攻下開魯縣，不久即被迫走外蒙而去。

　　在內蒙古素有聲譽的卓盟喀喇沁王貢桑諾爾布，頗受外蒙獨立的影響，

─────────────

〔註58〕參見李毓澍，《民初中俄呼倫貝爾交涉》（臺北，蒙藏會，民國 75 年）。

前已言及他本人爲蒙古革新派王公的代表，對於內蒙的現代化有相當貢獻，又與日本有些許關係，故而當他召集哲盟與昭盟部份王公會議時，日本即參予其事，同時連絡外蒙，得到哲佛支持其領導內蒙古的獨立運動。日本的支持是以激進少壯軍人策動，但內蒙獨立旋即打消，貢桑諾爾布接受袁世凱的請出任蒙藏事務局（後改蒙藏院）長之職，日本方面也制止少壯軍人的活動。日本少壯軍人仍策動卓盟巴布札布的活動，巴布札布曾投靠外蒙，復加入肅親王善耆的「宗社黨」，日本則提供軍火，助其成立「勤王師扶國軍」，他活動於東蒙及東北，轉戰至民國五年林西之役陣亡。

帝俄支持外蒙企圖以居間調停姿態以獲取利益，故未明允支持外蒙獨立，同時承認中國的宗主權，但限制中國在外蒙駐兵、殖民、及干涉外蒙的內政等等。其時清廷未予理會，帝俄一則與日、英達成外交諒解，一則援助外蒙勢力，繼之派克羅斯托維茲（Korostovetz）強迫庫倫簽訂「俄蒙協約」、「俄蒙商務專款」，以及關於練兵、鐵路、郵電等協定。當時外蒙代表已指出協約對蒙古毫無實利，且淪爲魚肉，終將成高麗無異，則蒙古脫離清廷之後又將變爲俄國的奴隸。可知帝俄的野心昭然，但外蒙實無力抗拒，也無法爭取到帝俄完全支持其成爲獨立自主的國家。

民國政府除先由孫中山先生以臨時大總統之名，由外交總長伍廷芳致電蒙古王公，宣示五族共和的立場，而後在《臨時約法》，「蒙古優待條例」中皆強調民族平等，維持舊制等。但外蒙仍尋求其獨立之願望，及俄蒙協約簽訂前，北京政府屢次欲直接與外蒙方面談判，袁世凱亦電詢取消獨立之意等等。帝俄則以承認中華民國問題要挾，迫使中俄展開協議。民國二年五月有「中俄協定」六款達成，其中蒙古爲中國領土獲得俄國的承認，但俄國保有其與外蒙古所訂的商務專條，且可與中國商議有關對外蒙古的協定等。但此中俄協定遭北京的國會否決，而後續經會議，達成聲明文件五款、附件四款，內容仍不外中國的宗主權及俄國在蒙古的特權等。民國三年九月，中俄蒙三方在恰克圖會議，歷時九月後達成協約，外蒙由獨立成爲自治，中國保持了冊封哲佛、使用民國年號等名份，自治外蒙雖無權與外國訂立有關政治、土地等條約，但可訂工商事宜條約，並自辦一切內政，中俄皆不得干涉其現有的自治內政制度。關於蒙民與中國屬民的民、刑案件得雙方官員會審，而各以其律治罪。俄國所獲者即其一向處心積慮之特權利益等。民國四年六月九日，哲佛宣告撤消獨立，外蒙成爲自治區。

在外蒙自治時期，中國主權得以行使，陳籙爲首任都護使兼庫倫辦事大員，在職近兩年，頗得蒙人好感，與外蒙官府協商，達成下列諸事：1. 取消漢人的人頭稅及房屋稅，2. 設立管理漢人案件的訴訟處，3. 與俄蒙會訂外蒙電線合同價目，4. 令庫倫華商京莊、晉幫（兩幫素爲不合）分設東、西事務所，再合組總會以與張家口、北京的總商會聯絡，以促進商務的發展。

接任的都護使爲陳毅，以其曾任副使兼烏里雅蘇臺佐理專員，故熟諳蒙情，而此時正值帝俄歐戰不利之時，其國內發生革命，故對外蒙的威信亦發生動搖，此爲中國爭取替代帝俄勢力的時機。陳毅亦本陳籙的作風，尊重自治政府，強固蒙漢感情，至於他的主要事蹟如下：1. 創設大成汽車公司。由張家口至庫倫的千餘公里路程，約五日可達，配合交通部的西北汽車公司。張庫商會總會等設立，加強了內地與外蒙的聯繫。2. 設中國銀行庫倫分行，自光緒以後中國金融爲俄幣所取代，而俄蒙銀行條約復限制中國銀行的設立，此時帝俄革命使俄幣貶值，外蒙商民太苦，陳氏遂爭取中國銀行的設立，使經濟結合爲一，操有自治政府貨幣發行、公庫管理及財經的大權。3. 促成阿爾泰區改併新疆，清時原阿爾泰與科布多分治但同隸烏里雅蘇台將軍，光緒未決定分治不同隸。恰克圖會議時，帝俄以停戰線劃爲外蒙邊界，意圖朦混分治之界，陳氏以阿爾泰形勢險要，可爲西蒙的外援，但其自身難保，故主張改建爲阿山道以併入新疆，可防俄人的染指，並可由新疆設法收撫原屬阿爾泰的烏梁海七旗。4. 與外蒙會兵收復烏梁海。烏梁海原可分爲三大部份，一爲阿爾泰諾爾烏梁海二旗，於 1864 年中俄劃界時屬俄，二爲阿爾泰烏梁海七旗，即上文所述屬阿山道之地，三爲唐努烏梁海六旗，爲俄所迫獨立於清廷之外，而後成俄屬的自治政府，及俄共革命又使之成「土文蘇維埃自治政府」，但赤、白黨俄人在該地相爭，陳毅派嚴式超領中蒙軍乘勢北進，以爲恢復之舉，至八年七月中國勢力進入，年底隨外蒙撤治而重入版圖。

上述二陳對外蒙之經營可謂相當成功，加強了中國對外蒙聯繫，培養蒙漢之民族感情，逐漸可與俄國勢力相抗爭，這對後來撤治有正面的意義。外蒙之撤治若由中俄蒙三方面來看，中國雖然有後來徐樹錚武力解決，但醞釀之初實由於二陳主蒙政之成功，使外蒙漸由親俄轉爲親華。若加上歷史淵源，外蒙以「恢復前清舊制」爲嚮往，也對親華心理有莫大助益。

俄國方面除本身革命致赤、白黨內戰，影響到遠東、外蒙形勢，自無法全力控制其舊有勢力，而日俄在中國北疆發展之衝突以及國際列強參與，對

外蒙獨立、撤治以至後來的再獨立等都有莫大之影響，其間尚有「泛蒙古運動」的發生。赤俄十月革命後與德停戰，但未停止赤化遠東之野心，除先成立共黨支部於伊爾庫次克及烏丁斯克外，又擬派兵護送其領事至庫倫、塔爾巴哈台、伊犂等地，而德俄和約所釋放的二十萬戰俘，有盤佔西伯利亞之勢，加上五萬捷克軍也有由西伯利亞東退之虞，使得遠東地區頓成複雜之局。協約國對俄德之和及所造成西伯利亞的形勢頗爲不滿，對赤俄政權多生疑懼，日本又乘機喧製緊張氣氛，將軍艦駛入海參崴，又有協約國聯軍出兵西伯利亞之舉。日本利用赤、白黨之爭，支持白黨以據有西伯利亞，對中國則有中日共同防敵協定，可由中東鐵路出兵，勢力能擴張至北滿，利用謝米諾夫（G. M. Semenov）發動「泛蒙古運動」，此運動對外蒙有莫大威脅，撤治與之有莫大關係。

外蒙本身因俄國發生內戰，在支持的實力上以及俄幣貶值，帶來政治、財經上的不穩定情緒及實質損失，而從獨立到自治，其維持政府的開銷，負擔頗重，對王公、喇嘛們而言，並不比前清舊制爲有利，尤其王公們覺得負擔較喇嘛們爲重，致有黃（Shira 指喇嘛僧侶）、黑（Khara 指俗世貴族）的不平。此時發生賽音諾顏汗繼承問題，因他無子而由弟弟繼承，但哲佛欲別立並無深厚血緣的幼童，其間遂生許多傳說。總之，王公以襲爵由哲佛決定，則喇嘛們將得以控制，尚不如前清舊制，於是以恢復前清舊制爲要件的撤治醞釀即易展開了。

北京政府由皖系受日本之助而編成參戰軍，但皖系目的在於擴張武力並未參與歐戰，故備受指責。皖系爲謀參戰軍之出路，遂由徐樹錚提出西北籌邊計畫。及五四運動發生，爲應付反對浪潮，乃將參戰軍改爲邊防軍，由徐氏爲西北籌邊使，派出軍隊往庫倫；可知徐氏初意全不在籌邊，他也全不熟諳邊政。當外蒙撤治已到會議協商時，徐氏乃有意據功享名，爲皖系爭高聲望。他復以武力爲後盾，強橫的態度絕與陳毅的緩進誘導大相異趣，蓋陳氏欲結蒙人之心，調和蒙漢感情，先以恢復前清舊制，使之能由國際條約的約束下重回民國。至於前任都護其時已代理外長的陳籙，他始終反對撤治，其態度審慎而注重於列強的染指，認爲自治能合於時潮及既成的現實，但當撤治已成熟爲既定政策時，陳籙亦只有配合以行。二陳相繼規治外蒙，到底與後來攘功的徐氏見解絕不相同，北京政府的信用徐氏，對爾後外蒙的脫離中國應負相當大之責任。

　　民國八年八月外蒙在庫倫大會中決定拒絕「泛蒙古運動」的主張，同時派代表與陳毅商議撤治問題，議定原則為外蒙撤治，恢復前清舊制，行政統一於中央，中央任命辦事及幫辦大員，共負責以行職權，幫辦大員由蒙人中任命，襄理蒙旗事務。至於其法大體又有下列數點：其一為內政的五部由蒙漢參用而隸之於大員。其二為王公組成受大員監督的自治議會，有關蒙旗利害要事則先交其討論之。其三為興辦事業不得損害蒙旗土地的所有權，期蒙漢均利。其四為中央優待安撫喇嘛。其五為對俄交涉，須中央確實擔任。據上述的原則及辦法要點，形成日後撤治條例六十三款，於十月送交北京，但為後來徐樹錚所痛斥，逕改為八條，迫令外蒙接受。

　　徐氏使用軍人作風，借軍隊以橫行，先囚禁與其意見不合的陳毅，並押解返北京，又威脅巴特瑪多爾濟（時為外蒙總理），以不簽其所訂八條將與哲佛共押解回京。對於自治政府行裁併接收，毫不保留八年來外蒙的「江山」，極易刺激民族的情緒。大約最令人指責者，為徐氏對哲佛有意無禮的表現，致冊封之禮形同屈辱。凡此皆種下日後外蒙尋求脫離中國的心理。

　　倡導「泛蒙古運動」的謝米諾夫為布里雅特人，他連結土默特的富陞阿，接受日、俄的援助，借民族自決為口號，籌組全蒙古的獨立「國家」，推舉內蒙覺賴博克多為主，在海拉爾成立政府；實則全為日本幕後的鼓動及支援。得到呼倫貝爾以及少數內蒙代表之參與，外蒙成為日、謝逼迫參加的主要對象。當英、美、法軍陸續開到，使日本不得不有所顧忌，而中國軍隊也得外蒙允許入庫，謝氏的運動稍緩、及外蒙撤治之際，謝、富內爭不暇，接著受困於赤、白俄的戰事，加上呼倫貝爾之撤治等，「泛蒙古運動」可謂煙消雲散。

　　外蒙古的命運實屢經波折，撤治後北京政府以徐氏治蒙的不得人心已如上述，外蒙遂有秘密代表尋求各種外力的援助。此時謝米諾夫的舊部恩琴男爵（Baron Ungern-von Sternberg）發動對庫倫的攻擊。民國九年直皖戰爭致段祺瑞失勢，徐氏離政、恩琴乘機得日本之助以五千「亞洲騎兵師」攻向庫倫，而外蒙與北京的交通復遭親直系的察哈爾都統王庭楨所封鎖，庫倫的中國軍隊有三團約三千人，兵力不弱，且以孤城力守，將恩琴擊退。然則援軍不至，糧餉匱乏，終不敵恩琴的再度進攻，十年二月中國軍隊撤出庫倫，哲佛於三月間再度宣布獨立。北京的直奉兩系雖議決以張作霖為經略使，張景惠為援庫總司令，實則坐分地盤卻不動兵。又因日本鎮壓朝鮮的反抗，出兵於東北境地，奉系恐基地動搖，亦不敢輕動，遂由恩琴在外蒙肆虐，接著由赤俄所扶助的外蒙共黨興起。

外蒙共黨早期由兩個小組產生，其一為蘇赫巴托（Suke Bator, 1893～1923）所領導，他出身於車臣汗部的勞工，後在軍中受親共俄國軍官的影響，退伍後在庫倫的俄蒙印刷所組成以退伍軍人及印刷工人的小組。其二為喬巴山（Choibalsan, 1895～1952）所領導，亦為出身車臣汗部的勞工，後入俄領事館的俄文學校就讀，受共黨教員的影響，由留學伊爾庫次克到返庫倫俄使館工作，皆受共黨的教導，於是在使館中組成第二個共黨小組。徐樹錚治蒙時期此二小組皆已成立，同時在年底也合併成為廿三人的小組，開始向反徐氏的王公喇嘛活動。1920 年六月，第三國際代表指導兩小組派代表赴俄求援，並透過喇嘛彭特蘇克（自治政府的內政部長）取得哲佛的信件，由喬巴山、蘇赫巴托、波多（Bodo）等分別率三批代表赴俄。

外蒙共黨（蒙古人民黨 MPP）於 1921 年三月一日召開成立及代表大會於恰克圖，出席代表為二十六人，其中外蒙人有二十名，丹山（Damzan）為主席，蘇赫巴托與喬巴山分任革命軍的總司令及政委，他們是屬親蘇派，丹山與黨綱起草人詹托波倫諾（Jamtsarao）為保守派，後者居多數，較富民族主義色彩。此外，在八月間又有蒙古革命青年團（青年聯盟、蒙青團）之成立，由恩琴時期逃離庫倫的三十名外蒙青年組成，初組成時為一獨立黨派，與上述的蒙共分立，不同於一般的青年團。

日本的外交政策由西伯利亞出兵後，受到美國的阻礙，頗有孤立感覺，華盛頓會議時此感覺更重，故其國內主張走協調的外交，反對軍部的秘密活動；因之恩琴失去日本的支持，力量頓形減弱。當此之際，俄共紅軍也日益增長，其發動對庫倫之戰時即動員二師兵力。至於外蒙的共黨已於黨代表大會後不久，成立臨時政府，由卻克多爾札布（Chakodoljab）出任主席，在其革命軍下組成四團。七月六日俄、蒙共軍攻入庫倫。

共黨外蒙仍尊哲佛為大汗以行君主立憲，政府為「人民革命政府」，國號為「蒙古人民國」，至於其共黨則於 1924 年八月的全國代表大會中改為「蒙古人民革命黨」。（MPRP），哲佛於五月間去世，遂不設國家元首，以「大呼拉爾」為國家最高權力機構，國號也改為「蒙古人民共和國」。憲法制定亦於此年完成；其內容簡略如大綱，計分十五章五十條，包括兩個主要部份，其一為「權利宣言」，說明主權屬勞動人民，取消封建的王公及喇嘛特權，其二為關於建軍原則、目的及職責等根本法。1940 年七月又制新憲法，即所謂「喬巴山憲法」，共九十四條，分四篇、九章，大體上其憲法可反映外蒙共黨的發

展過程及階段性目標，如初憲將「權利宣言」置之於前，也無人民義務的規定，主在爭取羣眾同情；新憲則置社會經濟組織於前，人民的權利義務置之於後，目的在於全力發展資本主義，以便過渡到社會主義。

由於蘇赫巴托早死，喬巴山掌握青年團，第三國際即透過他來整肅國內的民族主義分子，同時還掌握情報機構「國家內防處」（後改內務部）。蒙共的內爭初期在對付反右傾機會主義者，次則對付左傾冒險主義者。1922 年，首批受整肅者為第一次代表大會選出的臨時政府主席卻克多爾札布、總理兼外長波多、內政部長彭楚克多爾濟等高級黨政人員十五人，以反革命政變的罪名處決，實則這些是民族主義份子，求取真正的獨立及緩進的改革，因而遭俄共指使蒙共殺害之。1924 年曾任黨主席之革命軍總司令丹山，又被指控為反革命的資產階級而遭到整肅，同時處決者三十餘人，半數皆為第一次黨大會的代表，其實丹山為自由色彩的民族主義者，有反蘇非共的傾向，難免受到剷除。1928 年黨主席丹巴多爾濟（Damba Dorji）及軍委會主席任齊諾（Rinchino）亦遭整肅，放逐莫斯科，前者病死，後者終遭槍決，其餘右派皆被掃除。

喬巴山領導的青年團掃除右派後，乃取得共黨之大權。右派幾乎全為舊日王公貴族，傳統蒙古的一大勢力瓦解後，接著即進行掃除另一大勢力的高僧們。1930 年處決三十八位高僧及大量中下級喇嘛、黨幹部們，罪名是與日本勾結製造羣眾不滿，以及左傾冒進份子，實則為替罪羔羊。

喬巴山為俄共一手培殖成控制外蒙的代理人，其後繼者為澤登巴爾（Tsedenbal）掌權至 1984 年八月。其間 1954 年丹巴（Damba）取代澤登巴爾出任第一書記，四年後第一書記又回到澤登巴爾手上，接著丹巴被逐出政治局及中央委員會。外蒙共黨最高權力機構為黨員代表大會，休會後為中央委員會，政治局和書記處都對之負責。在外蒙十八省及烏蘭巴托（庫倫改名，U'lan Ba'tur，意為紅色英雄）首府、各自治區皆有黨組織，以控制一切。政治局是採集體領導，有七名委員及兩名候補委員，其中有黨的總書記，第二書記及兩名額外書記。政治局實際上能有效地控制中央委員會，而提名為中委之名單皆經俄共的批准，再由此中產生政治局與書記處，而書記處有五名書記，原則上皆為政治局委員，可見其黨政之合一。

蒙共初獨立的十年，內部鬥爭激烈，又得到蘇聯之駐軍支持與承認，中國則迷信於加拉罕（Karakhan）宣言，以為蘇聯保證不使外蒙與中國斷絕關係，當漸覺其陰謀後，除去抗議外，亦無如之何。外蒙孤立於蘇聯扶持下，也曾

欲得到外國的承認及援助。1921 年美國副領事索口賓（S. Sokobin）曾赴烏蘭巴托，拜會新獨立政府之高階層人士，次年又三度往訪，引起俄、蒙共之疑忌，乃禁止其前往，外蒙仍處在俄共封閉的勢力之下。〔註59〕

　　爭取外蒙獨立自主的反共（俄共及蒙共）事件，除上述所言及外，還有幾次事件的爆發。1932 年由烏蘭固木漫延到西部蒙古各地，歷經三年後始為蒙共所鎮壓，這是對鈔襲蘇聯經驗的集體化政策之反抗，也迫使蒙共修正了冒險激進路線，可說是蒙古民族以流血換來的代價。由於日本入侵東北以及內蒙之自治運動，又激發外蒙反共的抗爭，共黨工會中央工會會長桑布（Sangbo）領導反共組織，欲與「滿洲」之蒙古聯合，但 1934 年為內防處所破，全組織四十餘人皆被處決，其中五分之四都是政府中的高級官員。同年，又爆發反共革命，領導者為司法部長貢布巴達瑪伊夫（Gombobadmayiff），騎兵團長巴達瑪伊夫（Badmayiff）等起事於烏蘭巴托，攻佔政府部門，槍決蘇聯顧問，但終不敵俄軍之砲火而全部犧牲。最大一次抗暴革命組織的事件發生在 1937 年 7 月，涉及總理根敦（Gendun）、革命軍總司令軍令部長齊密特（Chimid）、參謀總長馬爾濟（Mardji）、繼任總理阿穆耳（Amor），以及軍政次長、政治部、外交、商工、衛生、教育、司法、財政、經濟等部長，軍團、師團長、高級喇嘛，當時十二省九個省長、副省長，十一個工商局長、中央組織長，十個省黨部書記長等，遍及各高階層，其中不乏留俄、德、法學生，青年團員、陸空軍幹部等。握兵權的齊密特元帥先被召赴俄，以商討對日軍事為由，途中連同行者皆被毒死，接著即展開屠殺牽涉人員，被害者達四、五萬人，民間遭逮捕審訊者達十萬餘人，接著蘇聯以軍事協定駐大軍入蒙，展開鎮壓，使反蘇的革命歸於肅清。

　　二次大戰期間蘇聯加強軍事的控制，恐日本以「滿洲國」伸張勢力而及於外蒙，事實上自 1935、36 年日本即與外蒙在喀爾喀（哈勒欣 Khalakh-in）河畔有衝突，此所謂「滿」蒙之國界。1939 年爆發諾門罕之戰，俄蒙聯軍擊退來犯的日蒙聯軍，雙方都動員不少軍隊。外蒙在大戰末期隨俄日宣戰亦出兵往內蒙，佔有烏、錫、察三盟之地，前此則以大量物資支援蘇聯。在蘇聯的控制扶持下，乘同盟國欲使蘇聯對日宣戰，在雅爾達密約中使外蒙得到維持現狀的保證，並使之成為中蘇友好條約中的部份。1945 年 10 月，外蒙的公

〔註59〕參見 Alicia, J. Campi, The United States Government Perceptions of the Mongols, as Reflected in The U. S. Kalgan Conslar Records, 1920-27.（國際中國邊疆學術會議論文集，臺北，政大，民國 74 年），頁 669 至 715。

民在記名投票下全數通過獨立，次年元月，中國正式發布承認其獨立。但後來因「控蘇案」的提出，1953 年中國廢除中蘇友好條約，外蒙古的獨立亦隨之不予承認。

自中共政權建立後，外蒙即與之建交，先有「軍事互助協定」，繼之有1952 年所訂爲期十年的「經濟及文化合作協定」。中共大量幫助外蒙的經建，如與蘇、蒙合作修築烏蘭巴托至集寧的鐵路，又此後五年之內中共與外蒙貿易額增加五十倍，三方面交通關係也趨密。中共提供大量的經濟、人力支援，頗得外蒙之好感，使原本受蘇聯孤立的支持又有了新方向，不過華工在外蒙五年後得有公民權，恐怕是中共另一種政治性目的；但對勞動力及技術缺乏的外蒙，仍是可以接受的。中共對外蒙的影響力逐漸隨著援助而增加，蘇聯自加緊跟進，也相對地提出許多貸款、經援等，使兩者在外蒙成爲競爭的關係，外蒙因之獲益不少，同樣地，中、蘇共間的關係也影響到外蒙的立場。

自史大林死後，中、蘇共開始有明顯的分歧。1960 年雙方公開批評及攻擊，關係日趨惡化，外蒙雖然也想與中共維持正常關係，但在兩者間只好選擇受其扶立而控制力強的蘇聯。中共亦曾以犧牲部份土地的邊界條約，擴大慶祝成吉思汗八百周年誕辰等來拉攏外蒙，但並未得預期的效果。1962 年先有外蒙遣返華工之事，繼之於次年，澤登巴爾以蘇聯眞理報的言論來抨擊中共，接著中共終於反擊外蒙的親蘇，除將集寧至邊界鐵路改爲標準軌外，又關閉所有到外蒙的通路，這對外蒙貨運減少，也斷去以往三國的連繫。外蒙親蘇在實質上另有得自蘇聯之益，即 1961 年的加入聯合國以及次年加入共產國家間的「經濟互助委員會」（CMEA），前者是外交關係的突破，同時使能正式參與國際政治；後者使之得到東歐國家的經貿合作，以及科技上的發展。但在聯合國外蒙只能追隨蘇聯，在經互會的「一體化」之下，外蒙只能發展畜牧和輕工業，無異使之成爲蘇聯的畜牧場，這些無法避免的情勢，也成爲中共大肆抨擊蘇聯對外蒙的居心所在。

事實上外蒙得自蘇聯的貸、贈款額相當龐大，百分之九十以上的信用貸款、設備皆來自蘇聯，許多重工業的設施、計畫，包括煤礦、鐵路、水電、工業區，石油及金屬公司等等，都仰賴俄援，雖然建設進步，也使外蒙負擔了沈重而幾乎無止盡的債務，就此而言，要擺脫親蘇的包袱，實爲奢望。外蒙選擇親蘇，與中共關係自然惡化，1967 年雙方互撤大使，至 1971 年始再恢復，而中共也開始走向與美國和解之路，蘇聯爲此改變與中共的敵對。至 1979

年雙方又開始關係正常化，由於蘇聯出兵阿富汗延緩正常化的進展，至 1982
年始重趨於積極。隨著外蒙也與中共改善關係，雙方各種交流加增，但實質
上的情形則殊難逆料，恐怕始終擺脫不了前此所述的三方關係的進行方式。

　　1984 年 8 月澤登巴爾下臺，繼任者爲經濟專家巴特孟和（J. Batmunh），
此事引起各方猜測，或者以其專制而有權勢，不易控制，或以爲平息其過份
親蘇，或以爲其姑息民族主義，有離心傾向；對其他共產國家之警告等。不
論如何澤登巴爾的時代已過，未來外蒙之動向仍免不了受中、蘇共極大的影
響，眞正的獨立自主，也仍是蒙古民族要努力奮鬥及作明智的抉擇，而未來
中國的動向及發展，或能有助於此問題的解決。

三、民國以來的內蒙古民族

　　上文曾述及當外蒙獨立之際，內蒙古亦有部份響應者，但反對者也大有
人在。哲里木盟十旗王公召開的東蒙會議，即公開表示反對外蒙獨立，支持
五族共和的民國。西部三十餘旗王公也有西蒙會議，同樣反對外蒙的獨立，
並與東蒙會議呼應。東、西蒙的會議是在 1912 年底至 13 年初舉行，這段時
間內還有烏蘭察布、伊克昭二盟各旗在札薩克的聯合通電，以及在北京蒙古
王公聯合會的聲明，都明確表示反對外蒙的獨立、俄蒙條約，而贊助五族共
和等。上述的反對獨立立場是在北洋政府的主導下而成，袁世凱初任臨時大
總統時即公布「蒙古待遇條件」，大意是保持前清舊制的各種權利，〔註60〕袁
氏又以加官封爵來拉攏王公、高僧們，並允代償外債、開發蒙地經濟、民生
等，於是乃有上述東、西蒙會議的產生。袁氏的做法頗能合乎蒙古王公、高
僧們的利益，北洋政府接承清廷政權，雖以民國爲號，實質上如朝代鼎革一
般，故其作風上、觀念上仍有前清之遺，如結合蒙古王公、高僧，以爲間接
治理之策，即與清廷初無軒輊。若蒙藏事務處、事務局、到蒙藏院的成立，
終仍與清廷的理藩院無異。

　　北洋政府沿襲清末的開放政策，實行墾植及設置省縣於蒙古，前後成立
了綏遠、熱河、察哈爾三個特別區，在墾植上則透過下列三個法令來貫徹，
其一爲「禁止私放蒙荒通則」，放荒由中央決定，私放者處罰。其二爲「墾闢
蒙荒獎勵辦法」，根據報墾及招領的土地定獎勵之法。其三爲「邊荒條例」定

―――――――――――

〔註60〕 參見《中華民國史事紀要》（臺北，中華民國史事記要編輯委員會，民國 61
　　　　年），頁 147、148。

所收之利由政府及各旗均分。既以前清舊制爲法，則結果當與清末相似，利歸政府及王公、高僧，弊歸牧民及農民。至於其反動的情形，也與清末同類，反封建、反開墾而兼及對北洋的中央與地方勢力。北洋政府還有惡名昭彰的中、日「廿一條協定」，使東蒙古的權利操於日人之手，反帝國主義的熱潮也隨之興起。

上文曾指出清末蒙古的動亂事件，今再列舉民初所生的事件如下：1. 1911年伊盟鄂托克旗的「多歸輪」運動，主在抗爭王公的攤派。2. 1912年河套地區的「多歸輪」運動，由旺敦尼瑪活佛及廣漢卜羅所領導，以武力攻略官府及漢人地主、商號等。次年，寧夏總兵馬福祥設計誘擒兩位領導者，其事遂止；後活佛居留北京，廣漢卜羅被害。3. 伊盟達拉特旗的「多歸輪」運動，由該旗梅論章京阿尤爾札那所領導，反對札薩克遜博爾巴圖，雙方武裝對峙於1915年，當山西晉軍的加入，遜博爾巴圖勢力增加，阿尤爾札那被害，但由胡日嘎繼之領導相抗，次年，透過綏遠官方及伊盟盟長的協調而結束。4. 伊盟烏審旗「多歸輪」運動，由錫尼喇嘛領導，自1912年開始要求札薩克察克都爾色楞種種改革，對抗的初期結果錫尼得勝，旗札薩克被免職。而後錫尼受到控告，蒙藏院下緝捕令及解散其羣眾，至1919年錫尼爲盟長遜博爾巴圖所誘捕。其餘蒙古各地尚有些反動事件，但都未能成功壯大。總之，清末到民初這類事件中，有不少被官方視之爲「蒙匪」者，〔註61〕實質上與反封建、反開墾有密切關係，而清廷與北洋中央爲反動者所不滿或對立，即因爲開放政策中與封建王公結合之故。至於其失敗則在於缺乏組織及武力之故。

內蒙古人民（國民）革命黨在現代蒙古的歷史上佔有相當重要的地位，內蒙國、共兩黨的領袖人物皆出於這個政黨，他們代表蒙古民族因應新時代來臨而努力的一批新人。〔註62〕1912年貢桑諾爾布及克什克騰旗的樂山在北京與孫中山先生見面，隨之二人皆加入了同盟會（後爲國民黨）。貢桑諾爾布所辦的蒙藏學校，爲當時蒙藏有志青年凝聚之地，教師與學生皆能爲其理想而努力，富有革命氣息的思想或新思潮自然也感染了這些師生們，當時活動於北京的有郭道甫（莫色爾）、富明泰、吳恩和（恩和卜林）、金永昌（阿勒坦敖齊爾）、白雲梯（色楞登格魯布）、包悅卿（賽因巴雅爾）、于蘭澤（白彥泰）、李鳳崗（滿都拉圖）、伊德欽、白海風（杜固仁倉）、烏雲珠，以及前述

〔註61〕參見札奇斯欽，〈說清末民初的『蒙匪』〉，《朱建民先生七十華誕論文集》，（臺北，正中，民國67年），頁803至824。
〔註62〕參見同註54，札奇斯欽文，以下所述主要根據於此。

動亂的領導人物旺敦尼瑪、錫尼等人。不過後來國民黨、共黨第三國際、中共等都在蒙古人中活動。

白雲梯代表國民黨（1919 年入黨）在北京活動，中共也以李大釗負責吸收蒙古青年，外蒙古的人民革命黨也同樣展開工作。1924 年左右，雲潤、雲澤（烏蘭夫）兄弟，吉雅泰、多松年、奎璧、孟純、李裕智等人先加入青年團，而後即加入了中共。次年《蒙古農民》的創辦，成為內蒙共黨的革命刊物。北洋政府因共黨的活動，決定停止蒙藏學校的公費，於是中共分派這些青年往蘇聯、外蒙、黃埔軍校等處，後來他們都成為內蒙政壇上的活躍人物。

1925 年 10 月，內蒙古代表大會召開於張家口，國民黨、中共、外蒙、第三國際、馮玉祥等都有代表參加，「內蒙古人民革命黨」終於成立，白雲梯為中央委員會委員長，郭道甫為秘書，金永昌為代理組織部長，由中央委員人選中可知國民黨及溫和派略佔多數。人民革命軍及軍官學校同時在大會中決定成立，白雲梯為革命軍總司令，伊德欽為參謀長，但不久因馮玉祥為奉軍所敗，黨部隨之西撤至包頭、寧夏。在包頭又有人民革命軍的成立，這次由組軍的旺敦尼瑪為司令，中共黨員李裕智及王炳章分任副司令及軍官學校校長，錫尼喇嘛此時也返回烏審旗。這批較左傾的激烈份子以武力佔有旗公署，推翻封建舊制，實施改革計畫。同樣在阿拉善旗，德欽伊希諾爾布也以革命方式接掌旗政，但數月後即為舊勢力所敗，黨人或死或散。這兩次革命性行動造成內蒙古的震動，保守份子對革命黨的激烈行動也頗為不滿。不久因旺敦尼瑪、李裕智之死，引起黨內的猜疑與糾紛，而王炳章也離開總部。

內蒙革命黨內原有路線之爭，因國民黨聯俄容共尚能和平相處，及國民黨清黨開始，第三國際要內蒙革命黨遷總部於烏蘭巴托，同時召開大會，左傾共黨得到第三國際的支持，奪去白雲梯、郭道甫之職，並免去國民黨和溫和派如金永昌、樂景濤、李鳳崗、于蘭澤等人的中執委。白雲梯恐遭不測乃先行返回寧夏，發表反共宣言，並將革命黨歸併於國民黨之內。

1928 年由白雲梯等人的爭取，蒙藏院改為蒙藏委員會，但委員長為閻錫山，主因是吳鶴齡等代表的保守派對白氏不滿，加上其時正通過將內蒙及青、康等特區設省，白氏為中央政治委員竟無以挽回，遭保守派嚴厲抨擊，中央為免派系糾紛，故未讓白氏主政蒙藏會，其實白氏乃革命黨員，其反對封建舊勢而主張建省，自然同意中央的決策。

1930 年於南京召開蒙古會議，因中原戰爭致西蒙、青、新等代表未至，

其餘有代表五十七人，通過議案六十二項，主題在於盟旗制度及自治問題，另外皆有關於教育、實業、交通、衛生等方面的建設，其中重要的自治問題卻未作成決議。蒙古自治的提案主因開墾造成蒙民日苦、地方政治不良之故，要求自治有其實際困苦之情。〔註63〕

「蒙古盟部旗組織法」三十七條係根據蒙古會議的決議於次年公布，其要點一為管轄治理權，規定區域、人民為現有的狀況，權利義務平等，省縣、盟旗關涉事務則互商議定。二為盟旗關係，盟及特別旗為一級單位，相當於省；旗則相當於縣，旗札薩克及其以下重要人員，由盟長咨請蒙藏會呈行政院辦理。其三為盟旗的組織，特別設有盟、旗民代表會，有立法、設計、審議、監察等權力，旗設旗務委員會取代過去的協理等僚佐，由民代會及札薩克舉出候選人，再由中央擇薦，若札薩克因故不行政務時，則由旗務委員或指定、或互推出而代理之。〔註64〕此法確定盟旗與省縣的地位，有民代會等民主色彩，札薩克未明訂為世襲之制，又附及外蒙古等地的比照適用等。

上文言及關於蒙古自治的要求未得決議，「九一八」事變後，東蒙由相繼淪陷漸演成自治區，在「滿洲國」的轄下，西蒙在此際也醞釀出自治運動。〔註65〕1933年6月，錫盟副盟長德王（德穆楚克棟魯普 Demchugdungrub）及盟長索王（索諾木拉布 Sodnamrabtan）召開各旗長會議，決議聯合各盟旗自治以求自衛生存。德王為成吉思汗第三十一代孫，頗有民族主義色彩。前此已聯合一些在南京、北平的蒙古知識青年及年輕王公們，以為推動自治的基本幹部。德王又敦請烏盟盟長雲王（雲端旺楚克 Yondonwangchugh）出面共襄大事，於7月間在百靈廟召開大會，通電中央要求行高度自治，組成內蒙自治政府，並以錫、烏、伊三盟名義通告各王公及在外蒙人參加。

十月又舉行共五次會議，通過其自治政府組織法，以雲王為委員長，其高度自治指軍事、外交之外的一切自治，包括管轄、人事的自主權等。國民政府派內政部長黃紹竑、蒙藏會副委員長趙丕廉等赴百靈廟協商，攜回所謂

〔註63〕 參見李毓澍，〈北伐完成後蒙古與中央之關係〉（三民主義與蒙藏學術研討會論文集，臺北，政大，民國74年），頁186。

〔註64〕 參見《蒙藏政策及法令選輯》（臺北，蒙藏會，民國55年），頁68至72，另見姚鳳岐，《蒙古概況》（臺北，蒙藏會，民國43年），頁151至153。

〔註65〕 此運動本文參考前註姚鳳岐書，札奇斯欽，《蒙古之今昔》，方範九，《蒙古概況》與《內蒙自治運動》（上海，商務，民國23年），譚惕吾，《內蒙之今昔》（上海，商務，民國24年）等書。

「甲種辦法」。次年，國府中央政治會議幾經商討通過「蒙古地方自治辦法原則」八項，其一為設自治委員會，直屬行政院，並受中央主管機關指導，委員長及委員以蒙人為原則，經費由中央撥付，中央另派大員駐該委員會指導之，並調解盟旗省縣的爭議。其二為盟旗公署改為盟旗政府，組織不變，盟政府經費由中央輔助。其三為察哈爾部改盟，組織照舊。其四為盟旗管轄治理權照舊。其五為現有牧地停墾，以改良畜牧中興辦附帶事業。其六為省縣在盟旗地方的稅收須劈分若干為建設經費。其七為盟旗原有租稅及蒙民原有私租，一律保障。其八為盟旗地方不再增設縣治或設治局，若有必要，則須得盟旗的同意。

　　新成立的自治政府由雲王為委員長，伊盟的沙王（沙克都爾札布）、索王等為副委員長，德王、白雲梯等二十一人為委員，並由德王兼秘書長，指導長官為何應欽。這個自治運動自始即有複雜的背景，蒙胞要求自治，但在南京的吳鶴齡反對德王，綏省傅作義反對自治，察省宋哲元不強烈反對自治，晉省閻錫山則反對自治，章嘉活佛不滿貢王及吳鶴齡，但因反對贊成自治的班禪而反對自治，加上日本人滿蒙政策之下的野心，使得自治運動從開始到結束就不免於複雜與多變。

　　由於日本的陰謀，支持察東的李守信、綏東的王英等組成義軍，以為擴張的先鋒。自「九一八」發生時即有所謂「內蒙古自治軍」的成立，由日本支持的甘珠爾札布所領導，可知其時即打算建立其滿蒙計畫中之「國家」的蒙古武力，「滿洲國」成立之際，有鄭家屯會議，決議將東蒙地區成立自治區直屬於「滿洲國」國務院，所謂興安局、興安總署、蒙政部、又復為興安局等都是管轄這一東蒙自治區的不同名稱單位。興安局下又分東、西、南、北四分省（省），另有其他不在省內之地。日本在當地設有高等學校、學院、軍校，土地開墾的利益分配，平民知識份子漸取代舊式的封建治理等，這些較「進步」之措施仍掩不住日本對當地勞力、資源的剝削，以及嚴防民族意識的抬頭；興安北省省長凌陞的被處死，即為最好的說明。

　　自 1935 年，百靈廟的自治成為綏遠、察哈爾兩省的自治委員會，分別由沙王、德王主持，主要是防日本西進，恐西蒙全部為其拉攏。前此李守信進兵的「察東事件」，有助長日本扶助德王勢力之嫌，尤其當德王至長春訪問「滿洲國」，接著成立蒙古軍總司令部後，更令國府擔心德王的動向。1936 年德王召開蒙古大會，成立蒙古軍政府預為「蒙古國」的前身，並以成吉思汗紀元，

四色七條旗爲幟，舉雲王爲主席，索王及未參加的沙王爲副主席，德王爲總裁，又成立蒙古軍兩軍，分由德王、李守信任正、副總司令並分兼二軍長之職，另有德王兼校長的軍官學校。其政府設八署（軍事、財政、內務、實業、教育、交通、司法、外交），另有總裁幫辦李守信、吳鶴齡、仆英達賚、陶克陶四人。「改元易幟」的政府已由自治變成獨立之勢。

1937 年於歸綏有第二次的蒙古大會，除德王軍政府外，淪陷區的蒙古王公及不久成立的察南、晉北二自治政府皆有代表參加，會議由日本關東軍所促成，設立「蒙古聯盟自治政府」，雲王、德王分任正、副主席，德王兼政務院長，李守信爲蒙軍總司令，吳鶴齡爲參議長。次年，德王繼去世的雲王爲主席，李守信任副主席。日本最高顧問金井章二籌組「蒙疆聯合委員會」，作爲察南、晉北、蒙古三者的經濟合作，據此於 1939 年成立「蒙古聯合自治政府」，德王、于品卿、夏恭分任主席及副主席。兩年後改成「蒙疆聯合自治邦」，而後又改成「蒙古自治邦」。這個「蒙疆政府」實際上是由日本扶立、操縱的政權，日人以各種名義出任官職，布滿「政府」中來控制，更藉所謂「防共」而進行嚴密的搜殺，對於經濟物資的掠奪，則成爲日本侵華的補給基地。

德王自治的創導，或以爲可免除日本侵華之外而求自保，但其自治政府無疑是未能眞正的自治，而是在日本控制下委曲求全，或爲德王的苦衷，或爲其求自治而方向偏差。但蒙古民族求取自治已有外蒙之例，內蒙要求自治提案之際，主在擺脫地方而直隸中央，並無「高度」乃至獨立的勢，奈何當日軍侵蒙時，借外力壓迫而造成往後之局？實値得詳加檢討。地方勢力的爭權、武斷，只能造成離心，乃至反抗，1943 年「伊盟事變」之發生，可以說明爲處置不當之例。傅作義部將陳長捷以防共、防日之名出掌「伊盟守備軍總部」，因開墾問題發生流血衝突，後由沙王調停及輿論壓力，終使陳長捷撤職不用，撫恤損失以及緩徵、緩墾作爲結束。但中共的各種活動也乘此時機而滲入。

1945 年蘇聯及外蒙以對日宣戰而進兵內蒙，局勢變化之際，內蒙有主張獨立、自治，或與外蒙共爲一體者，有親中共、蘇共、國民黨者。複雜多變的形勢下，隨著傅作義的規復內蒙，中共肇事等，內蒙更顯得混亂。蒙疆政府的仆英達賚結合「蒙古青年黨」及一批自治要求者，組成「內蒙古共和國臨時政府」。東蒙興安省出現「內蒙古人民革命黨」，組成解放委員會及解放軍，主張與外蒙合併，不過爲外蒙拒絕。另外又有「內蒙古人民革命青年團」

之類的組織與中共聯絡。次年，東蒙代表大會召開於葛根廟，成立以博彥滿都爲首的「東蒙自治政府」，地點設在王爺廟（烏蘭浩特）。

中共以烏蘭夫取代仆英達賚爲臨時政府主席，隨後即宣布解散。而「東蒙自治政府」副主席瑪尼巴達拉及德王都曾與中央聯絡，要求中央支持的高度自治，但都沒有結果，這給中共慨然允諾的宣傳好機會。中共由自治運動聯合會來進行其工作，烏蘭夫、奎壁等爲負責人，透過所設各部及分會活動。東蒙的自治政府在 1946 年 4 月與聯合會達成決議，成爲合併的新聯合會，烏蘭夫、博彥滿都分任正、副主席，以東、西蒙總分會進行其自治運動，如此，中共掌握了內蒙之動向，而反共者只有以游擊戰的方式來對抗，或者投奔往阿拉善旗的德主麾下。中共民族自決或自治的口號，在此可見其魅力。

1947 年在王爺廟召開內蒙人民代表大會，決議成立內蒙自治政府，烏蘭夫、阿豐阿爲正、副主席，博彥滿都、吉雅泰分任參議會正、副議長，不久，烏蘭夫也成爲內蒙共黨的書記，掌握黨、政大權。

1949 年初，中共占據北平，開始用和平攻勢與綏遠協議。德王在阿拉善組成自治籌備會，由於政局波動，沒有得到中央明確的支持。8 月，內蒙反共代表的大會中，組成以德王爲主席的自治政府，但一個多月後，綏遠省主席董其武投共，寧夏也相繼失陷，自治政府內也有投共的札薩光，德王以大勢已去而出走。隨著大陸失守，青、康、新各地蒙胞皆淪入中共之手。

中共統治下的「內蒙自治區」，原設有四區轄市、十一盟轄市、二十一縣、八盟、五十四旗，以呼和浩特（舊歸綏）爲首府。面積約一百十八萬餘方公里，人口約近兩千萬，其中蒙古民族約近二百五十萬左右。其他有分屬盟、區之蒙古自治州三十三個，自治縣七個。後經過行政區的調整，目前設置五個區級市，爲呼和浩特市、包頭市、烏海市、赤峰市、通遼市。七個盟，爲呼倫貝爾盟、興安盟、錫林郭勒盟、烏蘭察布盟、伊克昭盟、巴彥淖爾盟、阿拉善盟。

徵引書目

一、史籍及參考書（以姓氏筆劃排列）

（一）中文部份

1. 小薩囊徹辰，《蒙古源流》，沈曾植箋證，臺北，文海，民國 54 年。
2. 尤侗，《明史外國傳》，臺北，學生，民國 66 年。
3. 方豪，《中西交通史》，臺北，華岡，民國 72 年。
4. 方式濟，《龍沙紀略》，明清史料彙編初集，臺北，文海。
5. 方範九，《蒙古概況與內蒙自治運動》，上海，商務，民國 23 年。
6. 王琦，《清太祖太宗時代之滿蒙關係研究》，臺北，政大邊政研究所，民國 70 年。
7. 王儀，《蒙古元與王氏高麗及日本的關係》，臺北，商務，民國 62 年。
8. 王光魯，《元史備忘錄》，臺北，廣文。
9. 王明蓀，《早期蒙古游牧社會的結構》，臺北，嘉新文化基金會，民國 65 年。
10. 王明蓀，《元代的士人與政治》，臺北，中國文化大學，民國 71 年。
11. 王明蓀，《中國民族與北疆史論（漢晉篇）》，臺北，丹青，民國 76 年。
12. 王國維，《觀堂集林》，臺北，河洛，民國 64 年。
13. 巴根、余錦繡（譯），《蒙古人民共和國通史》北京科學，1958 年。
14. 中華民國史事紀要編輯委員會，《中華民國史事紀要》，臺北，國史館，民國 61 年。
15. 司馬遷，《史記》，廿五史本，臺北，藝文。

16. 令狐德棻，《周書》，廿五史本，臺北，藝文。

17. 札奇斯欽，《蒙古之今昔》，臺北，中華文化出版事業委員會，民國 44 年。

18. 札奇斯欽，《外蒙古的「獨立」「自治」和「撤治」》，臺北，正中，民國 53 年。

19. 札奇斯欽，《北亞游牧民族與中原農業民族間的和平戰爭與貿易之關係》，臺北，正中，民國 62 年。

20. 札奇斯欽，《蒙古與西藏歷史關係之研究》，臺北，政大，民國 67 年。

21. 札奇斯欽，《蒙古秘史新譯並註釋》，臺北，聯經，民國 68 年。

22. 札奇斯欽，《蒙古黃金史譯註》，臺北，聯經，民國 68 年。

23. 札奇斯欽，《蒙古史論叢》，上、下冊，臺北，學海，民國 69 年。

24. 宇文懋昭，《大金國志》，國學基本叢書，臺北，商務。

25. 多爾濟麒慶，《蒙古律》，中華文史叢書，臺北，華文。

26. 宋濂，《元史》，廿五史本，臺北，藝文。

27. 杜祐，《通典》，十通本，臺北，新興。

28. 佚名，《聖武親征錄》，王國維校注蒙古史料四種，臺北，正中，民國 51 年。

29. 佚名，《大元聖政國朝典章》，臺北，故宮博物院，民國 65 年。

30. 余大鈞、周建奇（譯），《史集》，二卷三冊，北京，商務，1983、1985 年。

31. 余大鈞（譯），《金帳汗國興衰史》，北京，商務，1985 年。

32. 余士雄（編），《馬可波羅介紹與研究》，北京，書目文獻，1983 年。

33. 谷應泰，《明史紀事本末》，臺北，華世，民國 65 年。

34. 呂秋文，《中俄外蒙交涉始末》，臺北，成文，民國 65 年。

35. 何高濟（譯），《鄂多立克東游錄》，北京，中華，1981 年。

36. 何耀彰，《滿清治蒙政策之研究》，臺北，東吳大學中國學術著作獎助委員會，民國 67 年。

37. 李幹，《元代社會經濟史稿》，湖北，人民，1985 年。

38. 李志常，《長春真人西遊記》，王國維校注蒙古史料四種，臺北，正中。

39. 李邁先，《俄國史》，上、下冊，臺北，國立編譯館，民國 63 年。

40. 李則芬，《元史新講》，五冊，臺北，自印，民國 67 年。

41. 李毓澍，《外蒙古撤治問題》，臺北，中研院近史所，民國 50 年。

42. 李毓樹，《外蒙政教制度考》，臺北，中研院近史所，民國 51 年。

43. 李毓澍，《論早期外蒙地區中俄互市》，臺北，蒙藏委員會，民國 76 年。

44. 李毓澍，《民初中俄呼倫貝爾交涉》，臺北，蒙藏委員會，民國 75 年。

45. 李毓澍，《從蒙共六十年來演變對外蒙現況的探討》，臺北，蒙藏委員會，民國 74 年。

46. 李天鳴，《宋元戰史》，四冊，臺北，食貨，民國 77 年。

47. 祁韻士，《皇朝藩部要略》，臺北，文海，民國 54 年。

48. 武漢大學外文系等（譯），《征服中亞史》，北京，商務，1980。

49. 林惠祥，《文化人類學》，臺北，商務。

50. 林唯剛，《俄蒙交涉始末》，民國經世文正編，大陸。

51. 姚燧，《牧庵集》，四部叢刊初編，臺北，商務。

52. 柯紹忞，《譯史補》，臺北，廣文，民國 57 年。

53. 柯紹忞，《新元史》，廿五史本。

54. 段成式，《酉陽雜俎》，筆記小說大觀三編，臺北，新興。

55. 扁舟、若如（譯），《外蒙共黨之真相》，臺北，黎明，民國 64 年。

56. 姚從吾，《東北史論叢》，上、下冊，臺北，正中，民國 57 年。

57. 姚錫光，《籌蒙芻議》，臺北、文海，民國 54 年。

58. 姚鳳岐，《蒙古概況》，臺北，蒙藏會，民國 43 年。

59. 班固，《後漢書》，廿五史本。

60. 洪鈞，《元史譯文證補》，叢書集成初編，臺北，商務。

61. 耿昇、何高濟（譯），《柏朗嘉賓蒙古行紀》，《魯布魯克東行紀》，北京，中華，1985 年。

62. 高文德、蔡志純，《蒙古世系》，北京，中國社會科學，1979 年。

63. 孫克寬，《元代漢文化之活動》，臺北，中華，民國 57 年。

64. 孫克寬，《蒙古漢軍與漢文化研究》，臺中，東海大學，民國 59 年。

65. 准噶爾史略編寫組，《准噶爾史略》，北京，人民，1985 年。

66. 脫脫，《遼史》，廿五史本。

67. 脫脫，《金史》，廿五史本。

68. 陳垣，《元史研究》，臺北，九思，民國 66 年。

69. 陳崇祖，《外蒙近世史》，臺北，文海，民國 54 年。

70. 陳寅恪，《陳寅恪先生全集》，臺北，九思，民國 66 年。

71. 陳大維（譯），《蒙古人民共和國發展史》，北京，時代，1953 年。

72. 陳藍雲，《俄羅斯的東進與早期中俄關係之研究》，臺北，政大邊政研究所，民國 76 年。

73. 陳子龍，《皇明經世文編》，臺北，國聯，影印崇禎平露堂刊本，民國 57

年。

74. 崑岡，《欽定大清會典》，臺北，中文，民國 53 年。

75. 屠寄，《蒙兀兒史記》，臺北，世界，民國 79 年。

76. 程光裕、徐聖謨，《中國歷史地圖》，臺北，中國文化大學，民國 73 年。

77. 黃溍，《金華黃先生文集》，四部叢刊初編。

78. 黃震，《古今紀要逸編》，文淵閣四庫全書，臺北，高務。

79. 黃寬重，《南宋史研究集》，臺北，新文豐，民國 74 年。

80. 黃金河，《哲布尊丹巴與外蒙古》，臺北，嘉新文化基金會，民國 57 年。

81. 張穆，《蒙古游牧記》，臺北，蒙藏會，民國 48 年。

82. 張中復，《蒙古察合台汗國游牧封建體制之研究》，臺北，政大邊政研究所，民國 76 年。

83. 張廷玉，《明史》，廿五史本。

84. 張興唐（譯），《蒙古社會制度史》，臺北，中華文化出版事業委員會，民國 46 年。

85. 張興唐，《蒙古蒙旗制的意義和沿革》，臺北，蒙藏委員會，民國 43 年。

86. 張遐民，《俄帝侵略下之外蒙古》，臺北，蒙藏委員會，民國 53 年。

87. 張大軍，《外蒙古現代史》，臺北，金蘭，民國 73 年。

88. 張久和，《原蒙古人的歷史——室韋韃靼研究》，北京，高等教育，1998 年。

89. 陶宗儀，《輟耕錄》，國學基本叢書，臺北，商務。

90. 陶道南，《邊疆政治制度史》，臺北，中華叢書編審委員會，民國 55 年。

91. 馮時可，《俺答志》，中華文史叢書。

92. 馮承鈞，《成吉思汗傳》，臺北，商務，民國 58 年。

93. 馮承鈞（譯），《蒙古史略》，臺北，商務，民國 55 年。

94. 馮承鈞（譯），《多桑蒙古史》，二冊，臺北，商務，民國 56 年。

95. 馮承鈞（譯），《帖木兒帝國》，臺北，商務，民國 58 年。

96. 馮承鈞（譯），《馬可波羅行紀》，臺北，商務，民國 51 年。

97. 彭大雅，《黑韃事略》，王國維校注蒙古史料四種本。

98. 楊志玖，《元史三論》，北京，人民，1985 年。

99. 楊汝舟，《外蒙共黨之今昔》，臺北，黎明，民國 63 年。

100. 趙珙，《蒙韃備錄》，王國維箋證蒙古史料四種。

101. 趙翼，《廿二史劄記，》臺北，世界，民國 61 年。

102. 趙爾巽，《清史稿》，臺北，坊印本。

103. 虞集，《道園學古錄》，四部叢刊初編。

104. 葉隆禮，《契丹國志》，臺北，廣文，民國 57 年。

105. 蔣良騏，《十二朝東華錄》，臺北，文海，民國 52 年。

106. 蒙思明，《元代社會階級制度》，北平，燕京大學燕京學報專號，民國 27 年。

107. 蒙藏委員會，《蒙古盟旗行政區劃表》，臺北，蒙藏委員會，民國 51 年。

108. 蒙藏委員會，《蒙藏政策及法令選輯》，臺北，蒙藏委員會，民國 55 年。

109. 蒙古族簡史編寫組，《蒙古族簡史》，呼和浩特，內蒙人民，1986 年。

110. 蒙藏委員會，《清代邊政通考》，臺北，蒙藏委員會，民國 48 年。

111. 蒙藏委員會，《蒙古盟旗行政區劃表》，臺北，蒙藏委員會，民國 51 年。

112. 劉昫，《唐書》，廿五史本。

113. 劉榮焌（譯），《蒙古社會制度史》，北京，中國社會科學，1980 年。

114. 箭內亙，《元朝怯薛及斡耳朵考》，臺北，商務，民國 52 年。

115. 錢大昕，《元史氏族表》，廿五史補編，上海，開明，民國 24 年。

116. 鄭曉，《皇明四夷考》，中華文化史叢書，第三輯。

117. 鄭麟趾，《高麗史》，臺北，文史哲。

118. 歐陽玄，《圭齋集》，四部叢刊初編。

119. 歐陽修，《五代史記》，二十五史本。

120. 歐陽修，《新唐書》，二十五史本。

121. 簡俊耀，《十一至十三世紀蒙古氏族制度之研究》，臺北，政大邊政研究所，民國 63 年。

122. 龍冠海，《社會學》，臺北，三民，民國 55 年。

123. 魏收，《魏書》，二十五史本。

124. 魏徵，《隋書》，二十五史本。

125. 魏源，《聖武記》，臺北，世界，民國 51 年。

126. 魏源，《元史新編》，慎微堂本，臺北，文海。

127. 韓儒林，《穹盧集》，上海，人民，1982 年。

128. 韓儒林（主編），《元朝史》，上、下冊，北京，人民，1986 年。

129. 蕭啓慶，《西域人與元初政治》，臺北，臺大文學院，民國 55 年。

130. 蕭啓慶，《元代史新探》，臺北，新文豐，民國 72 年。

131. 藍美華，《外蒙與中共關係之研究（1952～1984）》，臺北，政大邊政研究所，民國 75 年。

132. 覺羅勒德洪，《清實錄》，臺北，華文，民國 53 年。

133. 蘇天爵，《國朝名臣事略》，臺北，學生，民國 58 年。

134. 蘇天爵，《元文類》，臺北，商務，國學基本叢書，民國 57。

135. 譚惕吾，《內蒙之今昔》，上海，商務，民國 24 年。

136. 譚其驤，《中國歷史地圖集》，上海，地圖出版社，1982 年。

137. 鐘月豐，《清聖祖與外蒙古之內屬》，臺北，政大邊政研究所，民國 72 年。

（二）外文部份

1. 矢野仁一，《近代蒙古史研究》，東京，弘文堂，昭和 13 年。

2. 田山茂，《清代に於ける蒙古の社會制度》，東京，文京，昭和 29 年。

3. 田村實造，《中國征服王朝の研究》，三冊，京都大學東洋史研究會，昭和 46 年。

4. 高山洋吉（譯），《蒙古近世史》，東京，森北，昭和 16 年。

5. 箭內亙，《蒙古史研究》，上、下冊，京都，刀江，昭和 41 年。

6. Bawden, C. R. *The Modern History of Mongolia*, New York, 1968。

7. Howorth, H. H. *History of the Mongols*, 臺北，成文，1970。

8. Juvaini, A. M. *The History of the World Conqueror*, trans, J. A. Boyle, Harvard University, 1958。

9. Rashid al-Din *The Successors of Genghis Khan*, trans. J. A. Boyle, Columbia University, 1971。

10. Rupen, R. A. *Monglos of the Twentieth Century*, Indiana University, 1964。

二、論　文

（一）中文部份

1. 文崇一，〈漢代匈奴人的社會組織與文化形態〉，邊疆文化論集，第二集，臺北，中華文化出版事業委員會，民國 43 年。

2. 王明蓀，〈元代的儒吏之論與儒術緣飾吏治〉，華學月刊，第一三九期，臺北，中華學術院，民國 72 年。

3. 王啓宗，〈元軍第一次征日考〉，〈元軍第二次征日考〉，遼金元史研究論集，臺北，大陸雜誌社。

5. 田炯錦，〈成吉思汗尊號釋義〉，邊疆文集，第一冊，臺北，國防研究院，民國 53 年。

6. 田村實造，〈蒙古族的開國傳說與移住問題〉，蒙古研究，臺北，中國邊疆史語學會，民國 57 年。

7. 札奇斯欽，〈說清末民初的『蒙匪』〉，朱建民先生七十華誕論文集，臺北，正中，民國 67 年。

8. 札奇斯欽，〈清季蒙古統治階層之漢化〉，國際中國邊疆學術會議論文集，臺北，政大，民國 74 年。

9. 札奇斯欽，〈二十年代的內蒙古國民黨〉，三民主義與蒙藏學術研討會論文集，臺北，政大，民國 74 年。

10. 伊志，〈明代棄套始末〉，明史論叢之六，明代邊防，臺北，學生，民國 58 年。

11. 宋念慈（譯），〈清朝統治蒙古政策〉，中國邊政季刊，第四四至四七期，臺北，中國邊政季刊社，民國 62 年至 63 年。

12. 李符桐，〈奇渥溫氏內閧與亂亡之探討〉，歷史學報，第二期，臺北，師大，民國 62 年。

13. 李齊芳，〈清雍正皇帝兩次遣使赴俄之謎〉，中研院近史所集刊，第十三期，臺北，中研院近史所，民國 73 年。

14. 李學智，〈檢討明代對蒙古滿洲民族的得失〉，三民主義與蒙藏學術研討會論文集，臺北，政大，民國 74 年。

15. 李毓澍，〈民八外蒙撤治問題癥結的探討〉，中華民國建國史討論集，第二冊，民國 70 年。

16. 李毓澍，〈北伐完成後蒙古與中央之關係〉，三民主義與蒙藏學術研討會論文集，民國 74 年。

17. 李毓澍，〈民國初年的外蒙古問題〉，蒙古研究，中國邊疆歷史語文學會，民國 57 年。

18. 姚從吾，〈元世祖忽必烈汗他的家世、他的時代與他在位期間的重要設施〉，蒙古研究，民國 57 年。

19. 姚從吾，〈張德輝嶺北紀行足本校注〉，文史哲學報，第十一期，臺北，臺大文學院，民國 51 年。

20. 姚從吾，〈從阿蘭娘娘折箭訓子到訶額侖太后的訓誡成吉思汗〉，遼金元史研究論集，臺北，大陸雜誌社。

21. 姚從吾，〈舊元史中達魯花赤初期的本義為宣差說〉，文史哲學報，第十二期，臺北，臺大文學院，民國 52 年。

22. 姚從吾，〈十三世紀蒙古人的軍事組織遊獵生活倫常觀念與宗教信仰〉，邊疆文化論集，第二冊，臺北，中華文化出版事業委員會，民國 43 年。

23. 姚家积，〈蒙古人是何時到達三河之源的〉，元史論叢，第一輯，北京，中華，1982 年。

24. 洪金富，〈元代監察制度之特色〉，歷史學報，第二號，臺南，成大，民國 64 年。

25. 徐炳昶，〈校金完顏希尹神道碑書後〉，史學集刊，第一期，北平，國立北平研究院，民國 25 年。

26. 唐屹，〈蒙古部族考初稿〉，邊政研究所年報，第六期，臺北，政大，民國 64 年。

27. 烏爾塔尼（譯），〈清朝對蒙古政策之研究〉，中國邊政季刊，第二三期，中國邊政協會，民國 57 年。

28. 海中雄，〈一七七一年之後喀爾瑪克蒙古在俄國之分佈及遷徙〉，臺北，蒙藏會影印，民國 77 年。

29. 黃彰健，〈論明初北元君主世系〉，中研院史語所集刊，第三十七本（上），臺北，中研院史語所，民國 55 年。

30. 楚明善，〈清代之治邊制度與政策〉，邊政公論，一卷二期，四川，巴縣，民國 30 年。

31. 韓儒林，〈突厥文苾伽可汗碑譯釋〉，禹貢，六卷六期，民國 25 年。

32. 魏煥，〈九邊考〉，明史論叢之六，明代邊防，臺北，學生，民國 57 年。

33. 蕭啓慶，〈元代蒙古人的漢學〉，國際中國邊疆學術會議論文集，臺北，政大，民國 74 年。

（二）外文部份

1. 山守本，〈明代蒙古の世系（1）（2）〉，滿蒙研究，第二二八、二二九期。

2. 白鳥庫吉，〈蒙古民族の起原（1）（2）（3）（4）〉，史學雜誌，十八卷二期至五期。

3. 護雅夫，〈Nökör 考序說〉，東方學，第五期，日本，昭和 27 年。

4. Alicia, J. C. "The United States Government Perceptions of the Mongols as Reflectedn the U. S. Kalgan Conslar Recovds 1920-27"，國際中國邊疆學術會議論文集，臺北，政大，民國 74 年。

5. Jagchid, Sechin "Prince Gungsangnorbu and Inner Mongolian Modernization" 中華民國建國史討論集，第二冊，民國 70 年。

6. J. Lapolombera, Tbe Comparative Roles of Group in political system, in Social Stience Research Council, Item 15, 1961, p.p.18-21.

附表、附圖

表一至表四取自高文德、蔡志純《蒙古世系》

附表一　合不勒罕以前世系

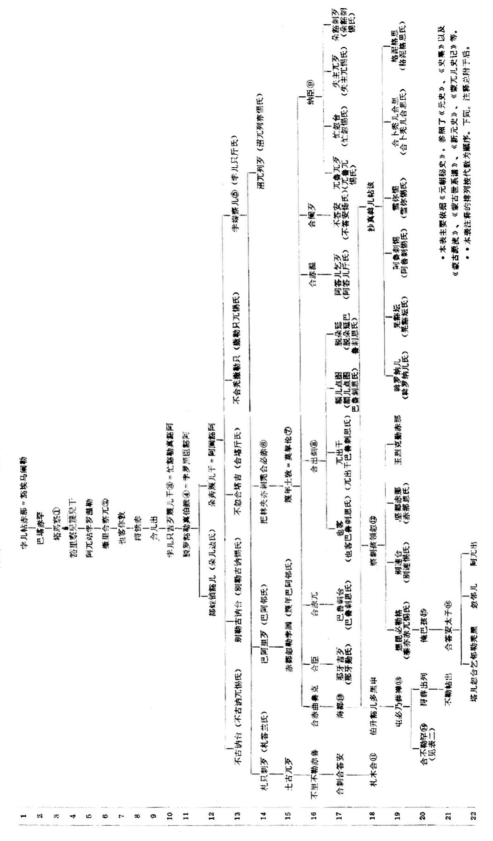

附表二 成吉思汗諸子世系

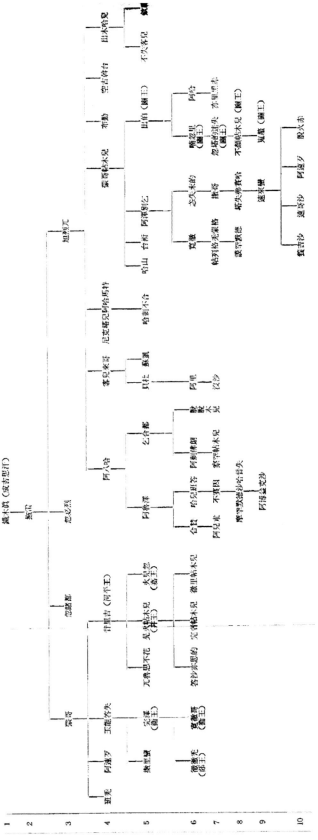

附表三　忽必烈諸子世系

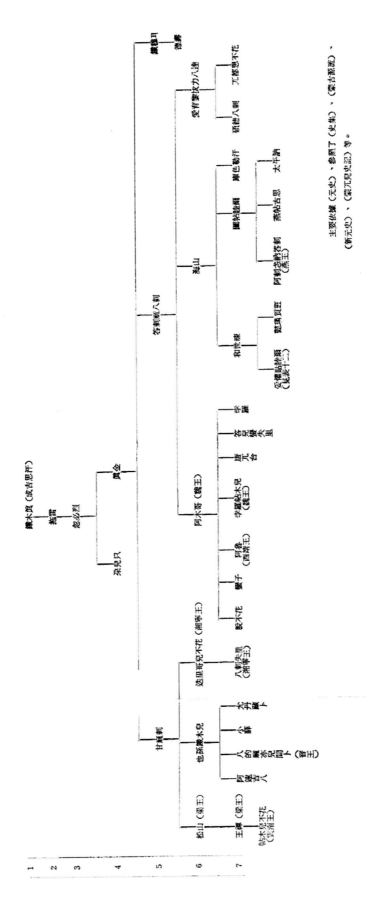

主要依據《元史》、參照丁《史集》、《蒙古源流》、
《新元史》、《蒙兀兒史記》等。

附表四　妥懽貼睦爾諸子世系（北元）

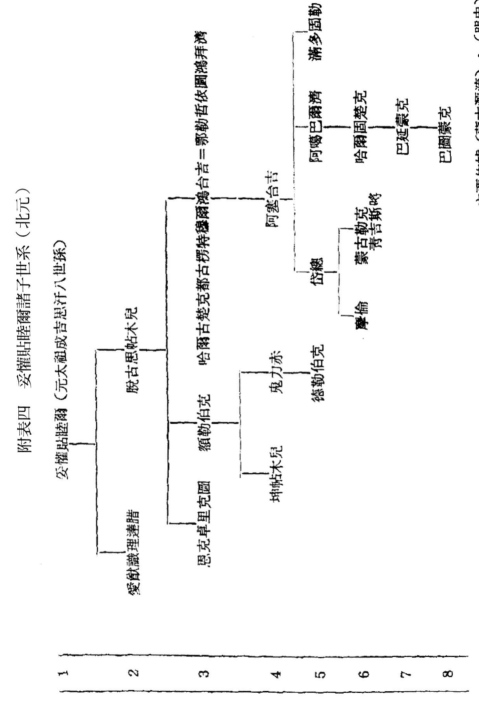

主要依據《蒙古源流》、《明史》，參照丁《新元史》、《蒙兀兒史記》等。

圖一　宋金夏末年形勢圖

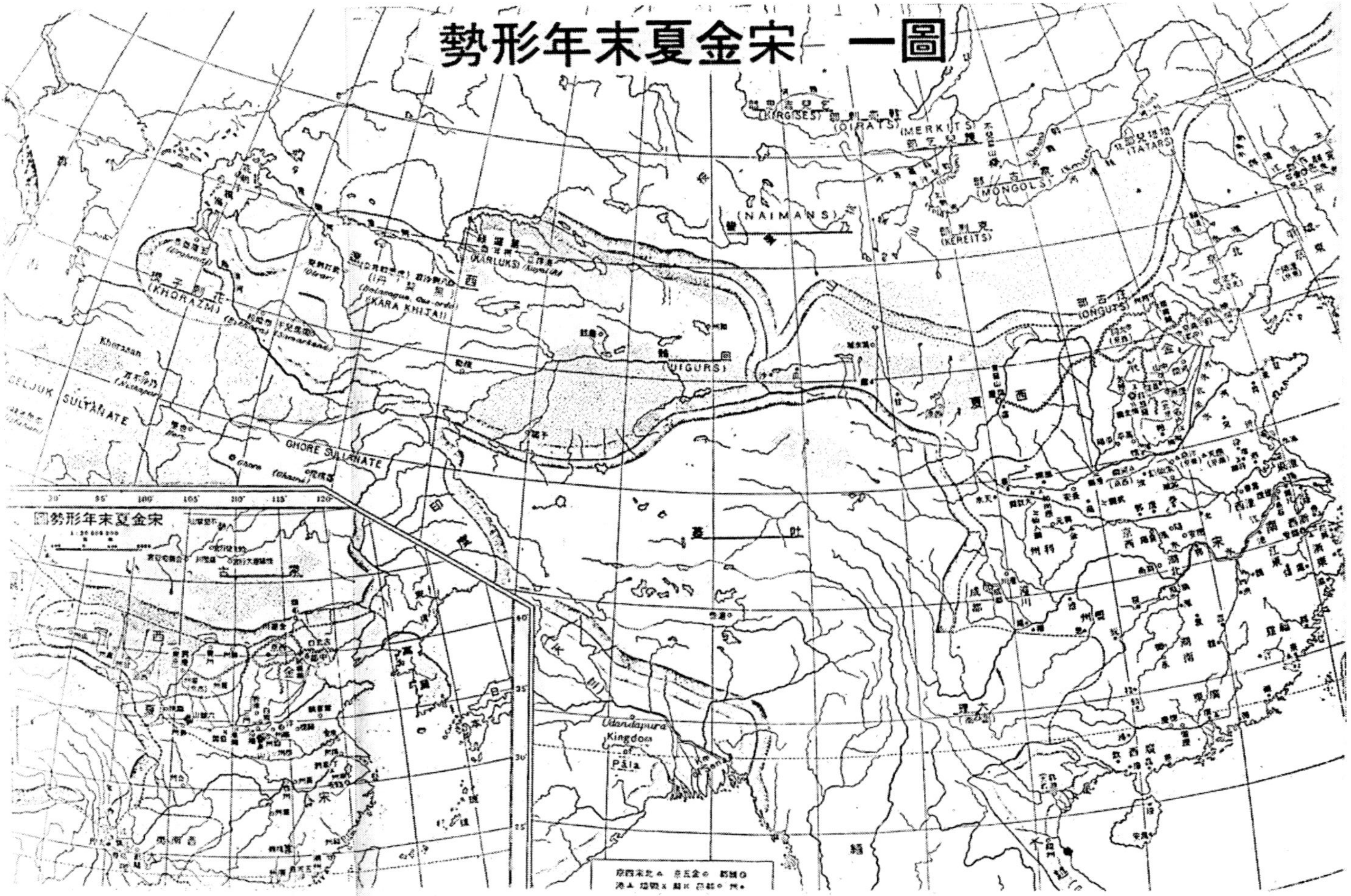

勢形年末夏金宋 一圖
(KIRGISES)
(OIRATS)
(MERKITS)
(TATARS)
(MONGOLS)
(NAIMANS)
(KEREITS)
(ONGUTS)
(UIGURS)
(KARLUKS)
(KARA KHITAI)
(KHORAZM)
Khorasan
SELJUK SULTANATE
GHORE SULTANATE
Udandapura Kingdom of Pala
西
夏
金
宋
圖勢形年末夏金宋

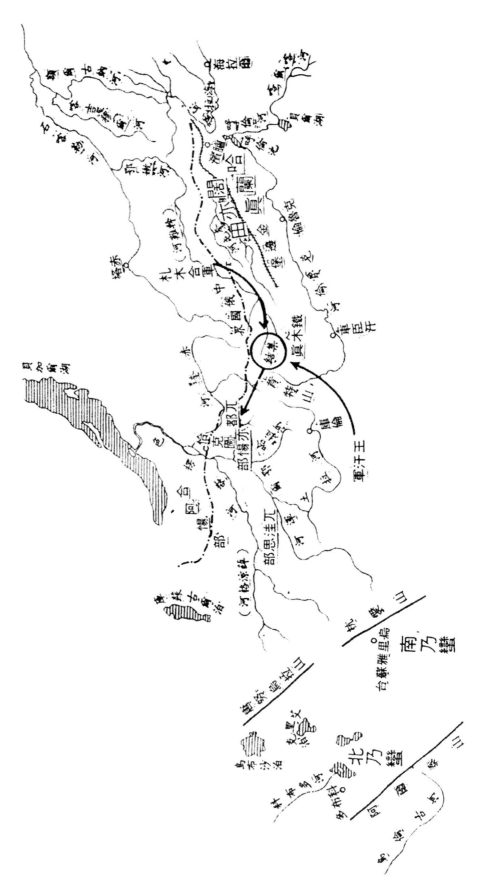

圖二　蒙古聯軍進攻篾兒乞人

圖三　元代對外戰爭圖

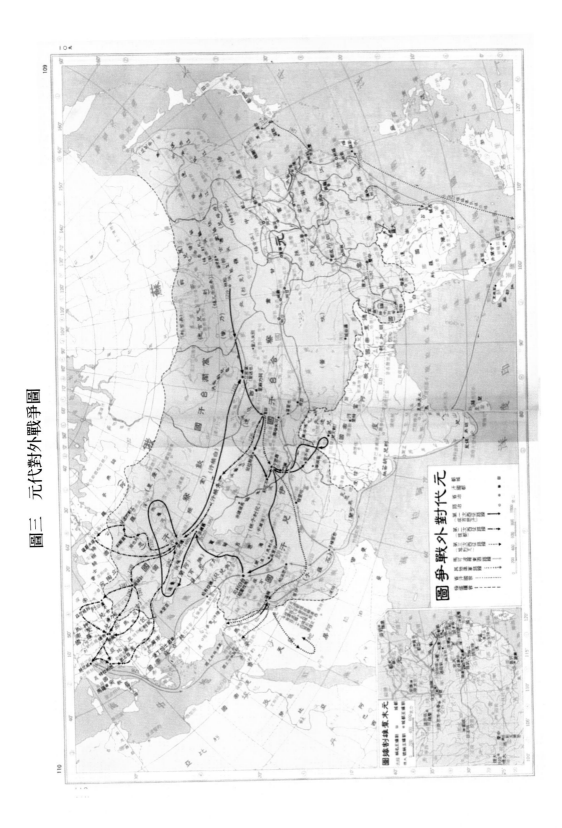

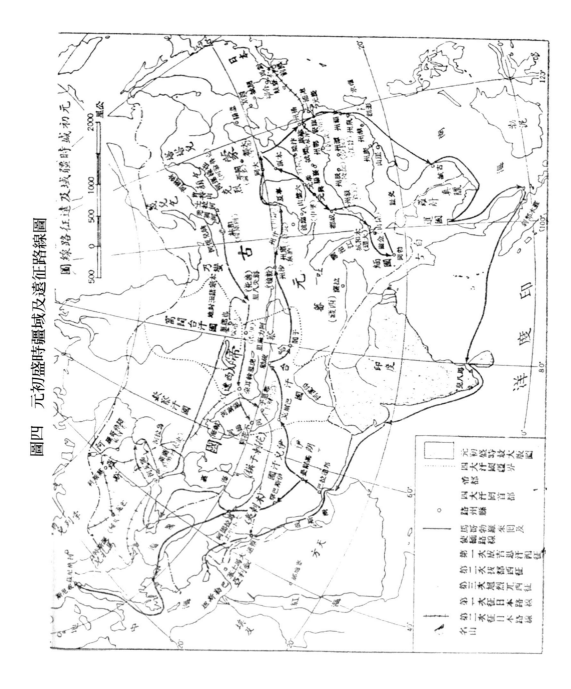

圖四　元初盛時疆域及遠征路線圖

圖五　蒙金議和前後成吉思汗北方進軍形勢要圖（元太祖公元 1213 年）

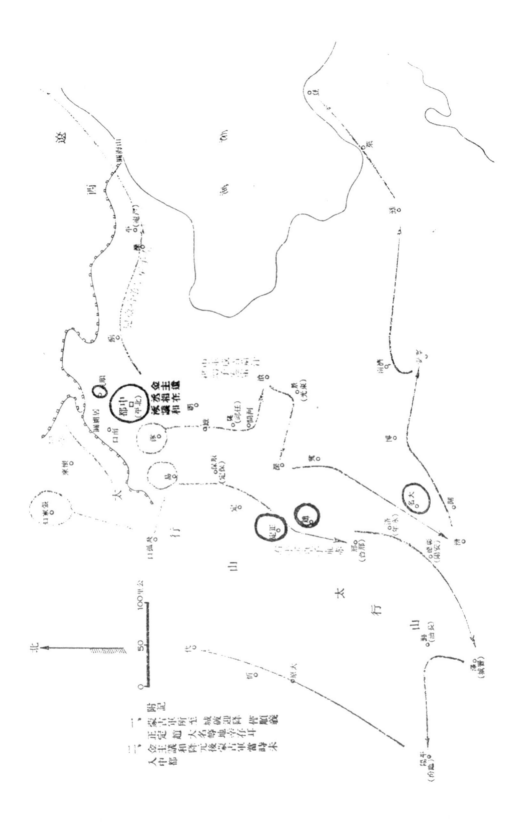

圖六 蒙古滅金（取自徐光裕、徐聖謨《中國歷史地圖》）

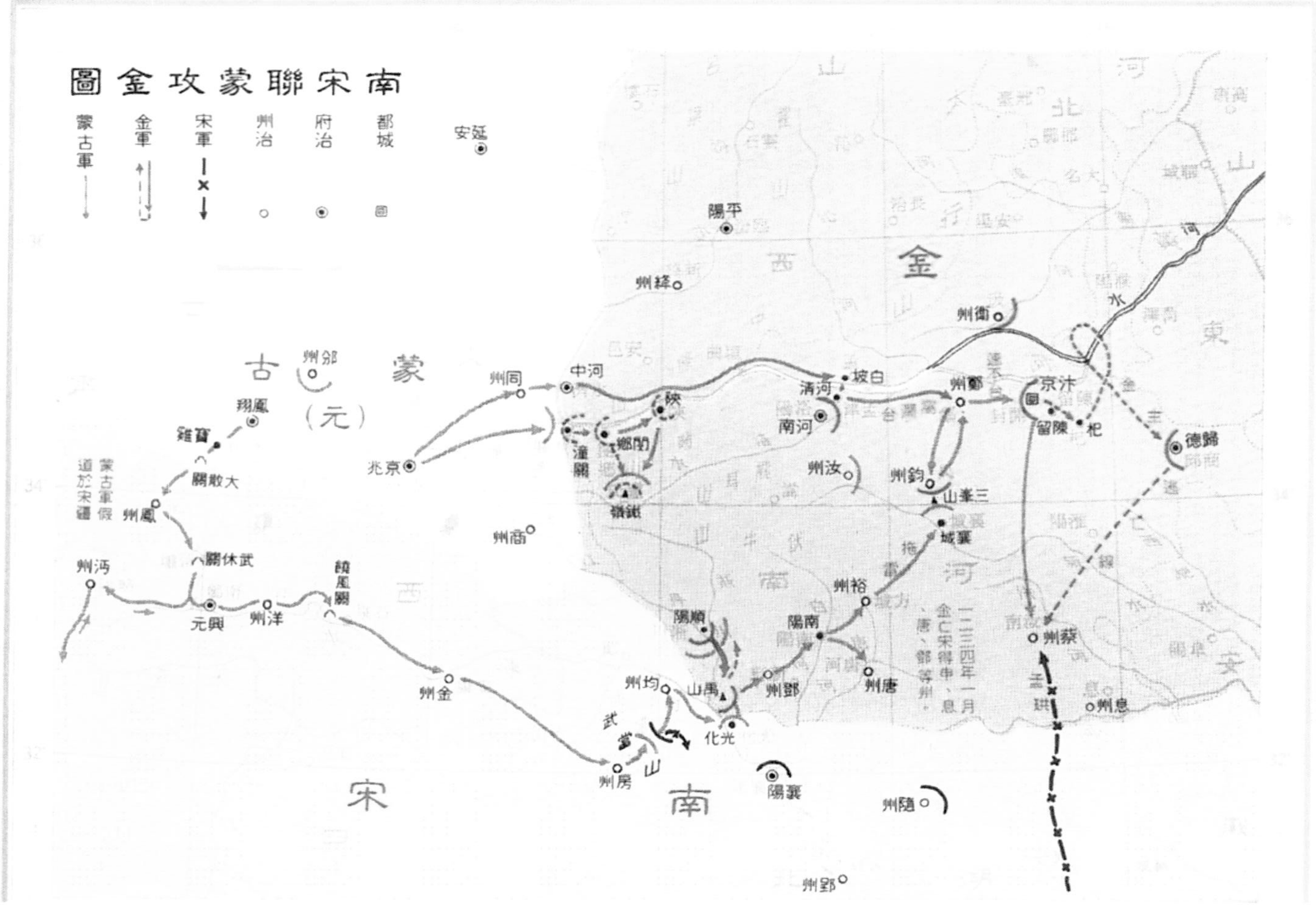

—214—

圖七　德祐元年十月下旬至二年正月伯顏三路進軍臨安經過圖（取自李天鳴《宋元戰史》）

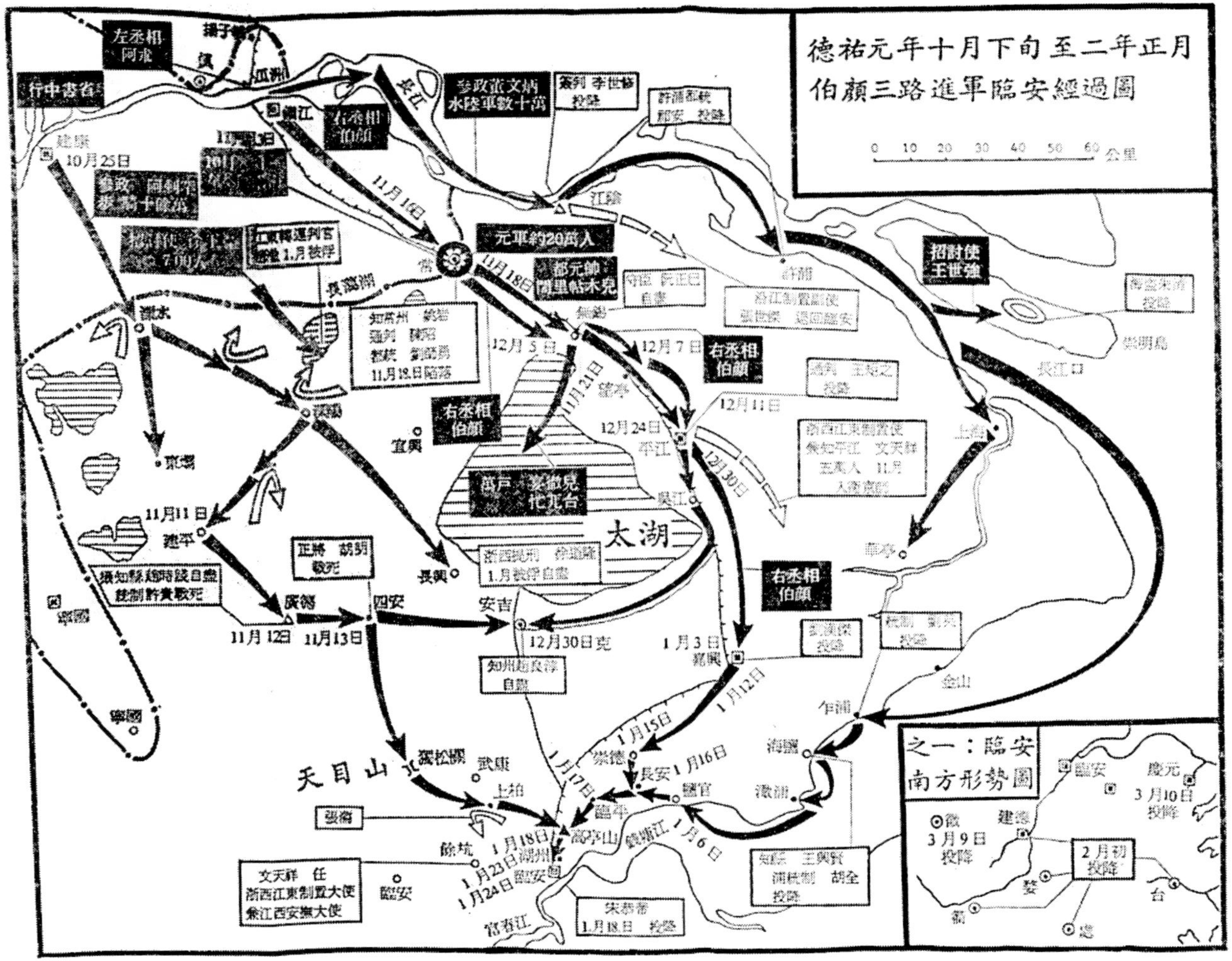

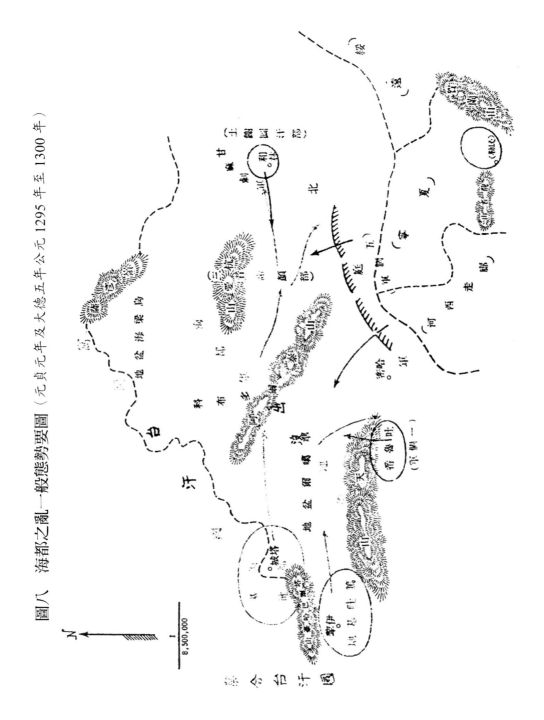

圖八　海都之亂一般態勢要圖（元貞元元年及大德五年公元 1295 年至 1300 年）

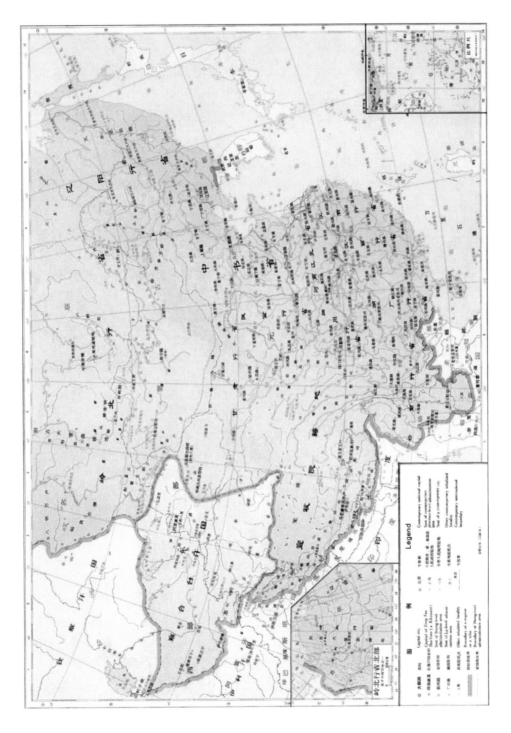

圖九 元代中國本部圖（取自譚其驤《中國歷史地圖集》）

圖十　蒙古四大汗國圖

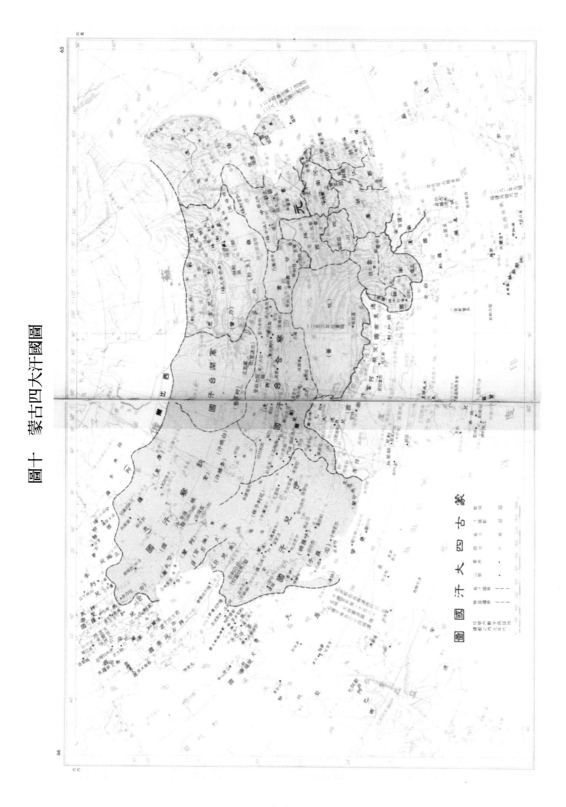

圖十一　韃靼與瓦剌（取自譚其驤《中國歷史地圖集》）

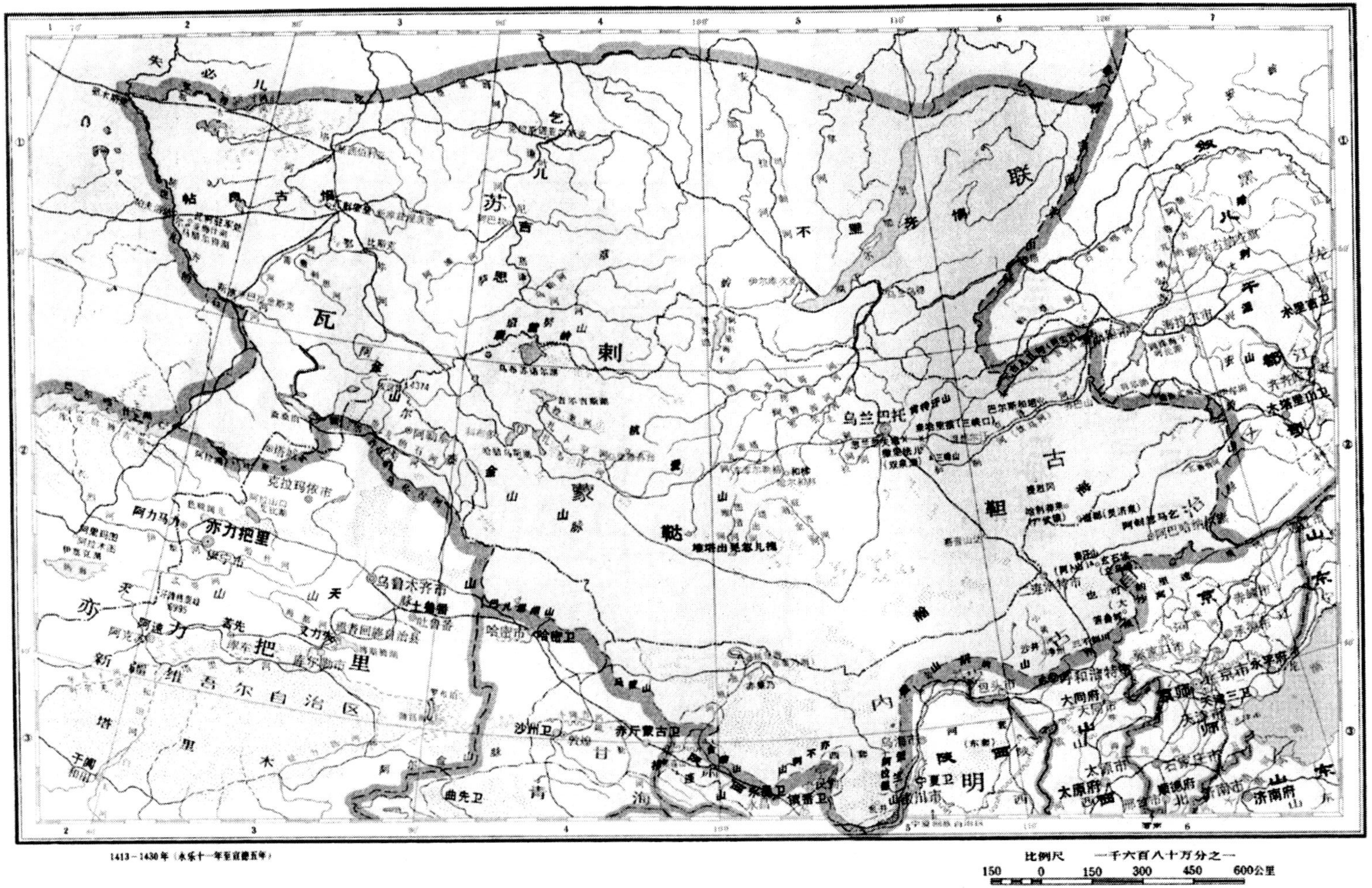

—219—

圖十二 清代蒙古族分布圖（取自《蒙古族簡史》）

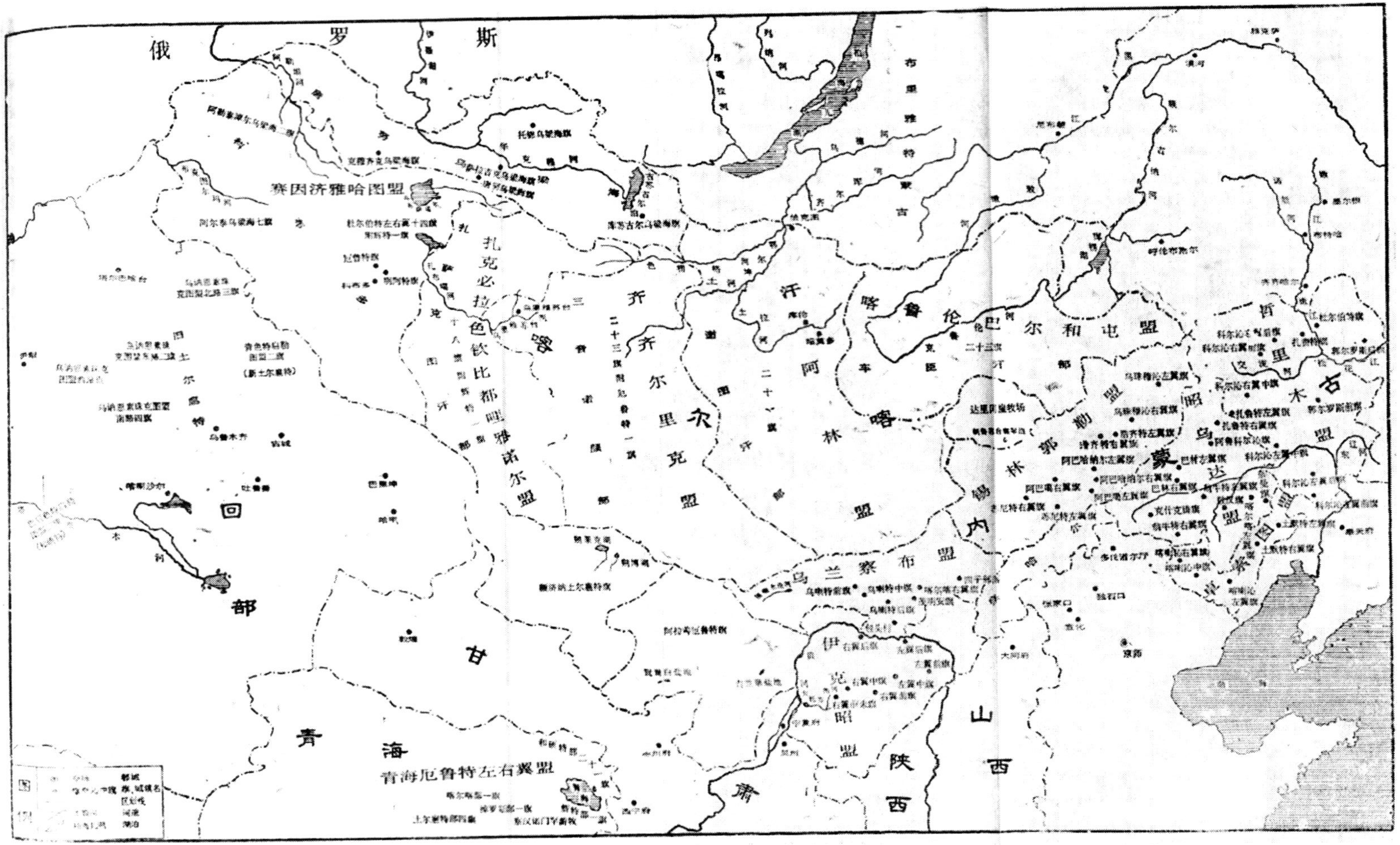